Liebe Kühne's Filz,

herzlichen Glückwunsch : Ihr 1. Lehrbuch .

Bleiben Sie zielstrebig und gewan.

Bleiben Sie verantwortungsbewußt und kooperativ

Bleiben Sie freundlich und entdeckend

Bleiben Sie gesund und lebenslustig .

[Unterschrift]

Neustadt-Weinstraße , 10. November 2014

Dr. Rolf Meier

Wirksame Menschenführung

Die systemisch-wertschöpfende
Mit-Arbeiterführung in Unternehmen

Verlag Wissenschaft & Praxis

Bibliografische Information der Deutschen Nationalbibliothek

Die Deutsche Nationalbibliothek verzeichnet diese Publikation in
der Deutschen Nationalbibliografie; detaillierte bibliografische Daten
sind im Internet über http://dnb.d-nb.de abrufbar.

ISBN 978-3-89673-685-7

© Verlag Wissenschaft & Praxis
Dr. Brauner GmbH 2015
D-75447 Sternenfels, Nußbaumweg 6
Tel. +49 7045 930093 Fax +49 7045 930094
verlagwp@t-online.de www.verlagwp.de

Druck und Bindung: Esser printSolutions GmbH, Bretten

Inhaltsverzeichnis

Seite

1 Hinführung

1.1 Lesen, Lernen, Reflektieren und Anwenden

Von HUMBERTO MATURANA stammt die Formulierung: „Erkennen ist Tun und Tun ist Erkennen".

Sie werden die Inhalte des Buches lesen, weil Sie neugierig sind. Vielleicht erhoffen Sie sich auch neue Anregungen für Ihr konkretes Handeln im Alltag als Führungskraft.

Wenn Sie die Inhalte und ihre Bedeutung erkennen wollen, gilt es zunächst, sich faktisches Wissen anzueignen. Dieses Wissen soll in konkreten Situationen angewendet werden. Um sich zu vergewissern, ob das, was Sie tun (Effektivitätsbetrachtung: das Richtige tun) und wenn Sie es tun, erfolgreich ist (Effizienzbetrachtung: das Richtige gut tun) müssen Sie alle Elemente, die Sie mit Ihrer Anwendung in Verbindung bringen, über Sinnhaftigkeit reflektieren. Erst wenn dieser dritte Schritt Ihres Lernens und Anwendens zu positiven Ergebnissen führt, können Sie den letzten Schritt Ihres Lernens gehen – die Übertragung des Gelernten auf Ihnen bekannte und unbekannte Situationen (Kontexte).

Ihr Lernen will das Buch durch Reflexionsaufgaben unterstützen. Nach jedem beschriebenen Thema will die Reflexionsaufgabe Sie dazu animieren, Handlungskompetenz zu entwickeln.

Hilfreich kann es sein, wenn Sie alle Ergebnisse der einzelnen Reflexionsaufgaben in einer gesonderten Unterlage niederschreiben, damit Sie am Schluss des Buches differenzierte aber auch komplexe Fähigkeiten und Fertigkeiten als neue Ressourcen Ihres Könnens Ihr Eigen nennen können.

Reflexionsaufgabe

> Wie haben Sie sich konkret, genau und faktisch für Ihr Lernen der Buchinhalte organisiert?

> Wie formulieren Sie Ihr Reflexionsergebnis zur Frage?

> Welche Folgen wird Ihr Reflexionsergebnis für Ihre Führung haben?

1.2 Vorwort

Es gibt ein geflügeltes Wort zum Kommen und Gehen von Personal:

„Menschen bewerben sich wegen eines Unternehmens und
gehen wegen ihres Vorgesetzten / ihrer Führungskraft."

Menschen, die mit Ihnen in einem fest umrissenden Themengebiet zusammenarbeiten, sind mit Ihnen als Führungskraft mitverantwortlich für gelingende Wertschöpfung. Im Arbeitsleben werden sie als Mit-Arbeiter bezeichnet. Oft geht aus einem falschen Verständnis mit der Verwendung des Begriffes Mit-Arbeiter auch eine geringenere Zuweisung der Wertigkeit dieser Personen einher. Mit-Arbeiter will klar signalisieren, dass es keine Rangordnung der Wertigkeit der Menschen gibt. Mit-Arbeiter arbeiten im Themenfeld der Führungskraft – an seiner Stelle, in seinem Sinne sozusagen. Die Überwindung der Rangordnung als Ausdruck der Wertigkeit von Menschen ist Ausdruck von Wertschätzung und Respekt für diese Menschen – aber viel wichtiger: Mit dieser Haltung gewähren Sie sich selbst Respekt und Wertschöpfung als Führungskraft.

Nun sollte nicht jede Fluktuation von Mit-Arbeitern der jeweiligen Führungskraft angelastet werden. Die Gründe sind vielfältig und differenziert. Gleichwohl kann bei Austrittsinterviews eine starke Tendenz festgestellt werden, dass das Verhältnis Führungskraft und Mitarbeitende nicht spannungsfrei gewesen ist.

Menschen – und damit auch jeder Mit-Arbeiter – möchten sich psychobiologisch wohlbefinden. Wohlbefinden nicht im Sinne von makelfreier Harmonie, aber doch in einem überwiegend positiv lustvollen Zustand.

Was nicht vergessen werden sollte: Führungskräfte sind auch Menschen, die erfolgreich sein wollen. Mancher Führungsfehler wird nicht aus Absicht, Vorsatz oder bösem Willen begangen – obwohl dies beim Menschen nicht auszuschließen ist.

Oft ist es auch Unwissenheit, mangelnde Ausbildung und Hilflosigkeit durch mangelnde Übung, die das Führungshandeln der Führungskraft für den Empfänger der Dienstleistung Führung schwer ertragbar werden lässt.

Missverständnisse und „individualistische Vorstellungen" von Führung entstehen in Bezug auf ...

- Führungsverständnisse,
- Führungsinhalte,
- Führungsmethoden,
- Führungslegitimationen,
- Verantwortlichkeiten in Führungsprozessen,
- Folgen von Führungshandeln.

In sehr vielen Jahren meiner praktischen Führungsarbeit, Führungskräfteauswahl, Führungskräfteausbildung und Führungskräftetrennung, die in einer komplexen und differenzierten örtlichen, regionalen, nationalen und internationalen Arbeitswelt erfolgten, sind Zweifel angesagt, ob wir Führungskräfte für ihre Führungstätigkeit hilfreich ausstatten – durch die unterschiedlichsten Aktivitäten der Unterstützung und Beeinflussung.

In einer individualisierten, global agierenden, konkreten, aber auch virtuellen Arbeitswelt, sind Menschen – egal ob Mit-Arbeiter oder Führungskraft – zunehmend in der Beobachtung, Bewertung und Entwicklung von zukunftsträchtigen Entscheidungen auf sich gestellt.

Dieses Buch ersetzt keine komplexe Ausbildung oder differenziertes Studium – geschweige denn Lebens- und/oder reflektierte Berufserfahrung.

Lebenslanges Lernen auch im Sinne von Irrungen und Wirrungen bleibt niemandem erspart.

Die Inhalte des Buches sollen aber einen Beitrag zur grundsätzlichen Orientierung im Kontext Führung leisten, unabhängig von Branche, Unternehmensgröße, Regionalität, Land, Erdteil oder hierarchischer Positionierung des einzelnen Lesers.

Die Inhalte dieses Buches bieten eine allgemein gültige, deduktive Erklärung von Führung. Damit sind sie gleichsam eine Feedbacksystematik sowohl für Ihre Analyse als auch für Ihre Synthese Ihrer individuellen, einzigartigen Führungskonstellation.

Die Inhalte dieses Buches wollen Ihr Augenmerk auf „wenige" aber „wichtige" Bestandteile der „Statik von Führung" hinführen, erklären und Sie zu Anwendungsreflexionen animieren.

Führungsverständnis und konkretes Führen hat vier Verständniseckpfeiler:

- zehn Fakten des Kontextes „Unternehmen"
- fünf Bedingungen der Führung
- acht Grundeinsichten der Führung
- 14 Führungsaufgaben

Diese vier Bereiche werden im Buch erlernbar erklärt – Schritt für Schritt – auf das Wesentliche konzentriert. Sie erhalten keine Vorschriften oder Bedienungsanleitungen für einzelne oder typische Führungssituationen, sondern die Merkmale der Statik von Führung. Mit diesen thematischen Mosaiksteinen – als Sinnbild der Führungsstatik – können Sie Ihr eigenes Führungshaus erbauen, verändern oder den jeweiligen Situationen anpassen. Sie bleiben flexibel und individuell – so individuell, wie es Ihr Potenzial Ihnen erlaubt – und ermöglicht Ihre Vorstellung von Führen zu realisieren.

Die Inhalte des Buches sind Ausdruck reflektierter eigener Berufserfahrungen im Abgleich mit Erfahrungen vieler erfolgreicher aber auch nichterfolgreicher Führungskräfte. Die Sprache im Buch ist die Praktikersprache und damit auch manchmal „pointiert".

Reflexionsaufgabe
  Wie lautet momentan Ihre persönliche Definition von Führung?

  Wie formulieren Sie Ihr Reflexionsergebnis zur Frage?

  Welche Folgen wird Ihr Reflexionsergebnis für Ihre Führung haben?

Die Statikdimensionen der Führung

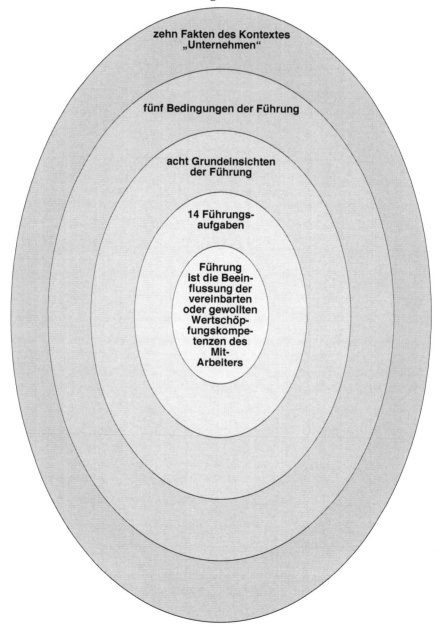

zehn Fakten des Kontextes „Unternehmen"

fünf Bedingungen der Führung

acht Grundeinsichten der Führung

14 Führungs-aufgaben

Führung ist die Beein-flussung der vereinbarten oder gewollten Wertschöp-fungskompe-tenzen des Mit-Arbeiters

1.3 Einleitung

Mit-Arbeiter sind daher Wertschöpfungseinheiten durch Werteverzehr. Jeder Mit-Arbeiter ist eine Wertschöpfungseinheit mittels Werteverzehr.

Der logische Umkehrschluss ist genauso wichtig zu bedenken: Mit-Arbeiter dürfen keinen Werteverzehr ohne Wertschöpfung verursachen.

Der Grundsatz eines jeden Unternehmens gilt: Die Wertschöpfung des Einzelnen, einer Gruppe oder eines Teams muss qualitativ und quantitativ gewichtiger sein als der qualitative und quantitative Werteverzehr.

Führungskräfte sind auch Mit-Arbeiter, was Führungskräfte oft vergessen.

Die abstrakte Verwendung der Begriffe „Mitarbeiter" und „Führungskräfte" können dazu beitragen, den Einzelnen als Mensch aus dem Fokus der Betrachtung und Bewertung zu verlieren.

Der Begriff „Mitarbeiter" ist aus einem hierarchischen Verständnis zu verstehen. Der Vorläuferbegriff von „Mitarbeiter" war Untergebener. Solange Führung als Herrschaft über Menschen verstanden wurde, gab es eben Untertanen, Leibeigene und Sklaven.

Unsere gesellschaftliche Entwicklung war über Jahrtausende geprägt durch Ausübung von Gewalt als Ausdruck von Herrschaft und Beherrschung. In diesem Werteverständnis entwickeln und gedeihen Begriffe. Jeder Begriff ist Hinweis auf Faktisches (Denotation) und seine zeitgeistabhängige Interpretation (Konnotation).

Wer Herrschaft bejaht, wer Herrschaft über Andere ausübt hat Untergebene oder Nachgeordnete. Law and Order, Befehl und Gehorsam – wie auch immer Sie es aus Ihrem Verständnis bezeichnen werden. Sprache verrät uns, denn Sprache ist der beste Verräter. Wer auf die Sprache achtet, lernt den Sprechenden in seinem Wesen kennen.

Mit unserem geschriebenen Grundgesetz haben wir die Herrschaft des Menschen über den Menschen abgeschafft – auch wenn es bei manchem in jeder Situation schwer oder gar nicht erkennbar ist.

Das Grundgesetz gilt auch in Unternehmen, denn Unternehmen sind öffentliche Veranstaltungen unseres Gemeinwesens. In den §§ 1 und 2 (und daraus abgeleitet) unseres Grundgesetzes lesen Sie von den Persönlichkeits- und Freiheitsrechten, die die Würde des Menschen in den Vordergrund und in den Mittelpunkt der Beachtung stellt.

Führung bewegt sich zwischen notwendiger Wertschöpfungskompetenz des Einzelnen, der Gruppe oder des Teams und der konsequenten Beachtung der Würde des Menschen.

Führungskräfte führen Menschen – Menschen können Führungskräfte und Mit-Arbeiter sein.

Reflexionsaufgaben
    1. Welches Interesse haben Sie, dieses Buch zu lesen?
    2. Was sollte durch dieses Buch in Ihrem Führungsverständnis und Führungsverhalten in Zukunft konkret anders sein?

Wie formulieren Sie Ihre Reflexionsergebnisse?
Zu 1.
Zu 2.

Welche Folgen werden Ihre Reflexionsergebnisse für Ihre Führung haben?
Zu 1.
Zu 2.

1.4 Menschenführung und die Fakten des Kontextes „Unternehmung"

Führung soll gewollte oder vereinbarte Wertschöpfung des Mit-Arbeiters auslösen. Es geht um die selbstständige (selbstorganisierte) Handlungskompetenz des Mit-Arbeiters – egal, ob er es allein, zusammen mit anderen Mit-Arbeitern in einer Gruppe oder in einem Team realisieren soll.

Führung erreicht Selbstständigkeit des Einzelnen, wenn die Rahmenbedingungen, die Fakten und die Voraussetzungen für kompetentes Handeln geschaffen sind.

So wie Sie als Gesamtverantwortlicher eines thematischen Kontextes das eigentliche Thema Ihrer Position und Ihr Handeln daraus entwickeln sollen – so wird auch vom Mit-Arbeiter gefordert, seinen thematischen Teil seiner Position und seines Handelns daraus zu entwickeln.

Es gilt sicherzustellen, dass bei der Entwicklung des Themas und der konkreten Handlungskompetenz alle Einflüsse für diese Entwicklung sowohl in den Voraussetzungen als auch in den Folgen des Handelns bedacht werden.

Über den Tellerrand schauen – sagt der Volksmund. Wer Zusammenhänge im Entstehen einer Situation und der Entwicklung von Veränderung und deren Folgen erkennt und beachtet, handelt unternehmerisch.

Die KEPNER-TREGOE-Methode ist eine gute und vor allem eine vorurteilsfreie (betrachtungs- und ergebnisoffene) Methode, um sich ganzheitlich mit einem Thema in seiner Situation auseinanderzusetzen. Die Methode hilft Ihnen und Ihren Mit-Arbeitern die Vernetzungen und Abhängigkeiten grundsätzlich immer zu erkennen. Handlungskompetenz ist immer das Ergebnis systemischen Denkens und Handelns.

Die Kepner-Tregoe-Methode

1. Situations-/Ursachenanalyse
- Entscheidet welche Analyse für diese Situation angebracht ist
- Vereinfacht und zergliedert die Situation
- Legt Prioritäten fest

(= erkennen und sichern)

2. Problemanalyse
- Problem/Thema wird definiert und beschrieben
- Mögliche Ursachen identifizieren
- Ursachen werden auf Wahrscheinlichkeit geprüft

(= Ursachen definieren)

3. Entscheidungsanalyse
- Entscheidungssache definieren
- Ziele festlegen
- Ziele klassifizieren und gewichten
- Alternativen suchen und bewerten
- Vorläufige Maßnahmen
- Abstellmaßnahmen
- Anpassende Maßnahmen
- Vorbeugende Maßnahmen
- Eventualmaßnahmen
- Nachteile der Alternativen bewerten
- Entscheidung treffen

(= Alternativen bewerten)

4. Analyse potenzieller Probleme
- Kritische Bereiche erkennen und festlegen
- Kritische Bereiche auf Probleme untersuchen
- Probleme bewerten
- Vorbeugende Maßnahmen treffen
- Warn-Meldesystem einbauen

(= Hindernisse erkennen)

Handlungskompetenz – Handeln in der Situation – hat verschiedene Quellen, aus denen sie gebildet wird. Die Handlungskompetenz basiert auf vier Kompetenzbereichen, die in Art und Umfang einzeln sehr unterschiedliche Ressourcen bereitstellen, um daraus Handeln zu organisieren. Die einzelnen Kompetenzbereiche sind zwar grundsätzlich für jede Aufgabenstellung/Position gültig, müssen aber für die konkrete Position spezifisch festgelegt, definiert und interpretiert werden.

Die persönliche Kompetenz
besteht aus den individuellen und hilfreichen ...
* Motiven, Bedürfnissen und Werten
* Intelligenzen (Begabungen und Talente)
* Respekt, Wertschätzung, Toleranz und Gerechtigkeit
* Wissen aus der Motivationspsychologie (Artikel S.276)
* dem Wissen der Resilienz (Artikel S.265)

Die fachlich-methodische Kompetenz
besteht hauptsächlich aus dem ...
* unternehmensbezogenen Fakten- und Methodenwissen (Artikel S.164)
* betriebswirtschaftlichen Wissen (Artikel S.192)
* juristischen Wissen (Artikel S.177)
* Marketingwissen (Artikel S.232)
* Führungswissen (S.9-140)

Die sozio-kommunikative Kompetenz
besteht hauptsächlich aus ...
* Wissen über integratives und konfrontatives Kommunikationsverhalten in sozialen Kontexten
* Wissen über die Werte des Unternehmens (Artikel S.242)
* Wissen über personale Werte (Artikel S.253)

Die Feldkompetenz
besteht hauptsächlich aus ...
* Branchenerfahrung und Branchenkultur
* volkswirtschaftliches Wissen (Artikel S.208)

Die Handlungskompetenz

ist das Ergebnis der Selbstorganisation der eigenen Ressourcen aus den vier Kompetenzbereichen für die Bewältigung einer spezifischen Situation.

Wer handelt, hat sich entschieden. Insofern basiert jedes Handeln auf der Entstehung und der Folgenabschätzung einer Entscheidung. Um eigenes Handeln in diesem Sinne zu verstehen, benötigt es ...

- neurowissenschaftliches Wissen über die Entscheidungsbildung (Artikel S.306),
- psycho-biologisches Wohlbefinden,
- Bewusstsein für die systemischen Folgen der Entscheidung.

Entscheidungsbildung ist pure Emotion. Diese Emotionalität zu erkennen aber auch zu akzeptieren, ist die Voraussetzung, um mit ihr verantwortungsbewusst im Sinne aller Beteiligten umzugehen. Besser kann systemisches Denken und Handeln nicht praktiziert werden.

Das Handeln als Führungskraft betrifft Mit-Arbeiter. Insofern treffen Sie Entscheidungen, die für den Mit-Arbeiter bewusst gelten – für seine Wertschöpfungsfähigkeit.

Das Kompetenzmodell gilt für jede Führungskraft, jeden Mit-Arbeiter, jede Gruppe und jedes Team – unabhängig von Branche, Regionalität, Unternehmensgröße oder Rechtsform.

Eine Führungslegitimation kann sich nur aus der Wirkungserwartung von Führungshandeln definieren. Handlungskompetenz auf der Grundlage des Kompetenzmodells als Führungskraft haben Sie, wenn Ihr Mit-Arbeiter einen Mehrwert in seiner Handlungskompetenz durch Ihre Führungsaktivität erhält.

Reflexionsaufgaben
1. Verfügt jeder Ihrer Mit-Arbeiter über sein Aufgabenprofil (Jobprofil, Stellenbeschreibung u.dgl.) und sein Anforderungsprofil?
2. Kennt jeder Ihrer Mit-Arbeiter das Kompetenzmodell?
3. Haben Sie jedem Mit-Arbeiter erklärt oder die Möglichkeit geschaffen, die konkreten Inhalte der einzelnen Kompetenzbereiche kennenzulernen und sie zu verstehen?
4. Kennt jeder Ihrer Mit-Arbeiter die KEPNER-TREGOE-Methode in der praktischen Anwendung?

Wie formulieren Sie Ihre Reflexionsergebnisse?

Zu 1.

Zu 2.

Zu 3.

Zu 4.

Welche Folgen werden Ihre Reflexionsergebnisse für Ihre Führung haben?

Zu 1.

Zu 2.

Zu 3.

Zu 4.

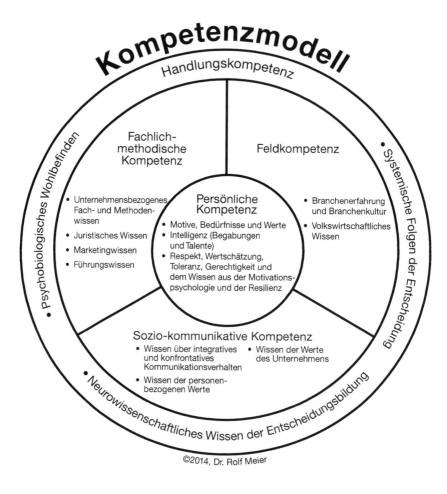

©2014, Dr. Rolf Meier

1.5 Begriff und Deutung von Arbeit und Mit-Arbeiter im Kontext „Führung"

Unter Arbeit wird in aller Regel eine ...
- bewusste und methodische,
- geistige oder körperliche Tätigkeit verstanden, die
- mit konkreten und situativ abhängigen Inhalten im sozialen Kontext verbunden ist.

Arbeit kennzeichnet eine Tätigkeit, die auf Wertschöpfung angelegt ist. Die Arbeit soll einen Mehrwert erzielen, der durch bewusste und methodisch vorgenommene Vermengung oder Verschmelzung von Einzelressourcen entsteht. Der Mehrwert ist der Gewinn, der es dem Einzelnen und dem Unternehmen ermöglicht, sich zu erhalten oder darüber hinaus zu entwickeln. Siehe auch die volkswirtschaftliche (S.208) und betriebswirtschaftliche (S.192) Betrachtung des Mehrwertes.

Wer eine Arbeit hat, ...
- der bearbeitet eine Sache oder einen Inhalt;
- der verarbeitet eine Sache oder einen Inhalt;
- der arbeitet eine Sache oder einen Inhalt ab;
- der widmet sich einer Sache oder einem Inhalt;
- der geht einer Arbeit nach.

Arbeit hat ein Mensch – und durch Delegation sein Helfer – die beide die gesamte Arbeitsmenge und Arbeitsgüte zu bewältigen haben. Der Mensch, der hilft, die Arbeit zu bewältigen, arbeitet mit an der Arbeit des Menschen, dem er hilft. Dieser Mit-Arbeiter ist Teil der zu bewältigenden Gesamtarbeitsmenge der Arbeit.

Der die Sache zu bearbeitende Mensch (Sachbearbeiter), der einen Helfer zur Seite gestellt bekommt, wird zum Verantwortlichen für alle an der Erledigung der Arbeit beteiligten Menschen – er soll das Thema in personellen und strukturellen Fragen führen. Er ist Führungskraft.

Die bewusste Schreibweise „Mit-Arbeiter" soll verdeutlichen, dass der Mit-Arbeiter ein Teil der Führungskraft ist. Der Mit-Arbeiter arbeitet in seinem Aufgabengebiet und in den gleichen Bedingungen wie die Führungskraft.

Reflexionsaufgabe

Wenn Sie den Mit-Arbeiter führen, wieso führen Sie sich dann selbst?

Wie formulieren Sie Ihr Reflexionsergebnis zur Frage?

Welche Folgen wird Ihr Reflexionsergebnis für Ihre Führung haben?

1.6 Haben Sie Talent und Potenzial als Führungskraft?

Es gibt kein generelles Talent und Potenzial als Führungskraft, die jede Führungstätigkeit erfolgreich ausübt oder ausüben kann. Ob Sie als Führungskraft geeignet sind, ist abhängig von den Aufgaben und deren Anforderungen der Aufgabenbewältigung. Ihre Fähigkeit (Handlungskompetenz) sich in der Situation diesen Aufgaben und deren Anforderungen erfolgreich stellen zu können, ist von verschiedenen wesentlichen Einflussgrößen geprägt:

- dem fachlichen Grundthema der Position,
- dem fachlichen Grundthema der Unternehmung,
- der rechtlichen Konstruktion und Eigentumsverhältnisse,
- dem Reifegrad des Unternehmens,
- der betriebswirtschaftlichen Beschaffenheit des Unternehmens,
- den regionalen, nationalen oder internationalen Aktivitäten,
- der Kultur (praktizierte Werte) des Unternehmens,
- den Gepflogenheiten der Branche,
- der hierarchischen Einordnung im Unternehmen,
- den Aufgaben und Kompetenzen der Mit-Arbeiter,
- den Ansprüchen der Stakeholder,
- der Branchenentwicklung.

Dies sind aus der Erfahrung die wichtigsten Einflussgrößen auf Führungskompetenz im Einzelfall, weitere kommen hinzu.

Die Komplexität des Kontextes, in dem sich eine Führungskraft erfolgreich verhalten soll, muss für jeden Einzelfall individuell erhoben, beschrieben und daraus die Anforderungen an konkrete Personen festgelegt werden, um die erforderlichen Fähigkeiten möglichst umfassend im Einstellungsverfahren zu ermitteln.

Was ist nun entscheidend, um als Führungskraft möglichst erfolgreich zu sein? Die nachfolgenden Beschreibungen sollen Ihnen helfen, durch externe Unterstützung, aber auch durch Eigendiagnose, zu möglichst verlässlichen Aussagen über Ihr Potenzial für Führungstätigkeiten zu gelangen.

1. Fachwissen

Sie benötigen faktisch richtiges, aktuelles Wissen. Dieses Wissen sollten Sie nicht nur formal besitzen. Sie sollten zu dem Wissen einen emotionalen Bezug haben: Freude am Thema und an dessen Gestaltung und Umsetzung in konkreten Lösungen. Dieser emotionale Bezug entsteht früh – in inhaltlich konkreten Spielen in der Kindheit und in den Schulfächern, die Sie mit Freude angenommen haben. Die Noten in den Schulfächern offenbaren eine frühe Identität in ihren Strukturen und Anforderungen. Einfach gesagt: der Techniker hat eben schon gerne und gut gebastelt und in der Schule waren Mathematik und Physik für ihn Lieblingsfächer.

Es besteht ein Zusammenhang zwischen Inhalten und Anforderungen der Schulfächer und den konkreten Beschäftigungsinhalten.

2. Begabungen, Talente, Intelligenzen

Die Begabung für grundsätzliche Themen können Sie auch durch Tests feststellen.

Sehr bewährt hat sich der Intelligenz-Struktur-Test (aktuell: IST 2000R). Der IST ist erstmalig 1953 auf den Markt gekommen und in verschiedenen Phasen aktualisiert worden. Langjährige sehr positive Einsatzerfahrungen bei unterschiedlichen Alters- und Berufsgruppen und deren berufliche Erfolgsentwicklung in Unternehmen durch den Autor dieser Zeilen, machen ihn als Test für Potenzialerhebungen bedeutsam.

Er misst ...

- die verbale Intelligenz (Satzergänzung und Analogien)
- die numerische Intelligenz (Rechenaufgaben, Zahlenreihen, Rechenzeichen)
- die figural-räumliche Intelligenz (Figurenauswahl, Würfelaufgaben, Matrizen)
- verbale und figurale Merkfähigkeit

Das gesamte Wissen (verbal, numerisch und figural) sollte bei einer Führungskraft ausgeglichen vorhanden sein, wobei im Testergebnis der thematische Schwerpunkt der Aufgabenstellung deutlich ausgeprägt erkennbar sein sollte.

Führungsarbeit ist komplex und anspruchsvoll. So Sie Mit-Arbeiter führen, deren Arbeitsinhalte in einem Berufsbild beschrieben sind, ist ein Gesamt-IST-Wert von 110 erfahrungsgemäß hilfreich zur Erledigung der Führungsarbeit. Führen Sie Spezialisten, bei denen ein Uni-

Die Intelligenzen nach GARDNER

Logisch-mathematische Intelligenz
- Probleme analytisch angehen
- Situationen auf Muster und Regelmäßigkeiten hin untersuchen
- logische und numerische Muster wahrnehmen und voneinander unterscheiden
- mit Ketten langer Schlussfolgerungen umgehen

Sprachliche Intelligenz
- ein Gespür für Sprache entwickeln und treffsicher einsetzen
- die eigenen Gedanken ausdrücken
- das Sprechen anderer verstehen

Musikalische Intelligenz
- Rhythmen produzieren
- Tonhöhen und Klangqualitäten erkennen
- musikalischen Ausdruck schätzen
- Musik komponieren

Räumliche Intelligenz
- räumliche Zusammenhänge erkennen und gedanklich umformen
- im Kopf komplizierte Objekte rotieren lassen

Körperlich-kinästhetische Intelligenz
- den eigenen Körper und seine Körperteile beherrschen, kontrollieren und koordinieren
- geschickt mit Gegenständen und Objekten umgehen
- Gespür für Bewegungsabläufe entwickeln

Intrapersonale Intelligenz
- seine Impulse kontrollieren
- eigene Grenzen kennen
- die eigenen Gefühle kennen und klug mit ihnen umgehen
- das eigene Wissen, die eigenen Stärken und Schwächen erkennen

Interpersonale Intelligenz
- andere Menschen und deren Beweggründe ihres Verhaltens verstehen
- Stimmungslagen anderer erfassen und einfühlsam mit ihnen kommunizieren
- sich für die Gedanken und Gefühle seiner Mitmenschen interessieren

Naturalistische Intelligenz
- Lebendiges beobachten, unterscheiden und klassifizieren
- Sensibilität für größere Zusammenhänge entwickeln

versitätsabschluss, Diplom oder Master oder gar Promotion Voraussetzung für die berufliche Tätigkeit ist, sollten Sie in diesem Thema ebenfalls studiert haben und einen Gesamt-IST-Wert von 115 haben.

Exemplarisch kann gesagt werden, je grundsätzlicher (strategisch) die Führungstätigkeit im komplexen Gefüge einer Unternehmung oder Organisation ist, desto höher die Anforderungen an die Führungskraft.

Die Anforderungen an den Dirigenten der Berliner Philharmoniker sind eben andere als die an den Dirigenten der dörflichen Feuerwehrkapelle.

Einen einfacheren Zugang erhalten Sie, wenn Sie die Intelligenzen nach GARDNER zur Selbstanalyse und Selbstreflexion nutzen.

- Fragen Sie sich auf der Basis Ihres bisherigen Lebensverlaufs (privat und beruflich), welche der acht Begabungen, Talenten, Intelligenzen Ihnen bei der Bewältigung des Alltags besonders helfen?

- Welche Erfolgssituationen werden von Ihnen (privat und beruflich) von welchen Begabungen, Talenten und Intelligenzen gestützt oder ausgelöst?

- Welche Begabungen, Talente, Intelligenzen Sie besonders spüren oder merken, indem Sie immer wieder Situationen suchen, in denen Sie diese Begabungen, Talente, Intelligenzen gerne und freiwillig einsetzen?

Versuchen Sie herauszufinden, welche zwei Begabungen, Talente, Intelligenzen Sie immer wieder bei sich feststellen – die Sie sozusagen zu Ihrem freiwilligen und erfolgreichen Handeln befähigen. Wenn Sie dann herausfinden, welche die wichtigste oder die beiden wichtigsten Begabungen, Talente, Intelligenzen sind, die als Anforderung für Ihre Führungsposition zu gelten haben, können Sie durch einen Abgleich feststellen, ob Sie geeignet sind, die Position auszufüllen.

Ausgeprägte Begabungen, Talente, Intelligenzen sind eine wichtige Voraussetzung, um erfolgreich zu sein.

Motivkategorien, Motive und Definitionen
(siehe auch www.motivations-analytics.eu)

Auswirkung	Vorsicht	Streben nach Gewissheit von Folgen
	Wagnis	Streben nach Nervenkitzel
Beziehung	Distanz	Streben nach emotionalem Abstand zu anderen
	Kontakt	Streben nach emotionaler Nähe zu anderen
Einordnung	Natürlichkeit	Streben nach bodenständigem Verhalten
	Status	Streben nach öffentlicher Achtung der eigenen Person
Freiheit	Mitentscheidung	Streben nach gemeinschaftlichen Entscheidungen
	Selbstentscheidung	Streben nach Selbstbestimmung
Grundsatz	Auslegung	Streben nach zweckorientierter Interpretation von Regeln und Normen
	Prinzip	Streben nach Orientierung an vorhandenen Regeln und Normen
Komplexität	Erkenntnis	Streben nach dem Verstehen von Zusammenhängen und Hintergründen
	Pragmatik	Streben nach direktem Handeln
Körper	Aktivität	Streben nach körperlicher Bewegung
	Ruhe	Streben nach körperlicher Entspannung
Offenheit	Abwechslung	Streben nach neuen Erfahrungen
	Routine	Streben nach geordnetem Vorgehen
Struktur	Flexibilität	Streben nach flexiblem Vorgehen
	Ordnung	Streben nach geordnetem Vorgehen
Unterstützung	Selbstlosigkeit	Streben danach, für andere da zu sein
	Selbstorientierung	Streben nach eigenen Vorteilen
Verantwortung	Durchführung	Streben nach der Umsetzung von Vorgaben
	Einfluss	Streben nach Verantwortung und Gestaltung
Wertschätzung	Fremdanerkennung	Streben nach persönlicher Rückmeldung von anderen
	Selbstanerkennung	Streben nach persönlicher Rückmeldung durch sich selbst
Wettbewerb	Balance	Streben nach dem Ausgleich von Interessen
	Dominanz	Streben nach dem Gewinnen

3. Motive und Werte

Motive und ihr Energiepotenzial sind die Quellen Ihres Antriebes – warum Sie aus sich heraus Freude und Spaß an Dingen haben. Ein Motiv ist ein unspezifischer Bewegrund. Wenn Sie auf die Tabelle der Motive auf der nächsten Seite schauen, stellen Sie fest, dass jedes Motiv allgemeingültig definiert ist – zum Beispiel das Motiv Mitentscheidung. Seine Definition ist: Streben nach gemeinschaftlichen Entscheidungen. Das Motiv will sichin einer spezifischen Gemeinschaft mit konkreten Themen realisieren. Das Motiv bemerken Sie an Ihrer neugierigen Unruhe, weil Sie auf der Suche nach Situationen und Menschen sind, die ein gleiches Themeninteresse haben. Sie wollen sich ihnen anschließen, um in der Gemeinschaft dieses konkrete Thema zu bearbeiten, zu entwickeln, zu entscheiden, wie damit umgegangen werden soll. Jetzt ist aus dem Motiv ein Bedürfnis geworden.

Das Thema und die konkrete Gemeinschaft ist Ihnen wichtig und wertvoll. Damit weisen Sie einer Situation (Kontext) einen Wert zu, der erstrebenswert ist, durch Sie realisiert zu werden.

Werte entstehen in den ersten sechs bis acht Lebensjahren in Ihnen als Ausdruck Ihrer Persönlichkeit, sozusagen als Identifikation mit sich Selbst.

Im Volksmund heißt es: An ihren Taten sollt ihr sie erkennen. Die Taten sind Ausdruck von dem, was wichtig ist – wertvoll ist: Ihre Werte. Sie sagen, es ist mir wichtig, dass ich mich in meinem Handeln an folgenden Werten orientiere. Ihrer Umwelt können Sie auch die Aufforderung senden: An meinen Werten kann mich jeder erkennen.

Aufforderung: Identifizieren Sie die vier wichtigsten Motive und die vier wichtigsten Wert, die Ihre persönliche (intime) Identität ausmachen.

Als Führungskraft (aber genauso auch als Mit-Arbeiter) sind Sie eine öffentliche Person, die den Anforderungen einer Position gerecht werden will – ja, gerecht werden muss.

Die eigenen wichtigen Motive und Werte sind nicht immer hilfreich, wenn Sie den Anforderungen der Position gerecht werden wollen/ sollen.

Als Mensch können Sie Führungsarbeit gut leben und andere Menschen erleben lassen, wenn die Motiv- und die Werteanforderungen der Position mit Ihren eigenen wesentlichen Motiven und Werten gut übereinstimmen.

Flapsig formuliert soll effektive (das Richtige tun) und effiziente (das

Richtige gut tun) Führung das Zusammenleben „flutschig" machen: Es „läuft wie geölt" – „es funktioniert traumwandlerisch" – „da passt kein Blatt dazwischen" usw. Der Volksmund ist variantenreich an Formulierungen.

Wenn Sie eher als Führungskraft an der Basis fungieren, wie Gruppenleiter, Teamleiter, Projektleiter oder first-line-manager usw., ist es wichtig, dass die Ihnen anvertrauten Menschen in den Arbeitsprozessen freiwillig und engagiert arbeiten. Sie sind nah am operativen Geschehen. Hier helfen Ihnen Motive wie z.B.:

- Kontakt (Streben nach emotionaler Nähe zu anderen),
- Mitentscheidung (Streben nach gemeinschaftlichen Entscheidungen),
- Balance (Streben nach dem Ausgleich von Interessen) und
- Fremdanerkennung (Streben nach persönlicher Rückmeldung von anderen).

Die Werte in diesen Funktionen sind z.B. eher ...

- Teamorientierung,
- Bodenständigkeit,
- Gemeinschaft und
- Achtung.

Sind Sie als Führungskraft im strategischen Bereich tätig wie Geschäftsleitung oder oberes Management, sind z.B. die Motive ...

- Erkenntnis (Streben nach den Zusammenhängen und Hintergründen),
- Dominanz (Streben nach dem Gewinnen),
- Flexibilität (Streben nach flexiblem Vorgehen) und
- Einfluss (Streben nach Verantwortung und Gestaltung)

relevant.

Die Werte in diesen Funktionen sind z.B. eher ...

- Wirtschaftlichkeit,
- Produktivität,
- Liquidität,
- Werteverantwortung.

Jede Position hat ihre eigene ...

- Wertewelt,
- Motivationsanforderung,
- Begabungsanforderung,
- Wissensanforderung.

Die Position Geschäftsführer im Unternehmen A ist mit dem Geschäftsführer im Unternehmen B nur abstrakt vergleichbar. Im konkreten Wahrnehmen der Positionen werden zwei unterschiedliche Geschäftsführerpersönlickeiten gebraucht. Diese Individualität gilt für die überwiegenden Aufgabenstellungen und Positionen. Es gilt bei einem Positionswechsel jedes Mal genau und differenziert hinzuschauen, ob Anforderungen der Positionen und Fähigkeiten des Positionsinhabers übereinstimmen.

4. Selbstwirksamkeit

Führungskräfte müssen Selbstvertrauen in ihre Ressourcen haben. Niederlagen oder Missgeschicke dürfen sie nicht aus der Bahn werfen. Der Volksmund sagt: Aufstehen ist wichtiger als Hinfallen – und: Laufen lernt man durch hinfallen.

Was lässt Sie immer wieder aufstehen und immer wieder optimistisch und frohgemut den Tag, die Arbeit, die Situation annehmen?

Diese Widerstandskraft (Resilienz) speist sich aus folgenden Quellen:

- Sie sind emotional stabil, weil Sie eine Vision von Ihrem Leben und eine Vision von Ihrer beruflichen Betätigung haben.
- Sie haben eine Vorstellung von Aufgabenlösungen und ihren Folgen.
- Sie haben eine bewusst definierte und verantwortungsvolle Selbstdisziplin.
- Sie haben ein vertrauensvolles Netzwerk, dem Sie sich offenbaren können.
- Sie erhalten sich Ihre positive Spannkraft und körperliche Fitness.
- Sie vertrauen Ihren Lösungsfähigkeiten.

Sie sehen, die Anforderungen an eine Führungskraft sind nicht gerade wenig. Sie sind eben wie ein Zehnkämpfer in vielen Disziplinen auf hohem Niveau. Je höher Sie in der Hierarchie klettern – je höher sind die Anforderungen an Ihre Fähigkeiten.

Reflexionsaufgaben
1. Können Sie genau das Aufgabenprofil Ihrer Position beschreiben?
2. Können Sie genau das Anforderungsprofil Ihrer Position beschreiben?
3. Werden im Aufgaben- und Anforderungsprofil konkret auf Führungsaufgaben Bezug genommen, die mit der Position verbunden sind?
4. Wann haben Sie sich selbst oder wurden Sie hinsichtlich Ihrer Fähigkeiten für Ihre Position als Führungskraft durch andere Personen analysiert, gescreent oder beurteilt?
5. Welche Ihrer Werte prägen Ihren Führungsstil?
6. Welche Ihrer Aufgaben beruhen auf welchen Ihrer Motive?

Wie formulieren Sie Ihre Reflexionsergebnisse?
Zu 1.
Zu 2.
Zu 3.
Zu 4.
Zu 5.
Zu 6.

Welche Folgen werden Ihre Reflexionsergebnisse für Ihre Führung haben?
Zu 1.
Zu 2.
Zu 3.
Zu 4.
Zu 5.
Zu 6.

Betriebswirtschaftlich-wertschöpfende Werte

Aktivität	Gewinn	Qualität
Arbeitszufriedenheit	Gewinnorientierung	Realismus
Ausdauer	Gewissheit	Rentabilität
Begeisterung	Handeln	Ressourcen
Beruf	Investition	Risiko
Betriebsergebnis	Konkurrenzorientierung	Risikobereitschaft
Bewegung	Kosten	Robustheit
Bilanz	Kreativität	ROI
Bonität	Kundenorientierung	Sachorientierung
Cash Flow	Leistung	Selbstverantwortung
Controlling	Leistungsbereitschaft	Sieg
Deckungsbeitrag	Lieferantenorientierung	Strategie
Dienstleister	Liquidität	Struktur
Disziplin	Markt	Systematik
Durchsetzungsvermögen	Mitarbeiter	Unternehmertum
Effektivität	Mobilität	Verantwortung
Effizienz	Mut	Wachstum
Ehrgeiz	Nachhaltigkeit	Wahrheit
Eigenverantwortung	Nutzen	Wertschöpfung
Einfluss	Pflichtbewusstsein	Wettbewerb
Einnahmen	Pragmatismus	Wirtschaftlichkeit
Erfolg	Preis	Zielorientierung
Ergebnisorientierung	Produkt	Zukunft
Ertrag	Produktivität	Zusammenhänge
Genauigkeit	Prozessorientierung	Zweck
Geschäftsprozesse		

Psychologisch-menschliche Werte

Abgrenzung	Entscheidungsfähigkeit	Konsens
Abstand	Entwicklung	Loyalität
Achtsamkeit	Empathie	Materielle Sicherheit
Achtung	Erholung	Menschlichkeit
Ästhetik	Fairness	Mitgefühl
Akzeptanz	Familienleben	Motivation
Anerkennung	Flexibilität	Mobilität
Anpassungsfähigkeit	Freiraum	Nähe
Ansehen	Freizeit	Respekt
Aufmerksamkeit	Freundschaft	Ruhe
Ausgeglichenheit	Fürsorge	Sensibilität
Autarkie	Geduld	Sinn
Authentizität	Gemeinsamkeit	Sozialer Ausgleich
Balance	Gemeinschaft	Standhaftigkeit
Beachtung	Gerechtigkeit	Teamorientierung
Bestätigung	Gesundheit	Toleranz
Bequemlichkeit	Gleichheit	Unterstützung
Bildung	Harmonie	Verbindlichkeit
Bodenständigkeit	Helfen	Verlässlichkeit
Demut	Hilfsbereitschaft	Vertrauen
Dialog	Ideale	Verständnis
Distanz	Individualität	Wahrheit
Ehrlichkeit	Innovation	Wertschätzung
Eigennutzen	Integrität	Wirkung
Eigentum	Initiative	Würde
Einfluss	Karriereorientierung	Zugehörigkeit
Einklang	Kompetenz	Zufriedenheit
	Komplexität	

1.7 Warum eigentlich Führungskräfte?

In der heutigen und zukünftigen Zeit, in der es gut ausgebildete, selbstverantwortliche und lernfähige Menschen gibt, kann sehr schnell die Frage auftreten: Warum braucht es eigentlich Führungskräfte – Menschen, die Menschen beeinflussen? Arbeitsteilung, Spezialisierung und unterschiedliche Potenziale der Menschen in Gemeinschaften bedürfen der Koordination, will eine Gemeinschaft sich erleben und überleben. Koordination soll ein geordnetes Gefüge ermöglichen, das dem Einzelnen Orientierung (Sicherheit) und Sinnhaftigkeit (Motivbefriedigung) bietet.

Die klassische Sicht, wie Orientierung und Sinnhaftigkeit koordiniert werden können und sollen, stammt aus unserem Werteverständnis, wie es sich seit Jahrtausenden entwickelt hat. Jede Zeit hat ihre bestimmenden Werte, die Einfluss nehmen auf das gewünschte, erforderliche oder geforderte Verhalten für Akzeptanz, aber auch zum „Überleben" in einer Gemeinschaft.

Gemeinschaften leben von Arbeitsteilung und den damit verbundenen Fähigkeiten und Fertigkeiten, die für den Erfolg benötigt werden. In der Natur leben die Geschöpfe (z.B. Tiere) in Arbeitsteilung und die Geschöpfe (Menschen) in der Kultur ebenfalls. Wir Menschen vereinen Natur und Kultur in uns, werden davon geprägt in unserem Potenzial des Könnens (Begrenzung) und den Wissensbeständen und Werten (Entwicklung von Neuem).

Das Wissen über Führung ist Jahrtausende alt und hat geschichtlich betrachtet zwei große Erfahrungsquellen: die Kirchen und die Heere. Als die Arbeitsprozesse durch die Mechanisierung und die Industrialisierung durch Arbeitsteilung schneller und sicherer wurden – so ab und um 1800 – konnten die Produkte in der Menge schneller und kostengünstiger von mehr Menschen hergestellt werden als bei der gesamtheitlichen Produkterstellung durch einen oder wenige Menschen. Gab es vorher den klassischen, überschaubaren, weil führbaren „Kleinbetrieb" mit Meister, Gesellen, Lehrlingen und Frau Meisterin, konnte der gleiche Unternehmer durch Industrialisierung der Arbeitsprozesse mehr Menschen beschäftigten. Aus dem Werteverständnis der Damaligen entstanden die zu beantwortenden Fragen:

- Wer passt auf diese Menschen auf?
- Wer kontrolliert sie?
- Wer treibt sie an?
- Wer kann den Meisterwillen an seiner Stelle durchsetzen?

Genau genommen wurden Menschen mit Führungserfahrung gesucht. Viele und überall, denn die Industrialisierung erfolgte in kürzester Zeit flächendeckend.

Aus den eigenen Reihen konnten nicht genug Menschen zu Führung rekrutiert oder entwickelt werden. Die aufstrebenden und größer werdenden Unternehmenseinheiten benötigten deshalb Führungspotenzial außerhalb ihrer angestammten Erfahrungswelt.

Die katholische Kirche in Mitteleuropa in ihrer 2000-jährigen Organisations- und Führungserfahrung und die Heere in ihren mehrtausenden Führungserfahrungen in den einzelnen Staaten verfügten über erfahrenes Führungspersonal.

Kirchenorganisation und Heeresorganisationen zeichnen sich aus durch eine funktionale Linienhierarchie und ein Wertesystem, das ein konsequentes „Law-and-Order-System" zur Durchsetzung von Interessen gewährleistete. Beide erfahrenen und großen Organisationen spiegelten das Verständnis von Führung –„wir von Gottes Gnaden, König von ..." – der damaligen Zeit wider.

Salopp formuliert: Die Kirchenmänner konnten in der Regel aus ihrem Werteverständnis keine Führungskräfte in anderen thematischen Kontexten werden. Die Heeresmänner sehr wohl. Die Offiziere wurden die Geschäftsführer und Prokuristen – sie wurden also die strategisch-leitenden Angestellten einer Unternehmung. Die Unteroffizere und Feldwebel wurden die Vorarbeiter und Meister in den Unternehmungen, hatten sie doch beste Erfahrung im „operativen Doing".

Es entstand nicht nur die Männerwelt in der Führung. Es entstand vor allem ein Führungsverständnis, das die Führungskräfte aus ihrer alten Erfahrungswelt in ihre neue Arbeitswelt mit- und einbrachten. Hierarchieverständnis und Verhalten als Führungskraft war (und ist es heute noch) im

Grundsatz militärisch. Dies sollte nicht negativ gesehen werden, hat sich doch der Soldat zum Bürger in Uniform gewandelt und der Auftrag „der Wehr" zu einer friedenssichernden Dienstleistungsorganisation entwickelt. Die Erfahrung in Organisation und Führung im Wandel der Zeiten bleibt erhalten – wenn auch nicht als allein selig machende Welt.

Kadavergehorsam, Law-and-Order und Ober sticht Unter geht nicht mehr in unserem demokratischen Gemeinwesen und in einer selbstbewussten, gut ausgebildeten Bürgergesellschaft. Führen durch Überzeugen, Führen durch Interessenbefriedigung, Leadership als Ausdruck thematischer Initiative, sich als Führungskraft zu rechtfertigen und legitimieren, schaffen die so oft beschworene und geforderte Gefolgschaft von Menschen – Gefolgschaft als Ausdruck freiwilligen Verhaltens.

Arbeitsteilung, Bewältigung von Arbeitsmengen, Sicherung von Themenqualität erfordern Spezialisierung. Einer – aber auch eine Gruppe oder ein Team – kann Verantwortung für ein Thema und seine Realisierung in den Arbeitsprozessen haben. Führung ist definiert als Verantwortung für die Qualität eines Themenverständnisses, seiner Weiterentwicklung und Realisierung im Alltag – dann kann Führung von einem oder mehreren Menschen wahrgenommen werden.

Führungsgestaltung und Führungswahrnehmung sind abhängig von der Organisationsform. So wie es einen Geschäftsführer geben kann, der für alle Themen in dem Unternehmen die letzte Verantwortung hat, so kann eine Geschäftsführung auch aus mehren Personen bestehen, die zwar arbeitsteilig, aber letztlich doch alle gemeinsam die Führungsverantwortung zelebrieren.

Es gilt eben als althergebracht, dass nur eine Person die Führung eines Themas und den daran beteiligten Menschen übernimmt.

Je mehr grundsätzliche Themen in einem größer werdenden Unternehmen durch eine wachsende Anzahl von Geschäftsvorfällen be- und abgearbeitet werden müssen, desto größer ist der Bedarf an öffentlich benannten Verantwortlichen. Führungsspanne – früher Kontrollspanne – ist der entscheidende Begriff – also: Wie viele Menschen (Mit-Arbeiter) mit ihren unterschiedlich ausgeprägten Arbeitsinhalten und Arbeitsanforderungen kann ein Einzelner angemessen beeinflussen, unterstützen und korrigieren? Aus der Erfahrung gelten max. sieben Mit-Arbeiter mit unterschiedlichen Sachgebieten als ordentlich führbar. Gleichen sich die Arbeitsinhalte stark, gelten aus der Erfahrung max. 15 Mit-Arbeiter als Obergrenze für zu Führende.

Reflexionsaufgaben
1. Wie viele Mit-Arbeiter führen Sie und warum?
2. Wo im hierarchischen Aufbau Ihres Unternehmens sind Sie tätig – eher operativ oder eher strategisch?
3. Welche Wertschöpfung ermöglichen Sie durch Ihre Führung?

Wie formulieren Sie Ihre Reflexionsergebnisse?
Zu 1.
Zu 2.
Zu 3.

Welche Folgen werden Ihre Reflexionsergebnisse für Ihre Führung haben?
Zu 1.
Zu 2.
Zu 3.

1.8 Was Sie als Führungskraft vermeiden sollten

Zugegeben, es folgen jetzt einige Ausführungen, die möglicherweise nicht allzu oft öffentlich angesprochen werden und die in Teilen einer gefühlten „political correctness" nicht voll entsprechen.

Mit-Arbeiter sind keine Freunde. Arbeitssituationen sind vertraglich fixierte Interessengemeinschaften. Der Arbeitgeber, die Führungskraft und der Mit-Arbeiter haben Interessen, die befriedigt werden sollen. Freunde haben keine Interessen, Freunde sind selbstlos. Als Führungskraft können Sie auf Dauer nicht ausschließen, dass Sie aus Sicht des Mit-Arbeiters ihm „Leid" antun. Einem Freund tut man kein Leid an.

Keine „gemeinsame Leichen im Keller". Vorsicht, Sie könnten mit dem Wissen um die gemeinsamen „Erlebnisse" erpresst werden. Vermeiden Sie Situationen – in der Regel im feucht-fröhlichen Rahmen – die Sie kompromittieren könnten. In gelöster Atmosphäre wird auch die Zunge gelöst und „das Herz auf der Zunge getragen" – wie der Volksmund sagt.

Jagen im eigenen Bau ist verboten. Natürlich sind sexuelle Kontakte mit dem anderen oder dem eigenen Geschlecht aufregend und genussvoll. Diese individuelle Bedürfnisbefriedigung kann aber auch Neid auslösen oder als Ablehnung der eigenen Person durch den Einzelnen angesehen werden. Wichtiger in diesem Zusammenhang ist aber, dass alle Unbeteiligten zutiefst überzeugt sind, dass das eroberte „Jagdopfer" bevorzugt wird – auch wenn es nicht stimmt.

Der Denunziant wird angehört, aber nicht belohnt mit dem, was er gerne hätte. Keine Führungskraft wird einen Denunzianten im eigenen Bereich halten und belohnen, denn er könnte ja auch seine eigene Führungskraft denunzieren.

Versuchen Sie nicht durch Androhung Ihrer Kündigung etwas zu erreichen. Erreichen Sie es durch gute Arbeit und gute Argumente.

Reflexionsaufgabe

love it - change it or leave it. Sie kennen diesen Spruch.

1. Welche konkreten Erfahrungen haben Sie damit in Ihrer bisherigen beruflichen Laufbahn gemacht?
2. Wie politisch ist Ihr Arbeitsumfeld und woran erkennen Sie es?

Wie formulieren Sie Ihr Reflexionsergebnis zur Frage?

Zu 1.

Zu 2.

Welche Folgen wird Ihr Reflexionsergebnis für Ihre Führung haben?

Zu 1.

Zu 2.

1.9 Als Führungskraft sind Sie Vorbild und Elite

Sie sind als Führungskraft in Ihrem Arbeitskontext ausgewählt worden, weil Sie ...

- eine spezifische Aufgabenstellung voranbringen sollen;
- Mit-Arbeiter zur Wertschöpfung in der einzelnen und gemeinsamen Aufgabenbewältigung befähigen sollen;
- Ihr Netzwerk und das Ihrer Mit-Arbeiter so gestalten und beeinflussen sollen, dass zukünftige Erfolge aller Beteiligten ermöglicht werden.

Sie können etwas oder sollen etwas generieren, was Sie im besonderen Maße können (sollten). Sie sind kein Spezialist in einem Sachgebiet. Sie sind Generalist auf hohem Niveau in vielen Gebieten in der Ihnen übertragenen Aufgabenstellung.

Der Generalist in der Leichtathletik – der Zehnkämpfer – wird nicht umsonst als König der Athleten bezeichnet. Er ist in vielen Disziplinen auf hohem Kompetenzniveau überprüfbar befähigt.

In diesem Sinne sind Sie eine Elite in Ihrem Aufgaben- und Führungsbereich. Ein Vorbild in der Arbeitshaltung und ein Könner, wenn es gilt, das gemeinsame Thema zukunftsfähig zu entwickeln.

Als Führungskraft sind Sie Vorarbeiter, Vordenker, Leader, Repräsentant und Leuchtturm Ihres Arbeitsbereiches. Mit-Arbeiter wissen, dass Sie mehr Arbeitsentgelt bekommen als das einzelne Gruppenmitglied und als Führungskraft mehr Privilegien haben als der Einzelne. Dieses „mehr an" erhalten Sie für „mehr sein" und „mehr können" – nicht als Sachbearbeiter, sondern als qualifizierter Treiber für das Ganze.

Reflexionsaufgaben

1. In welchen Themen und Situationen wollen Sie für Ihre Mit-Arbeiter Vorbild sein – und warum?
2. Definieren Sie im positiven Sinn, warum Sie in Ihrem Kontext etwas Besonderes (Elite) sind – und warum?

Wie formulieren Sie Ihre Reflexionsergebnisse?

Zu 1.

Zu 2.

Welche Folgen werden Ihre Reflexionsergebnisse für Ihre Führung haben?

Zu 1.

Zu 2.

1.10 Damit sollten Sie als Führungskraft fest rechnen

Wir erziehen und bilden junge Menschen zu Individuen, die sich kritisch mit sich und ihrer Umwelt auseinandersetzen sollen. Diese zunehmend geschützte Individualität verleitet den einen und anderen aber auch dazu, sich und seine Interessen und Sichtweisen zu priorisieren. Dies hat zur Folge, dass Mit-Arbeiter mit Fakten und legitimierten Gründen überzeugt werden müssen. Die inhaltliche Auseinandersetzung mit den gut ausgebildeten Menschen wird zum Normalen, wenn es gilt, Aufgaben einzeln und gemeinsam zu bewältigen.

Der Übergang von Individualität zu Egoismus ist ein sehr schmaler Grat. Dies gilt bei der Bewertung der Situation für beide – Mit-Arbeiter und Führungskraft.

Die wirtschaftliche Entwicklung unserer Gesellschaft und das Bildungsniveau hat viele Menschen in den letzten Jahren zu materiellen und immateriellen Kapitalisten werden lassen. Kapitalisten wollen in der Regel nichts abgeben und scheuen in der Regel das Risiko.

Hatten wir früher oft den angepassten und duckmäuserischen Mitabeiter, der die Macht der Obrigkeit scheute, werden heute und in der Zukunft – so sich unsere Gesellschaft so weiter ntwickelt wie bisher – viele Mit-Arbeiter das Risiko scheuen, weil sie ihren Kapitalistenstatus nicht verlieren wollen.

Aus welchen Gründen auch immer, Ihnen als Führungskraft kann nicht an dieser Art des angepassten Mit-Arbeiters gelegen sein. Wer sich anpasst, entwickelt in der Regel keine eigene Meinung, die für selbstständiges Handeln zwingend notwendig ist. Angepasste und unselbstständige Mit-Arbeiter führen zu Ihrer persönlichen „Herzinfarktorganisation", denn Sie werden sich um alles kümmern müssen, was Sie aber nicht können. Schade eigentlich – oder?

Reflexionsaufgaben
1. Bei welchen Themen, in welchen Situationen argumentieren Sie intensiv für Ihre Interessen (Ich-Bezogenheit) – und warum?
2. Bei welchen Themen, in welchen Situationen argumentieren Sie intensiv für gemeinsame Interessen (Wir-Bezogenheit) – und warum?

Wie formulieren Sie Ihre Reflexionsergebnisse?
Zu 1.
Zu 2.

Welche Folgen werden Ihre Reflexionsergebnisse für Ihre Führung haben?
Zu 1.
Zu 2.

1.11 Die zwei wichtigsten Tugenden der Führungskraft

Eine Daseinsberechtigung einer Führungskraft lautet: Mit-Arbeiter selbstständig werden lassen. Die Selbstständigkeit erfolgt im Rahmen einer Aufgabenerledigung. Sie werden mit dem Mit-Arbeiter im Rahmen seiner Ziele und Fakten des Kontextes sein grundsätzliches Handeln besprechen. Sie können aber nicht jede Situation im Vorweg diskutieren und Lösungen festlegen. Der Mit-Arbeiter wird in seinem Verständnis von der Aufgabenerledigung sein Arbeitsverhalten selbst organisieren.

Die Führungskraft braucht Toleranz – praktizierte Toleranz – gegenüber dem Mit-Arbeiter. Der Mit-Arbeiter wird seine Lösung kreieren und nicht Ihre. Wenn Sie als Führungskraft nicht diese Kraft der Toleranz aufbringen, werden Sie Ihre Mit-Arbeiter bevormunden – also autoritär führen.

In den letzten 100 Jahren haben wir gesellschaftlich eine Entwicklung vom Obrigkeitsstaat zur Individualität des Einzelnen vollzogen. Menschen sind heute gut ausgebildet und haben ein feines Gespür für ihre Individualität und deren Wertschätzung.

Als Führungskraft sind Sie aufgerufen, durch gerechtes Verhalten gegenüber jedermann diese Individualität zu respektieren. Als Führungskraft verlieren Sie sehr, sehr schnell Ihre Autorität, wenn die Ihnen anvertrauten Menschen diese Gerechtigkeit und Toleranz nicht wahrnehmen können.

Führung soll freiwillige und gewollte Folgschaft auslösen. Diese Freiwilligkeit, dieses Auslösen von Motivation bei Menschen gelingt nur über diese fundamentalen gelebten Werte.

In diesen erlebten Werten erfährt der Mit-Arbeiter durch Sie als Führungskraft seine Individualität und seine Akzeptanz als Mit-Arbeiter.

Reflexionsaufgaben

1. Woran bemerken Sie, dass Sie intolerant gegenüber dem Mit-Arbeiter sind – und warum handeln Sie so?
2. Woran bemerken Sie, dass Sie ungerecht gegenüber dem Mit-Arbeiter sind – und warum handeln Se so?

Wie formulieren Sie Ihre Reflexionsergebnisse?

Zu 1.

zu 2.

Welche Folgen werden Ihre Reflexionsergebnisse für Ihre Führung haben?

Zu 1.

Zu 2.

1.12 Ausbildung als Führungskraft

Führung kann nicht nur „Mann" oder „Frau" lernen, Führung kann jeder lernen – also auch Sie, der Sie gerade dieses Buch lesen.

Sicherlich, es gibt kein Berufsbild „Führung", das in der Form der bekannten Ausbildungsstrukturen gelernt werden kann. Auch gibt es keinen Studiengang, der mit dem Abschluss „Führungskraft B.A." oder „Führungskraft M.A." abschließt.

Vielleicht, eines fernen Tages, wird es so eine Ausbildung geben.

Führung gibt es aber seit Jahrtausenden. Es wird geführt, und es wird immer Führungskräfte geben. Wer Bäcker und Schuster lernen kann, wer als Jurist oder Arzt ausgebildet werden kann, kann auch als Führungskraft ausgebildet werden.

Dieses Buch ist die Basis für Ihre Ausbildung als Führungskraft.

Sie lernen Fakten der Führung. Sie wenden dieses faktische Wissen der Führung in Ihrem Arbeitsbereich an. Diese Anwendung werden Sie reflektieren hinsichtlich des erhofften und eingetretenen Erfolges, aber auch hinsichtlich des nicht beabsichtigten Misserfolges. Wenn Sie diese konkrete praktische Anwendungssituation durchschaut haben, werden Sie diese gelernte Erfahrung auf zukünftige vergleichbare Situationen in Ihren Führungsalltag übertragen, weil Sie Zutrauen und Vertrauen zu Ihrem Können entwickelt haben.

Wer weiß, was Führung ist, worauf es ankommt bei der Führung, welche Folgen Führung haben bzw. auslösen soll, kann mit sich und den ihm anvertrauten Menschen zuversichtlich umgehen. Sie werden es können, wenn Sie es wollen.

Sich vertrauen ist ein wesentliches Element von Resilienz. Wenn Sie sich vertrauen, dann haben Sie auch Zutrauen zu sich.

Dieses Bewusstsein für Ihre eigene Selbstwirksamkeit entsteht aber nur, wenn Sie sich mit den Aufgaben einer Führungskraft, den Anforderungen einer Führungskraft und Ihren Fähigkeiten als Führungskraft ehrlich und offen auseinandersetzen. Lernen, reflektieren, beibehalten und verändern sind die permanenten Prozesse Ihrer Entwicklung. Diese Prozesse sind ergebnisoffen: Niemand kann Ihnen sagen, ob Sie erfolgreich sein werden – weder grundsätzlich noch situativ. Es kommt auf Sie an. Gefragt sind Ihre Begabungen, Talente und Intelligenzen – erkennbar in Ihrem Fach- und Methodenwissen, Ihren Werten und Motiven, Ihrem Kommunikationsverhalten mit anderen, Ihrem Verständnis von den Anforderungen Ihres beruflichen Kontextes an Sie.

Jede Ausbildung endet mit einer Prüfung und mit einer Prüfungsnote. Bestandene Prüfungen und gute Prüfungsnoten sind nicht automatisch Garant für beruflichen Erfolg – Führungserfolg. Es gilt, sich immer aufs Neue zu beweisen. Vergangene Erfolge sind Vergangenheit. Was früher richtig war, kann heute falsch sein. Misstrauen Sie der Routine, wenn es um Führung geht.

Reflexionsaufgaben
1. Haben Sie eine Führungsausbildung/ein Führungstraining erhalten und wirkt dieses heute noch?
2. Von wem haben Sie Führung gelernt?
3. Welche Fähigkeiten und Fertigkeiten benötigen Sie noch, um aus Ihrer Sicht eine gute Führungskraft zu sein?

Wie formulieren Sie Ihre Reflexionsergebnisse?
Zu 1.
Zu 2.
Zu 3.

Welche Folgen werden Ihre Reflexionsergebnisse für Ihre Führung haben?
Zu 1.
Zu 2.
Zu 3.

Welche Erkenntnisse haben Sie nach diesen ersten Seiten des Buches gewonnen?
Zu 1.
Zu 2.
Zu 3.

1.13 Zusammenfassung des Kapitels „Hinführung zum Thema"

Die Fragen
- Warum werden Führungskräfte benötigt?
- Was legitimiert Führungskräfte in ihrem Handeln?

sind nicht nur zwei grundlegende Fragen aus der Sicht der Unternehmenseigener oder -gründer, sondern insbesondere auch Fragen aus Sicht der Mit-Arbeiter, potenziellen Mit-Arbeitern, Kollegen, Kunden und der interessierten Öffentlichkeit. Schließlich müssen auch Führungskräfte bezahlt werden.

Jede Führungskraft – ob Eigner, Vorstand, Geschäftsführer, Leitender Angestellter, Abteilungsleiter, Team- oder Gruppenleiter – muss sich im Sinne ...
- der anvertrauten Thematik, die zu bearbeiten ist,
- der anvertrauten Menschen, die als Mit-Arbeiter im Themenfeld agieren,
- der vielfältigen anvertrauten materiellen und immateriellen Ressourcen

Gedanken machen über ...
- die Führungsinhalte der Aufgabenstellung – faktisch und systemisch,
- das eigene Führungsverständnis – faktisch und systemisch,
- den eigenen Führungsstil und das eigene systemische Führungsverhalten,
- die systemischen Verantwortlichkeiten in Führungsprozessen,
- die systemischen Folgen des eigenen Führungshandelns.

Es geht um die allgemeine eigene aber auch öffentliche Erwartungshaltung an Ihre Fähigkeit, mit Mit-Arbeitern Wertschöpfung zu generieren, zu entwickeln oder zu halten. Dabei steht immer der Abnehmer der Wertschöpfung – der interne oder externe Kunde – im Mittelpunkt der Betrachtung.

Unternehmen und ihre Teile, die mehr Werteverzehr als Wertschöpfung hervorbringen, haben im internen und externen Markt der Interessen und Ansprüche keine Daseinsberechtigung und damit keine Überlebenschance.

Führungskräfte begründen vor allem: wie es geht und nicht, warum es nicht geklappt hat. Der zufriedene Kunde ist die Orientierung und das Maß der benötigten Kompetenz für die Führungskraft mit ihren Mit-Arbeitern.

Reflexionsaufgabe

Welche Veränderung hat sich in Ihrem Verständnis von Führung durch das Lesen dieses Kapitels eingestellt?

Wie formulieren Sie Ihr Reflexionsergebnis?

Welche Folgen wird Ihr Reflexionsergebnis für Ihre Führung haben?

2 Die zehn Fakten des Kontextes „Unternehmung"

Wer ein Unternehmen gründet – wer ein Unternehmen führt – wer ein Unternehmen weiterentwickelt – wird sich nicht nur mit seinen Produkten oder Dienstleistungen und seinen Mit-Arbeitern und Führungskräften mit Zeiteinsatz und inhaltlicher Hingabe widmen müssen, sondern noch mit weiteren Themen und Sachgebieten auseinandersetzen, die zur Leitung und Führung einer Unternehmung gehören.

Themen, die ganz genereller Natur sind und nicht speziell für ein Unternehmen, eine Unternehmensgröße, eine Branche, eine Region oder einer Nationalität gelten. Auch international gelten die Themen, die je nach Kultur und Gesetzeslage der Nation inhaltlich formuliert sind.

Jedes Unternehmen und damit jeder Führungsbereich im Unternehmen hat mit diesen generellen Themen zu tun., auch wenn nicht immer alles und jedes aus den folgenden Bereichen zur Anwendung kommt.

Situative Führungssituationen bedürfen oft direkter und anwendbarer Kenntnisse aus den Themengebieten, während strukturelle oder strategische Führungssituationen allgemeingültiges Wissen aus den Themengebieten bedürfen.

Diese Fakten des Kontextes „Unternehmung" sind in den Abstracts auf den Seiten 162-313 beschrieben. Abstracts, weil in den Ausführungen sozusagen das Wichtigste des jeweiligen Themengebietes für die Unternehmung aufgeführt ist. Es ersetzt im Einzelfall nicht Spezialwissen, was in der Regel durch Ausbildung oder Studium erworben wird.

Die Abstracts dienen auch dazu, Ihnen ein Gefühl für die Wichtigkeit und Dimension des Fachgebietes zu vermitteln. Sie können sich im Zweifelsfall spezialisiertes Wissen aneignen oder Verständnis dafür entwickeln, das von Ihnen als gestaltende Führungskraft verlangt wird, über Wissen aus dem jeweiligen Fachgebiet anwendungsorientiert zu verfügen.

Die nachfolgende Themenauswahl als Fakten des Kontextes „Unternehmung" ist einerseits aus der Wissenschaft entlehnt, die sich unter verschiedensten Gesichtspunkten mit „Unternehmung" auseinandersetzt – aber auch aus der praktischen Erfahrung von Unternehmensführung.

- Unternehmensabhängiges Fach- und Methodenwissen ist die Grundlage für Ihr thematisches und führungsorientiertes Agieren. (Artikel S.164)
- Juristisches Wissen, weil Führungsarbeit die vielfältigsten Rechte von Menschen betrifft, für die differenzierten Arbeits- und Beziehungssituationen miteinander. (Artikel S.177)
- Die Betriebswirtschaft im engeren Sinne liefert die „harten Themen", an denen Wertschöpfung überwiegend quantitativ erkannt wird. (Artikel S.192)
- Volkswirtschafliches Wissen liefert nationale und internationale Daten der Beschaffenheit ökonomischer Voraussetzungen für den angestrebten unternehmerischen Erfolg im Markt. (Artikel S.208)
- Marketingwissen, weil ohne bewusste „Marktbearbeitung" der Wettstreit mit der Konkurrenz eher nicht gewonnen wird. (Artikel S.232)
- Die Unternehmenswerte gelten für alle Mit-Arbeiter und Führungskräfte im Verhalten untereinander und für den geschäftlichen Umgang mit Lieferanten, Kunden und Behörden. (Artikel S.242)
- Die personalen Werte geben Orientierung im Umgang mit der einzelnen Person. (Artikel S.253)
- Resilienz als Ausdruck psychischer und physischer Widerstandskraft und Regenerierungspotenzial für die Widrigkeiten des (beruflichen) Lebens. (Artikel S.265)
- Motivationspsychologisches Wissen als Hilfe zum Erkennen und Entwickeln richtiger Schlussfolgerungen für das Führungsverhalten im Kontext „so tickt der Mensch". (Artikel S.276)
- Neurowissenschaftliches Wissen, um die Entstehung von Entscheidungen zu verstehen und eigenes und fremdes Entscheidungsverhalten einordnen zu können. (Artikel S.306)

Wer die Themenausprägungen nicht angemessen verinnerlicht und anwendet, handelt als Führungskraft entweder grob fahrlässig oder ausgesprochen dumm. Die Fakten des Kontextes „Unternehmen sind sozusa-

gen gesetzt". Sie können sich dagegen nicht wehren, dass sie da sind und
dass sie wirken – direkt oder indirekt.

Reflexionsaufgaben
1. In welchem der aufgeführten Themen sind Sie durch Ausbildung
   oder Studium Spezialist?
2. In welchen der aufgeführten Themengebieten haben Sie Fortbildungen besucht?
3. Zu welchen der aufgeführten Themengebiete haben Sie gelesene
   und griffbereite Literatur?
4. Zu welchen Themengebieten benötigen Sie fachliche Unterstützung?
5. In welchen Situationen führte die bewusste Anwendung von Wissen aus dem oder den Themengebiet/en zum Führungserfolg?

Wie formulieren Sie Ihre Reflexionsergebnisse?
Zu 1.
Zu 2.
Zu 3.
Zu 4.
Zu 5.

Welche Folgen werden Ihre Reflexionsergebnisse für Ihre Führung
haben?
Zu 1.
Zu 2.
Zu 3.
Zu 4.
Zu 5.

Die zehn Fakten des Kontextes „Unternehmen"

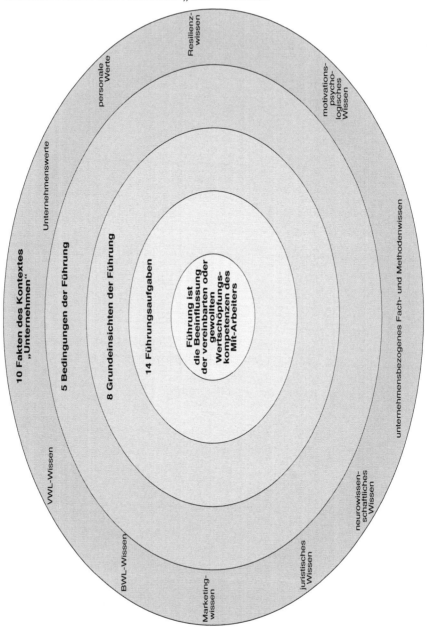

10 Fakten des Kontextes „Unternehmen"

5 Bedingungen der Führung

8 Grundeinsichten der Führung

14 Führungsaufgaben

Führung ist die Beeinflussung der vereinbarten oder gewollten Wertschöpfungskompetenzen des Mit-Arbeiters

Resilienzwissen

personale Werte

Unternehmenswerte

motivationspsychologisches Wissen

unternehmensbezogenes Fach- und Methodenwissen

VWL-Wissen

BWL-Wissen

Marketingwissen

juristisches Wissen

neurowissenschaftliches Wissen

3 Die fünf Bedingungen der Führung

Die Betrachtung von Gemeinschaften, Organisationen oder Unternehmen zeigt über die Generationen, dass nichts dauerhaft oder ewig ist. Entstehende Kulturen, Hoch-Zeiten von Kulturen und Niedergang von Kulturen sind wie die Jahreszeiten, wie Ebbe und Flut, wie Leben und Tod.

Die Natur mit ihren nicht beherrschbaren Kräften, mit ihrer Nachhaltigkeit an Artenerhalt und Artenentstehung und die Menschen mit ihren differenzierten Fähigkeiten der (bewussten) Einflussnahme auf Situationen und Entwicklungen ermöglichen/erzwingen nicht nur Vielfalt und Differenzierung des Daseins, sondern auch Wettbewerb und Unvorhersehbarkeit.

Führung entsteht, besteht und vergeht unter diesen Bedingungen. Wer dauerhafte Stabilität verlangt, ist zum Scheitern verurteilt. Wer sich gegen Veränderung stellt und stemmt, wird (eher) scheitern. Die Erfolgswahrscheinlichkeit steigt deutlich, wenn Sie sich an die Spitze einer Veränderung/Bewegung stellen, oder die Initiative für Veränderung ergreifen.

Für die Aufrechterhaltung von Stabilität werden Aufpasser und Herrscher gebraucht – für die Veränderung Führungskräfte, die Entwicklung initiieren, moderieren, unterstützen, vorleben – in zwei Worten: ermöglichen und gewährleisten.

Führungserfolg unterliegt und entsteht aus grundsätzlichen Erfahrungen und Wissensbereichen, die zu Bedingungen für Führungskompetenz geworden sind:

1. Das einzig Beständige ist der Wandel.
2. Unternehmen sind konstruktivistische Gebilde.
3. Unternehmen sind Praxisorte.
4. Führung endet beim zufriedenen Kunden.
5. Organisationen sind hierarchisch.

Reflexionsaufgaben

1. Welche der fünf Bedingungen der Führung können Sie in Ihrem Unternehmen erleben und woran konkret?
2. Welche der fünf Bedingungen der Führung beachten Sie in der Wahrnehmung Ihrer Führungsverantwortung in Ihrem Führungsbereich – warum und mit welchem Erfolg?
3. Welche der fünf Bedingungen der Führung sollten Sie als Führungskraft in Zukunft stärker beachten oder modifizieren?
4. Welche Richtlinien bestehen und wie gehen Sie damit um?

Wie formulieren Sie Ihre Reflexionsergebnisse?
Zu 1.
Zu 2.
Zu 3.
Zu 4.

Welche Folgen werden Ihre Reflexionsergebnisse für Ihre Führung haben?
Zu 1.
Zu 2.
Zu 3.
Zu 4.

3.1 Das einzig Beständige ist der Wandel

Veränderungen und Entwicklungen gehören zu unserem Leben. Wenn Sie sich bis zu Ihrem jetzigen Alter betrachten, werden sie feststellen, dass eine Vielzahl von Ereignissen in Ihrem Leben einen Impuls für Ihre Entwicklung und Veränderung als Person und Persönlichkeit gegeben haben.

Unternehmen und Institutionen wandeln und verändern sich. Manchmal kommt es Ihnen so vor, als seien sie starr und unverrückbar.

Erst die Betrachtung in der Zeitabfolge offenbart den Wandel und die Entwicklung.

Die Anstöße zur Veränderung und Entwicklung stammen aus sehr unterschiedlichen Quellen, die in Ihnen sind, aber auch aus den Situationen stammen, in denen Sie agieren.

Wandel und Entwicklung können Sie initiieren, aber auch ertragen im Sinne von Anpassung.

„Panta rhei – alles fließt" wird als Aussage den Philosophen HERAKLIT und PLATON zugeschrieben – und HERAKLIT ergänzt das Faktum des Veränderns und Wandelns mit der Formulierung, dass man nicht zweimal in den selben Fluss steigen können. Der Fluss ist nicht mehr derselbe, genau so wenig wie der Mensch, der hineinsteigt.

Weil die Zeit vergeht, bleibt nichts, wie es ist. Wandel und Entwicklung bieten Chancen und Risiken. Wichtig als Erkenntnis: Wandel und Entwicklung können Sie nicht aufhalten – wohl aber beeinflussen und zu Ihrem Vorteil nutzen.

Die Lebenserfahrung lehrt zwei Dinge:

- Missionare werden erschlagen. Diese martialische Formulierung meint, dass Pioniere einer von ihnen initiierten Entwicklung nicht automatisch zu den Gewinnern zählen.

- Wer sich an die Spitze einer Veränderung stellt, hat gute Überlebenschancen. Diese Formulierung meint, dass Änderungen, die Sie nicht verhindern können, von Ihnen „intelligent" unterstützt werden sollten.

Reflexionsaufgaben
1. Welche Veränderungen und Entwicklungen haben Sie erlebt?
2. Wie sind Sie mit ihnen umgegangen?
3. Erleben Sie private und berufliche Veränderungen gleich bedeutsam für sich?
4. In welchem Themenbereich stoßen Sie Änderungen an?

Wie formulieren Sie Ihre Reflexionsergebnisse?
Zu 1.
Zu 2.
Zu 3.
Zu 4.

Welche Folgen werden Ihre Reflexionsergebnisse für Ihre Führung haben?
Zu 1.
Zu 2.
Zu 3.
Zu 4.

3.2 Unternehmen sind konstruktivistische Gebilde

Ein Sprichwort sagt: Wenn zwei das Gleiche tun, ist es noch nicht dasselbe. Wenn Sie mit einem anderen Menschen auf einem Berghügel stünden, und Sie beide hätten die gleiche Aufgabe: „Beschreiben Sie, was Sie sehen", wird in der Art und Weise, wie der Einzelne die Aufgabe versteht und wie er damit konkret umgeht und zu Ergebnissen kommt, sehr unterschiedlich sein. Eine Information (die Aufgabe) können Sie nur verstehen (erkennen), wenn in Ihrem Erfahrungsschatz zu dem Thema Vorerfahrungen sind (gespeicherte und bewertete Informationen in Ihrem Gehirn). Die Beschreibung Ihrer Wahrnehmung ist Ihnen nur möglich mit den Ihnen eigenen Begabungen, Talenten und Intelligenzen – sowohl körperlich (z.B. Sehkraft) als auch Ihre Bewertungen des Gesehenen (Ihr eigener Bewertungsmaßstab und der damit in Verbindung stehenden Sprachschatz, der Ihnen für Ihre Äußerung zur Verfügung steht).

Unternehmen, Organisationen oder jedwede Gemeinschaft sind gegründet worden und/oder sollen weiter existieren, weil individuelle, faktische Interessen und ihre individuelle Deutung die „Lebensfähigkeit" ermöglichen – und manchmal aus Sicht der anderen auch behindern.

„Die Welt", die Sie und jeder andere Mensch beobachtet, wird jeder mit seinen ganz individuellen Möglichkeiten erkennen und deuten.

Diese Erkenntnis, der individuellen (begrenzten) Möglichkeiten, beschreibt der Konstruktivismus. Er ist keine Erfindung der Moderne, sondern schon dem Griechen DEMOKRIT wird zugeschrieben, dass wir nicht erkennen könnten, was denn wirklich Wirklichkeit ist. Einigen können Sie sich mit Anderen, wenn Sie Fakten definieren – die Bedeutung dieser Definition unterliegt den Anforderungen in der Anwendung durch den Einzelnen in seiner interessegeleiteten Situation.

Reflexionsaufgaben

   1. An welche Situationen im beruflichen und privaten Bereich erinnern Sie sich, wo es Unterschiede im Erkennen und Bewerten gab?

   2. Welche Konsequenzen hatte das für das Miteinander?

Wie formulieren Sie Ihre Reflexionsergebnisse?

Zu 1.

Zu 2.

Welche Folgen werden Ihre Reflexionsergebnisse für Ihre Führung haben?

Zu 1.

Zu 2.

3.3 Unternehmen sind Praxisorte

Unser Land verfügt nicht über die Vielfalt und Menge an natürlichen Ressourcen, dass wir als Bürger dieses Landes davon leben könnten. Wir haben uns deshalb schon früh auf den Weg zur Wissensgesellschaft gemacht.

Ausbildung nach Berufsbildern im qualifizierenden Lernsystem (Schule – Unternehmen), Studiengänge in den vielfältigsten Thematiken mit den Abschlüssen als Bachelor, Magister, Diplombefähigen zur Kompetenz. Daneben entwickeln einzlne Branchen eigene qualifizierte Fortbildungen, wie z.B. die Fachwirtausbildung.

Fast die Hälfte eines Schuljahrganges schließt mit der Befähigung zum Studium ab. Die Forderung der Politik nach mehr Studienabgängern wird permanent gestellt. Aus guten Grund – ist aber auch mit erheblichen Gefahren verbunden.

In keinem Studium lernen Sie die konkrete Praxis in ihrer tatsächlich geforderten Wertschöpfung. Studiengänge vermitteln Faktenwissen, Methoden des Verständnisses und Reflexion eines Faches sowie wissenschaftliche Vorgehensweisen zur Weiterentwicklung eines Faches.

So wie die grundsätzliche Beschäftigung mit einem Thema im Sinne von Wissen notwendig ist, ist aber auch der situative Wissenstransfer gemäß den Anforderungen der Arbeitssituation von entscheidender Bedeutung.

Unternehmen sind in der Regel nicht dazu da, wissenschaftliche Theorien oder Modelle zu verifizieren, geschweige denn einzelne Wissenschaftsströme als Identität für sich zu übernehmen. Das Unternehmen braucht „Wissende" als Ausgangspunkt für ihre Handlungskompetenz im praktischen Alltag. Deshalb kommt der Übersetzung des „theoretischen" Wissens in die Praxis eine strategische Bedeutung zu.

Reflexionsaufgaben
1. Wer hat Ihnen geholfen, Ihr theoretisches Wissen im praktischen Alltag zu verstehen und anzuwenden?
2. Was hätten Sie sich bei diesem Transfer in Ihre Praxis anders gewünscht?
3. Welche Konsequenzen ziehen Sie als Führungskraft für Ihren Führungsalltag?

Wie formulieren Sie Ihre Reflexionsergebnisse?
Zu 1.
Zu 2.
Zu 3.

Welche Folgen werden Ihre Reflexionsergebnisse für Ihre Führung haben?
Zu 1.
Zu 2.
Zu 3.

3.4 Führung endet beim zufriedenen Kunden

Die Einflussnahme auf Menschen erfolgt aus unterschiedlichen Anlässen und unterschiedlichen Interessen der Beteiligten. Ein Arzt soll Ihnen im Krankheitsfall helfen und nicht Ihrem Nachbarn, obwohl der Nachbar vielleicht von Ihrer Genesung profitieren wird oder könnte. Sie gehen aber nicht zum Arzt, damit ihr Nachbar profitiert.

Als Führungskraft haben Sie die Verantwortung für die Wertschöpfungsfähigkeit jedes einzelnen Mit-Arbeiters, der in Ihrem Führungsbereich zugeordnet ist. Anders als beim Arzt oder vergleichbaren Konstellationen bezieht sich Ihre Einflussnahme auf den einzelnen Mit-Arbeiter, damit der Mit-Arbeiter eine der Kundenerwartung entsprechende oder dem Kunden versprochene Leistung erbringt.

Alle Unternehmen und Organisationen haben ihre Daseinsberechtigung „für den Anderen". Der andere ist immer Empfänger Ihrer oder der Leistung Ihrer Mit-Arbeiter – egal, ob sie als Dienstleistung verstanden wird oder als Ausfluss des Handelns eines Prozessverantwortlichen.

Ihr Mit-Arbeiter ist Empfänger Ihrer Führungsleistung, die ihn befähigen soll, seinem Kunden eine versprochene oder vereinbarte Qualität zu liefern. Kunden in diesem Sinne sind die Marktkunden, aber auch die internen Kunden als Empfänger der Wertschöpfungskompetenz des Mit-Arbeiters.

Die Beeinflussungen durch Ihre Führungsaktivitäten müssen Befähigung zur Handlungskompetenz nicht nur auslösen und ermöglichen, sondern gewährleisten. Sie sind im wahrsten Sinne des Wortes „Ihr Geld nicht wert", wenn Sie dieser Anforderung an sich als Führungskraft nicht nachkommen können. Der Erste, der es merkt, ist Ihr Mit-Arbeiter!

Im Film Casablanca sagt HUMPHREY BOGART zu INGRID BERGMANN „Schau mir in die Augen, Kleines". Schauen Sie in die Augen Ihres Mit-Arbeiters und Sie haben die Chance, zu erkennen, wie es mit Ihrer Führungsqualifikation aus Sicht Ihres Mit-Arbeiters aussieht.

Reflexionsaufgaben
1. Wie viele unterschiedliche Kommunikationsanlässe haben Sie mit Ihrem Mit-Arbeiter?
2. Wie gestalten Sie die Kommunikationssituationen mit Ihrem Mit-Arbeiter, damit er Sie versteht und auch versteht, wie er sich durch diese Kommunikation selbstorganisiert kompetent machen kann?

Wie formulieren Sie Ihre Reflexionsergebnisse?
Zu 1.
Zu 2.

Welche Folgen werden Ihre Reflexionsergebnisse für Ihre Führung haben?
Zu 1.
Zu 2.

3.5 Organisationen sind hierarchisch

Es ist sehr verständlich, dass im Zuge Ihrer individuellen Sozialisation in Elternhaus und Schule, Ihrer guten oder sehr guten Ausbildung in Beruf oder Hochschule, Ihr Wunsch oder Ihr Anspruch nach Respektierung durch Ihre Umwelt Ihrer Selbstständigkeit im Denken und Handeln durch Genüge getan werden sollte.

Mit der Aufmüpfigkeit und Rebellion der 68iger Generation (der Autor dieser Zeilen ist einer davon) gegen die Autorität von Institutionen aber auch Repräsentanten von Institutionen, schwindet in den vergangenen Jahrzehnten das Vertrauen in formale Autoritäten.

Nun ist es aber so, dass Unternehmen, Organisationen oder Gemeinschaften formale Autoritäten benötigen, als Orientierung für Handeln, aber auch als Feedback-Systematik für das Handeln.

Jede Gemeinschaft lebt von den konkreten Antworten der Fragen:

- Wer macht was?   = Verteilung von Aufgaben.
- Wer informiert wen?   = Verteilung der Information.
- Wer entscheidet über was? = Verteilung der Macht.

Aus diesen drei Elementen entsteht die Aufbau- und Ablaufstruktur innerhalb einer Gemeinschaft – in Familie, im Verein, in der Kartenrunde und in Unternehmen und Organisationen. Die Begriffe für die drei Grundelemente der Orientierung haben je nach Kontext und Bedeutungszuweisung, aber auch aus Tradition unterschiedliche Namen: Struktur, Organisation, Stellenplan, Hierarchie, Berichtsebene u.dgl.

Es gibt aber auch ...
- Verantwortungshierarchien und
- Wertehierarchien,

die sich in den Organisationsstrukturen widerspiegeln. Die Wahl der Strukturorganisation ist auch abhängig von der Entwicklungsphase des Unternehmens.

- In der Pionierphase handelt es sich um neugeschaffene und kleine Unternehmen, die in der Regel eigentümerorganisiert sind. Alle Mit-Arbeiter sind dem Chef als Führungskraft direkt unterstellt. Diese Strukturorganisation wird in der Regel auch als Ein-Linien-Organisation bezeichnet.
- Mit zunehmendem Umsatzwachstum ist in der Regel auch ein zunehmendes Personalwachstum verbunden. Die Anzahl der Mit-Arbeiter kann eine Person nicht mehr führen: Es entstehen in der Regel thematische Führungsbereiche. Es ist die Phase der Differenzierung.

Die funktionale Linienhierarchie entsteht. Varianten sind: Stab-Linienorganisation, Mehr-Linien-Organisation, divisionale oder Sparten-Organisation, divisionale Organisationsstruktur mit strategischen Geschäftseinheiten.

- Die vielfältigen Formen der funktionalen Linienhierachien führen in der Regel zu Verkrustungen im Arbeitsalltag. Jeder will seinen Claim behalten und verteidigen. Die Überwindung der Verkrustung oder die Linderung der Verkrustung durch die funktionale Linienhierarchie kann in der Einführung der Matrixorganisationen mit ihren vielfältigen Varianten gesehen werden. Dazu gehören Projektorganisation, Teamorganisation. Das Unternehmen befindet sich in der Integrationsphase.

In der Praxis finden Sie die Organisationsprinzipien selten in „Reinkultur". Ein Mix an Möglichkeiten soll ...
- die Variabilität von Marktbearbeitung,
- die Schnelligkeit der Befriedigung der Kundenaufträge und
- die möglichst beste Erstellung der Wertschöpfung
gewährleisten.

Teamarbeit, Projektorganisation und das Denken und Handeln in Prozessen, sind wesentliche Schlagworte der Praxis für diesen Mix an Anforderungen.

- Die Assoziationsphase einer Unternehmung signalisiert neue, bisher unbekannte Organisationsstrukturen, die auf gemeinschaftliche Wertschöpfung mit anderen Unternehmen zielen.

Oft werden im Zuge der Internationalisierung aber auch englische Begriffe benutzt. Entscheidend sind nicht die Begriffe, sondern die Bedeutung der Begriffe für den Alltag des Miteinanders.

Reflexionsaufgaben
    1. Welche Begriffe verwenden Sie in Ihrem Arbeitsumfeld?
    2. Sind die Begriffe definiert und nachlesbar?
    3. Versteht jeder Mit-Arbeiter die Anwendung der Begriffe im Alltag?

Wie formulieren Sie Ihre Reflexionsergebnisse?
Zu 1.
Zu 2.
Zu 3.

Welche Folgen werden Ihre Reflexionsergebnisse für Ihre Führung haben?
Zu 1.
Zu 2.
Zu 3.

Organisationssysteme und -prinzipien

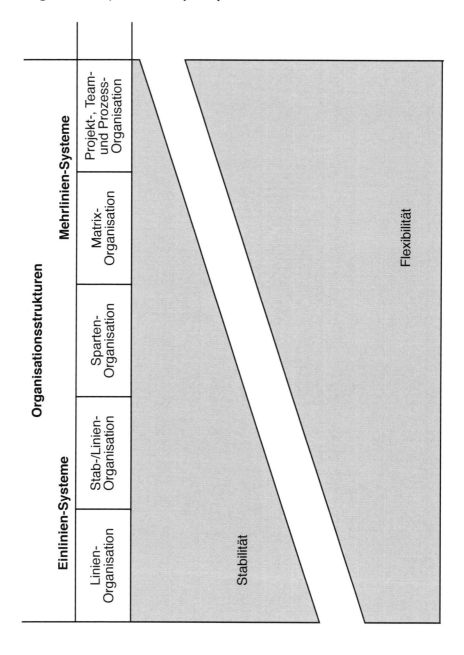

Die fünf Bedingungen der Führung

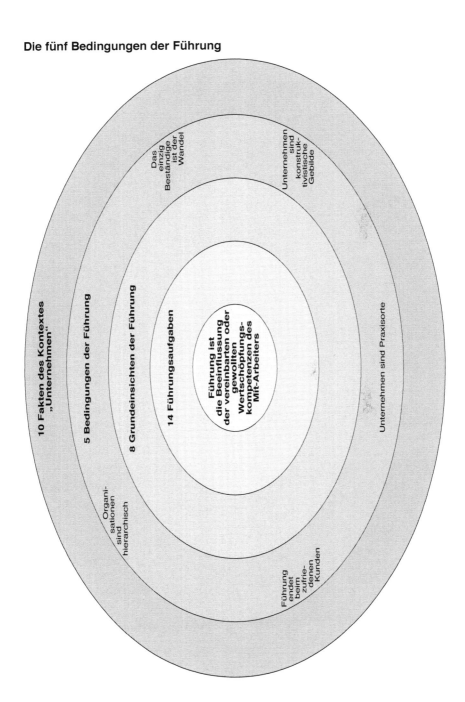

10 Fakten des Kontextes „Unternehmen"

5 Bedingungen der Führung

8 Grundeinsichten der Führung

14 Führungsaufgaben

Führung ist die Beeinflussung der vereinbarten oder gewollten Wertschöpfungs-kompetenzen des Mit-Arbeiters

Das einzig Beständige ist der Wandel

Unternehmen sind konstruktivistische Gebilde

Unternehmen sind Praxisorte

Führung endet beim zufriedenen Kunden

Organisationen sind hierarchisch

4 Die acht Grundeinsichten der Führung

1. Wie vieler Personen bedarf es, damit Sie von Führung reden?

2. Führung als Überlaufsystem

3. Führung und Zeit

4. Führung und Situation

5. Führung und Zusammenhalt

6. Führung und Betriebswirtschaft

7. Denk- und Handlungsstrategien der Führungskraft

8. Politisch denken – systemisch handeln

Die acht Grundeinsichten der Führung bieten Ihnen sozusagen die Möglichkeit, aus der Adlersicht auf ein oder Ihr Unternehmen zu schauen. Git acht Grundeinsichten sollen Ihnen helfen zu verstehen, was aus Sicht der Fürhung in einem/Ihrem Unternehmen passiert. Hier ist Führung gemeint im Sinne von Menschenführung (personale Führung) und struktureller Führung einer Organisation.

Die acht Grundeinsichten sind auf hohem abstraktem Niveau beschrieben, weil sie das Grundsätzliche einer Organisation und ihr Dasein als das Miteinander von Menschen offenlegen. Sie erhalten damit einen themenstrukturellen Blick und Erkenntniszugang für das Ganze.

Die acht Grundeinsichten bieten aber auch die Möglichkeit, durch eine Gesamtbetrachtung der einzelnen Situation, in die Sie als Führungskraft gestellt sind, nicht in die „Reaktionsfalle" zu geraten. Wenn Sie als Führungskraft auf jede angebotene Situation reagieren, verlieren Sie die für eine Führungskraft notwendige Fähigkeit des Agierens. Sie laufen Gefahr Spielball der Interessen anderer zu werden.

Die acht Grundeinsichten der Führung sind aus sehr unterschiedlichen Quellen und Einsichten entstanden:

- aus allgemein akzeptierten und überdauernden Erfahrungen aus der Unternehmensführung
- aus unternehmensnahen Wisssenschaftsgebieten, wie Recht, Betriebswirtschaft und Psychologie
- aus reflektierten konkreten Erfahrungen von „Führung im Alltag"
- aus der Reflexion von konkreten Entwicklungen der Handlungskompetenz von Führungskräften.

Führung ist Praxis – grundsätzlich und immer überraschend im Einzelfall.

Reflexionsaufgabe

Was erkennen Sie in Bezug auf personale und strukturelle Führung durch das Betrachten Ihres Unternehmensorganigramms?

Wie formulieren Sie Ihr Reflexionsergebnis zur Frage?

Welche Folgen wird Ihr Reflexionsergebnis für Ihre Führung haben?

4.1 Wie vieler Personen bedarf es, damit wir von Führung reden?

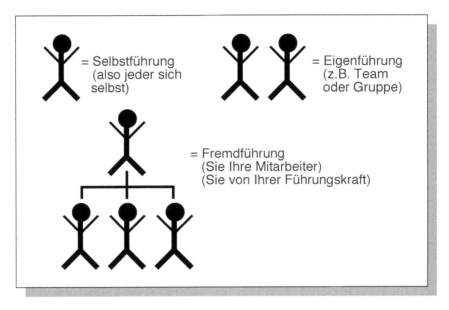

Das traditionelle Verständnis von Führung ist: Führungskraft führt Mit-Arbeiter. Es ist nicht nur das traditionelle, sondern auch das vorherrschende Verständnis von Führung in der Praxis: die Fremdführung. Daneben, als weiteres gleichberechtigtes Verständnis von Führung, wird von Selbstführung im Sinne der Führung der eigenen Person gesprochen.

Eigenführung als weiteres gleichberechtigtes Verständnis von Führung liegt dann vor, wenn eine Gruppe oder ein Team zu bestimmten übertragenen Aufgaben als Gruppe oder Team Entscheidungen vornehmen kann. Zu regeln ist dann nur noch, nach welchem Mehrheitsprinzip Entscheidungen entstehen und für alle gelten.

Diese drei Verständnisse sind Ausdruck, aber auch Möglichkeit des Zusammenspiels von ...
- Wer macht was? Die Aufgabenzuweisung und ihre Struktur.
- Wer entscheidet was? Die Machtzuweisung und ihre Struktur.
- Wer informiert wen? Informationspflichten und ihre Ströme.

Im Arbeitsalltag kommen zumindest und manchmal ungewollt Eigenführung und Selbstführung neben der Fremdführung vor. Veränderungen in unserem organisierten Arbeitsverständnis haben neben der funktionalen Linienhierarchie im Wesentlichen die Prozessorganisation und die Projektorganisation entstehen lassen.

War in der Linienhierarchie die Fremdführung selbstverständlich, kann eine Prozessorganisation ohne Selbstführung der ausführenden Mit-Arbeiter nicht funktionieren. Projektorganisationen basieren auf Gruppen und Teams, die eigenverantwortlich gemeinsam Aufgaben bearbeiten und erledigen sollen.

Die Führungsidee des Vorgesetzten, des Chefs usw. geht auf die Gruppe oder das Team über. Die Gruppe oder das Team ist ihr/sein eigener Chef – ihre/seine eigene Führungskraft. Bei der Selbstführung gibt es sinnvollerweise die bekannte Formulierung: Ich bin mein eigener Chef.

Aus Sicht der strukturellen Führung ist festzulegen, mit welcher Führungsausprägung Effektivität und Effizienz bei der Bewältigung von Arbeitsinhalten, die bestmögliche Wertschöpfung erreicht wird: Personale Führung, nicht nur verstanden als Fremdführung, sondern gleichberechtigt auch verstanden und praktiziert als Selbstführung und Eigenführung.

Insofern können Sie auch den Zusammenhang zwischen der strukturellen Führung eines Unternehmens und deren Wirksamkeit durch personale Führungsstrukturen erkennen.

Reflexionsaufgabe
   Welche Aufgaben erledigen/bearbeiten Ihre Mit-Arbeiter in Eigenführung, Selbstführung und Fremdführung?

   Wie formulieren Sie Ihr Reflexionsergebnis zur Frage?

   Welche Folgen wird Ihr Reflexionsergebnis für Ihre Führung haben?

4.2 Führung als Überlaufsystem

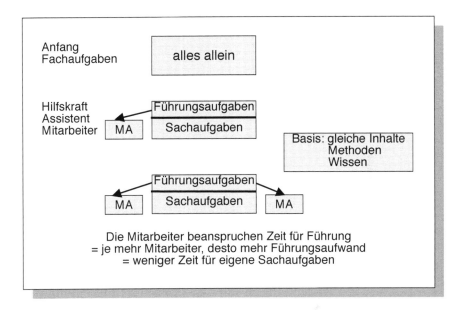

Jedes Unternehmen, jede Organisation oder jede Gemeinschaft kann sich auf die Initiative und/oder Gründung durch eine Person zurückführen.

Bei einer Unternehmensgründung – egal in welcher Rechtsform und mit welchen thematischen Inhalten – fängt jeder, wie Sie wissen, „klein" an. Klein heißt hier mit der Person des Gründers. Alle Arbeiten werden von einer Person erledigt. Alle Erfolge und alle Misserfolge fallen auf diese eine Person zurück. Sie ist Sachbearbeiter und (Selbst-)Führungskraft in einer Person. Wenn ihr Geschäft, ihr junges, kleines Unternehmen erfolgreich ist, werden die Kundenaufträge oder Kundenwünsche mehr und vielfältiger sein, als es ihre Zeit zur Realisierung erlaubt. Jetzt fällt die Entscheidung, ob der Gründer Sachbarbeiter bleibt oder zur Führungskraft mutiert.

Wenn der Gründer Gehilfen, Unterstützer, Mit-Arbeiter zur Arbeitsbewältigung einstellt, wird er zur Führungskraft.

Ein gewisser Prozentsatz seiner Arbeitszeit muss er seinen Gehilfen, Unterstützern und Mit-Arbeitern widmen: Einstellen, Einarbeiten, Ausbilden, informieren – siehe 14 Führungsaufgaben.

Die Führungsarbeit besteht also in der Frage: Wie muss ich meinen Mit-Arbeiter durch Hilfen und Korrekturen unterstützen, damit er mit den ihm übertragenen Aufgaben zurecht ommt und erfolgreich ist.

Führung entsteht als Überlaufsystem, weil der Gründer nicht mehr alle Aufgaben selbst erledigen kann. Die Aufgaben sollen aber erledigt werden – Aufgaben ganz allgemein beschrieben als Denk- und Handlungsaufgaben.

Der Mit-Arbeiter soll anstelle des Gründers, Geschäftsinhabers handeln. Der Mit-Arbeiter erhält den Anteil von Aufgaben, die der Gründer nicht mehr bewältigen kann.

Je mehr ein Unternehmen wächst, desto mehr Mit-Arbeiter werden zur Aufgabenbewältigung benötigt. Mit der Größe, den thematischen Inhalten und der Rechtsform wachsen aber die Anforderungen an Fähigkeiten und Fertigkeiten, die in der Unternehmung benötigt werden.

Konnte ein Bäckermeister am Beginn seines Unternehmertums noch alle Fragen von Qualität, Einkauf, Verkauf, Investitionen, Produktentwicklung Mit-Arbeiterführung, Bankgeschäften, Einkommensteuererklärungen usw. selbst erledigen, wird es dem Bäckermeister mit 100 Filialen nicht mehr gelingen. Spezialisierung der Wissensbereiche und Organisationsstrukturen, die das Unternehmen zusammen und am Leben halten, werden benötigt.

Alle betrieblichen Funktionen sind aus den Grundaufgaben des Gründers entstanden und ableitbar. Insofern ist jede Führungskraft mit ihrem thematischen Führungsbereich und den ihr zugeordneten Mit-Arbeitern Stellvertreter des Gründers. Jede Position ist „unternehmerisch" angelegt und muss „unternehmerisch" interpretiert werden.

Der vielzitierte Pförtner oder die vielzitierte Reinigungskraft erledigen Arbeiten, die der Gründer oder Vorstand oder Geschäftsführer eines Unternehmens aus Zeitgründen nicht machen kann. Auch diese Positionen stammen aus „den Genen" des Gründers, Eigentümers.

Je mehr Mit-Arbeiter der Führungskraft direkt zugeordnet sind, desto größer der Zeitaufwand für Führung. Führungskräfte, die „keine Zeit" für Führung haben, sind keine Führungskräfte, sondern Obersachbearbeiter.

Reflexionsaufgaben
1. Welche Aufgaben müssen ausschließlich Sie bearbeiten, weiterentwickeln und persönlich-konkret erledigen?
2. Wieso müssen Sie bestimmte Aufgaben selbst wahrnehmen und dürfen diese nicht delegieren?
3. Was ist der Grund, dass nur Sie diese Aufgaben wahrnehmen sollen und keine andere Person?
4. Nach welchen Kriterien werden bei Ihnen Aufgaben abgegrenzt?

Wie formulieren Sie Ihre Reflexionsergebnisse?
Zu 1.
Zu 2.
Zu 3.
Zu 4.

Welche Folgen werden Ihre Reflexionsergebnisse für Ihre Führung haben?
Zu 1.
Zu 2.
Zu 3.
Zu 4.

4.3 Führung und Zeit

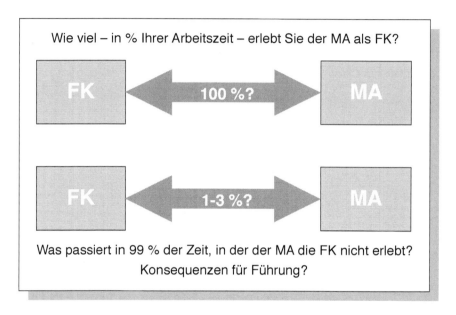

Viele Führungskräfte behaupten, dass ihre Mit-Arbeiter jeder Zeit zu ih-nen kommen könnten: „Die Tür steht immer auf, ich bin auch am Wo-chenende per Handy erreichbar usw". Das klingt nach: Alles ist möglich. Dies ist aber schlicht und einfach Einbildung oder die Verkennung der Wirklichkeit.

Wenn Sie als Führungskraft in einer Besprechung mit Kollegen oder Ih-rem Chef oder mit wichtigen Kunden sind, dann kann kein Mit-Arbeiter zu Ihnen kommen und Ihre ungeteilte Aufmerksamkeit für sich haben.

Haben Sie eine Besprechung mit allen oder einem Teil Ihrer Mit-Arbeiter, erhält der Einzelne auch keine ungeteilte Aufmerksamkeit von Ihnen.

Und darum geht es bei der Führung. Wie viel Zeit erhält ein einzelner Mit-Arbeiter ausschließlich für sich – bei und von Ihnen? Alleinige unge-teilte Aufmerksamkeit – also ohne Störungen durch Telefonate oder ein-gehende Mails und und und.

Wenn Sie Ihre durchschnittliche Wochenarbeitszeit nehmen und Ihnen sind z.B. fünf Mit-Arbeiter zugeordnet, wie viel Zeit erhält der einzelne Mit-Arbeiter im Durchschnitt von Ihnen? Sie werden erstaunt sein. Bei ehrlicher Rechnung widmen Sie 1 bis 3 % Ihrer Arbeitszeit dem einzelnen Mit-Arbeiter.

Führung soll Einfluss nehmen auf die Wertschöpfungsfähigkeit des Mit-Arbeiters – in 1 bis 3 % Ihrer Arbeitszeit. Dies bedeutet, dass Ihr Mit-Arbeiter 97-99 % seiner Arbeitszeit durch Sie nicht geführt wird.

Führung und Zeit ist eine der elementarsten Grundeinsichten über Führungswirklichkeit.

Dieses Phänomen „keine Zeit haben" betrifft alle unsere privaten und beruflichen sozialen Kontakte, ob Ehe, Kindererziehung, Sie als Kind zu Ihrer Mutter und Vater – einzeln und als Eltern – Freundschaften, Freizeitkollegen ...

Reflexionsaufgaben
1. Wenn Sie Ihre durchschnittliche Wochenarbeitszeit nehmen, wie viel Zeit erhält von Ihnen ausschließlich und allein ...
   1.1 Ihre für Sie zuständige Führungskraft,
   1.2 jeder einzelne der Ihnen zugeordneten Kollegen,
   1.3 (wichtige) Kunden,
   1.4 jeder einzelne Ihrer Mit-Arbeiter?
2. Um die knappe Zeit mit jedem Einzelnen in Sinne seiner Wertschöpfung zu ermöglichen – was tun Sie dafür ...
   2.1 in der Vorbereitung des Kontaktes,
   2.2 bei der Durchführung des Kontaktes,
   2.3 bei der Nachbereitung des Kontaktes?

Wie formulieren Sie Ihre Reflexionsergebnisse?
Zu 1.1
Zu 1.2
Zu 1.3
Zu 1.4
Zu 2.1
Zu 2.2
Zu 2.3

Welche Folgen werden diese sieben Reflexionsergebnisse für Ihre Führung haben?
1.1
1.2
1.3
1.4
2.1
2.2
2.3

4.4 Führung und Situation

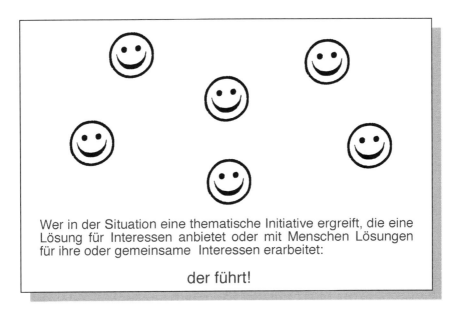

Wer in der Situation eine thematische Initiative ergreift, die eine Lösung für Interessen anbietet oder mit Menschen Lösungen für ihre oder gemeinsame Interessen erarbeitet:

der führt!

Wenn Sie traditionell an Führung denken, werden Sie wahrscheinlich an Führungskräfte denken, denen es (allein) erlaubt ist zu führen – oder Sie verbinden Führung nur mit der Person Führungskraft.

Dieses Denken ist einseitig und hat den Charakter eines Glaubenssatzes.

Ein Beispiel
> Es gibt in der Straße, in der Sie gerade auf dem Bürgersteig gehen, bedauerlicherweise einen Autounfall. Es hat gequietscht, es hat gekracht, Geräusche von zersplitterndem Glas und das laute Winseln eines Hundes sind zu hören.
> Geistesgegenwärtig erfassen sie die Situation: Ihnen ist bewusst, dass die Verunfallten Hilfe benötigen. Sie ergreifen die Initiative und bitten den nächststehenden Passanten, Feuerwehr, Unfallwagen und Polizei zu rufen. Er tut es. Den nächstbesten Passanten bitten Sie, die Unfallstelle von Neugierigen abzuschirmen und sagen kurz, wie Sie es meinen. Er tut es.

Den nächsten Passanten bitten Sie, zusammen mit Ihnen zur Unfallstelle zu gehen, um möglichen Verletzten angemessen zu helfen. Der
begehrt ob Ihrer Bitte auf, mit fast schriller Stimme, dass er kein Blut
sehen könnte und vielleicht Sterbende sowieso nicht. Inzwischen haben sich ein paar Passanten um Sie geschart, weil sie erkannt haben,
dass Sie in der Situation für alle Beteiligten eine Lösung anstreben.
Deshalb meldet sich eine Passantin mit ihrem Hilfsangebot, nach
dem verletzten Tier zu sehen. Einen anderen Passanten können Sie
erfolgreich bitten, mit Ihnen gemeinsam zur Unfallstelle zu gehen.

Die Feuerwehr und Abschleppwagen waren da und haben alles auf-
geräumt. Die verletzten Personen und der Hund sind versorgt und
die Polizei hat alles ordnungsgemäß erfasst. Nach einiger Zeit ist der
Straßenverkehr normal, nichts erinnert an den Unfall, alle gehen wieder ihres Weges.

Wenn Sie sich verhalten, wie im Beispiel beschrieben, haben Sie geführt
und mit Ihrer thematischen Initiative (dem Unfallopfer zu helfen) freiwillige Folgschaft ausgelöst. Nicht bei allen – aber bei der überwiegenden
Mehrzahl. Führung ist immer ein Mehrheitsbeschaffungsprogramm. In der
Situation gibt es immer Menschen, die eigene Initiativen entwickeln, die
einen Beitrag zur Lösung der Gesamtthematik beisteuern.

Führung entsteht nicht nur per Vertrag und ist einseitig bestimmten Personen überlassen. Führen kann jeder, wenn er will. Sie erkennen an dem
Beispiel, dass Führung Interessen berücksichtigen muss, soll Folgschaft
entstehen. Führung ist nicht nur eine Initiative der Führungskraft mit ihren
„einseitigen" Ideen. Wenn Führungskräfte die Gesamtsituation schildern
und für eine Gesamtlösung alle Beteiligten mit einbeziehen, entsteht
Folgschaft nicht durch Direktansprache, sondern durch verantwortungs-
bewusste und leistungsbereite Menschen. Die Kultur Ihrer Führungskom-
munikation lassen andere Menschen die Optionen, eigene kreative Bei-
träge zu leisten.

Viele Unternehmen existieren u.a. auch dadurch, dass Führungskräfte ihr
angebliches Führungsmonopol für Initiativen ihrer Mit-Arbeiter öffnen.

Manche Führungskraft bejammert ihr Führungsschicksal, weil sie kein
Disziplinarvorgesetzter ist – also kein Recht im Sinne des Vertrags- und

Arbeitsrechts hat, Mit-Arbeiter zur Durchsetzung eigener Interessen zu disziplinieren. Gruppenleiter, Projekt- und Teamleiter aber auch mancher Abteilungsleiter reiht sich in diese Schar der Jammernden ein. Schon vor Jahrzehnten wurde bei Führungskräften unterschieden zwischen Fachautoritäten, persönlichen Autoritäten und Amtsautoritäten. Führung aus der Amtsautorität, also formale Disziplinargewalt, war nie der entscheidende Hebel für Motivation und Folgschaft. Führungskräfte ohne Disziplinarrecht sollen gerade und bewusst aus der Fachautorität (thematische Legitimation) und der persönlichen Autorität (Überzeugung, Respekt und Wertschätzung) Folgschaft auslösen.

Reflexionsaufgabe
   Aus welchem Autoritätsverständnis führen Sie Ihre Mit-Arbeiter?

   Wie formulieren Sie Ihr Reflexionsergebnis zur Frage?

   Welche Folgen wird Ihr Reflexionsergebnis für Ihre Führung haben?

4.5 Führung und Zusammenhalt

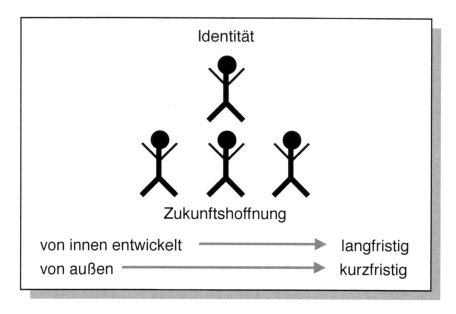

Sie kennen es aus eigener Erfahrung: Manche Verbindungen sind langjäh-
rig und machmal so lustvoll und befriedigend, dass Sie von Bekanntschaf-
ten oder gar von Freundschaften sprechen. Manche Bekannte werden
keine Freunde, weil die Intensität des erlebten „Wir-Gefühls" sich nicht
einstellt. Manche Bekannte werden zu flüchtigen Bekannten oder auch
zu „die kenne ich auch" bis zu „lass mich in Ruhe mit denen".

Was ist es also, was uns einander festhalten lässt? Was ist es, was uns die
Nähe zueinander suchen lässt? Warum wollen wir etwas voneinander,
was andere nicht von uns wollen? Was ist das „Wir-Gefühl"? Wie entsteht es und wozu brauchen wir es?

Eine Gruppe, eine Abteilung, ein Unternehmen hält zusammen, wenn die
Beteiligten Identifikation und Zukunftshoffnung haben. Identifikation bezieht sich auf Arbeitsinhalte, Arbeitsbedingungen und Werte, die Personen leben, aber auch vorleben.

Zukunftshoffnung entsteht, wenn jeder in so einer Gruppe der festen Überzeugung ist, dass der nächste Tag, die nächste Woche, der nächste Monat, das nächste Jahr die eigene Interessen durch und in der Gruppe angemessen und besser befriedigt werden.

Führungskräfte sind Identitätsstifter, weil sie Arbeitsinhalte und Arbeitsbedingungen schaffen und garantieren, in denen sich Menschen psychobiologisch wohlfühlen.

Langfristig stabil sind Identität und Zukunftshoffnung in einer Gruppe, wenn die Mit-Arbeiter der Gruppe an der Entwicklung, Gestaltung, Interpretation, Anpassung und Umsetzung beteiligt sind. Die Mitglieder der Gruppe erleben dann eine Gestaltungsfähigkeit zur Durchsetzung eigener Interessen.

Kurzfristig entwickelt eine Gruppe Identifikation und Zukunftshoffnung, wenn Sie sich gegen einen äußeren Gegner oder Feind behaupten will oder muss. Oft repräsentiert der äußere Gegner nur ein Thema, das in der Regel kurzfristig gelöst ist wie Gewinn der Fußballweltmeisterschaft oder Vermeidung der eigenen Entlassung durch Sanierung oder Verkauf des Unternehmens.

So wie der Einzelne Ressourcen benötigt, auf die er vertraut, um seine Interessen zu realisieren, so benötigt dies eine Gruppe oder ein Team auch.

Diese Selbstwirksamkeitsüberzeugung, dieses Selbstvertrauen in sich und in die anderen Gleichgesinnten der Gruppe sind Teil der notwendigen Stabilität und Widerstandskraft, um motiviert und optimistisch den Aufgaben und ihren Anforderungen nachzugehen – jetzt und zukünftig.

Reflexionsaufgaben
1. Was sind Ihre eigenen Inhalte der Identität für Ihre Position?
2. Was ist Ihre Zukunftshoffnung konkret, faktisch oder genau für die Wahrnehmung Ihrer Führungsposition?
3. Was unternehmen Sie konkret mit Ihren Mit-Arbeitern, um Identität und Zukunftshoffnung in der Gruppe auszulösen und zu erhalten?

Wie formulieren Sie Ihre Reflexionsergebnisse?
Zu 1.
Zu 2.
Zu 3.

Welche Folgen werden Ihre Reflexionsergebnisse für Ihre Führung haben?
Zu 1.
Zu 2.
Zu 3.

4.6 Führung und Betriebswirtschaft

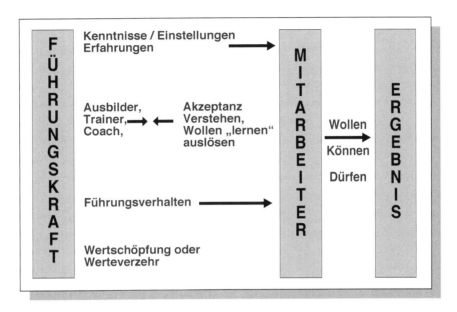

In der Betriebswirtschaft gibt es eine ganz einfache Erkenntnis: Wenn eine Tätigkeit mehr Geld kostet, als sie nachweislich durch Einnahmen einbringt, geht man über kurz oder lang pleite. Nett formuliert: Der Werteverzehr ist größer als die Wertschöpfung.

Wertschöpfung entsteht immer dann, wenn Sie Güter oder Dienstleistungen durch eigenes Tun so verändern, dass der Käufer Ihre Leistung an den von Ihnen erstandenen Ressourcen mitbezahlt. Er akzeptiert Ihre Veränderung an Ressourcen, die er in der Regel nicht selbst vornehmen kann oder will.

Werteverzehr bedeutet, dass die von Ihnen genutzten Ressourcen weder ziel- noch strategieorientiert im Sinne von Produktivität, Wirschaftlichkeit und Liquidität im Rahmen Ihres thematischen Arbeitskontextes genutzt, be- oder verarbeitet werden. Die Wertschöpfung als Führungskraft gegenüber Ihren Mit-Arbeitern besteht in der Art und Weise Ihrer inhaltlichen Angebote für deren Wertschöpfung.

Als Führungskraft verursachen Sie durch Ihre Führungstätigkeit (manchmal ist es auch nur Mit-Arbeiter-Belästigung) Kosten, die dem einzelnen Mit-Arbeiter oder der Gruppe oder dem Team zugeordnet werden müssen, denn Ihre Führungsbemühungen zielen auf Ihre Mit-Arbeiter.

Ihre Führungsleistung kann im Ergebnis des Mit-Arbeiters gefunden werden. Die Kosten, die Sie als Führungskraft verursachen, muss der Mit-Arbeiter mitverdienen. Wenn Ihre Führungsleistung ihr Geld nicht wert ist, sind Sie überflüssig – ein Grund weshalb in den 90er Jahren des 20. Jahrhunderts Leanmanagement (Kürzungen der Hierarchiestufen) intensiv in den Unternehmen realisiert wurde.

Der Zeitgeist betont sehr die „weichen" Faktoren der Führung. Sie dürfen nicht vergessen, dass in der Bilanz nur harte Faktoren stehen – die weichen Faktoren sind kein Selbstzweck, sondern Mittel zum Zweck. Der Zweck ist der zufriedene Kunde.

Reflexionsaufgaben
Sie erhalten ein monatliches Nettoentgeld, per Arbeitsvertrag haben Sie ein monatliches Bruttogehalt vereinbart und kosten monatlich das Unternehmen Bruttogehalt plus Nebenkosten. Die Nebenkosten betragen in einzelnen Branchen schon über 100 % des Bruttogehaltes.

1. Kennen Sie Ihren Beitrag/Ihre Position in der Wertschöpfungskette?
2. Wieviel Prozent Ihres Nettogehalts, Bruttogehalts oder Ihrer monatlichen Gesamtkosten für das Unternehmen erhalten Sie für Ihre Führungsleistung?
   2.1 Hat Ihr Arbeitgeber, Ihre direkte Führungskraft, mit Ihnen darüber gesprochen?
   2.2 Haben Sie es für sich definiert?
3. Haben Sie sich mit Ihren Mit-Arbeitern über diese Reflexion ausgetauscht, falls diese Führungskräfte sind?
4. Wie wollen Sie Werteverzehr als Führungskraft selbst verhindern?

Wie formulieren Sie Ihre Reflexionsergebnisse?
Zu 1.
Zu 2.1
Zu 2.2
Zu 3.
Zu 4.

Welche Folgen werden Ihre Reflexionsergebnisse für Ihre Führung haben?
Zu 1.
Zu 2.1
Zu 2.2
Zu 3.
Zu 4.

4.7 Denk- und Handlungsstrategien der Führungskraft

Unternehmen, Organisationen – Gemeinschaften ganz allgemein formuliert, sind Rechtskonstruktionen. Der Ehevertrag, das Lebenspartnerschaftsgesetz, der eingetragene Verein, die GmbH, die GmbH & Co. KG usw. sind nichts anderes als Rechtskonstruktionen, die für menschliches Zusammenleben Verbote, Gebote und Freiheitsgrade gebieten und anbieten im Sinne der Intention des Zusammenlebens.

Die Rechtsform Ihres Unternehmens, in dem Sie arbeiten, genügt und unterstützt das Ansinnen der Eigentümer. Der Vielfalt und Intentionen der Menschen in Gemeinschaften, sich Orientierung aber auch Vergewisserung für ihr gemeinschaftliches Handeln zu geben, steht eine vergleichbar differenzierte Möglichkeit an Rechtskonstruktionen gegenüber.

Der Verständniszugang zu Unternehmen erfolgt nicht nur über rechtliche Aspekte, sondern hauptsächlich über die Fragen:

- Wer ist der Mensch?
- Was will der Mensch?
- Was kann der Mensch?

Ein Unternehmen wird nicht durch seine Rechtskonstruktion erlebt, sondern durch die in dieser Rechtskonstruktion handelnden Menschen.

Wer Unternehmen verstehen und beeinflussen will, muss Menschen verstehen und beeinflussen.

Die Denk- und Handlungsstrategien der Führungskraft sind im Kern die Denk- und Handlungsstrategien des Menschen – der Selbstbeeinflussung, aber auch der Beeinflussung anderer Personen. Wenn Sie Unternehmen als agierende Menschen in ihren Kontexten sehen und verstehen, erkennen Sie einen zentralen Aspekt, nicht nur des Unternehmens in seiner Kultur, sondern jedes Mit-Arbeiters und jeder Führungskraft in seiner/ihrer Identität und Interessenwahrnehmung.

Jeder handelt als Ausdruck seines persönlichen Vorteils und psychologischen Wohlbefindens. Die Entscheidungen eines Menschen müssen einen emotionalen Mehrwert für den Einzelnen erzielen – und sei er noch so gering.

Überspitzt formuliert: Nicht das Geld regiert die Welt, sondern die Emotionen des Menschen.

Diese Emotionen als Sammelbegriff für Motive, Bedürfnisse, Gefühle und Werte können Sie im Unternehmen in unterschiedlichen Arten und Wirkungsweisen erleben – je nach Absicht und Anlass.

Vision
Der Glaube versetzt Berge – oder: Der Glaube kann Berge versetzen. Die Formulierung stammt aus der christlichen Bibel und bedeutet soviel wie: Wer an etwas fest und intensiv glaubt, kann viel erreichen. Nun sind Unternehmen in der Regel keine Glaubensgemeinschaften im Sinne religiöser Betätigung. Wahr ist aber an der Formulierung, dass Glaube sich auf starke Ressourcen stützt bzw. dass ein fester Glaube ohne starke Energien nicht möglich ist.

In der Geschäftswelt nennen wie den Glauben, der immer und ausschließlich Zukunftsoptimismus darstellt: Vision. Die Vision beschreibt die maximale Befriedigung eigener Bedürfnisse in einer unbestimmten Zukunft.

- Eigene Bedürfnisse hat jedes Unternehmen. Bedürfnisse betreffen immer konkrete Themen und Situationen. Es können soziale, wirtschaftliche oder philosophische Themen sein. Die Situationen können das eigene Leben, den Kompetenzstand des Unternehmens oder den von Gemeinschaften betreffen.
- Eigene Bedürfnisse hat jeder Mensch: sich selbst erleben im Sinne von Spuren hinterlassen, aber auch sich selbst aktivieren im Sinne von Straßen in die Zukunft bauen.
- Bedürfnisse nach Beachtung, Respekt und Wertschätzung haben auch die Themen und Situationen, in denen Unternehmen und Menschen agieren und interagieren.

Auf allen Ebenen eines Unternehmens, in allen thematischen Bereichen eines Unternehmens und in allen Menschen, die im Unternehmen tätig sind, gibt es die offene oder leider auch manchmal die verdeckte oder verschüttete Frage nach der maximal wirksam werdenden Identität.

Mission

Der Begriff Mission werden in unterschiedlicher Bedeutung in der Unternehmenswelt erklärt und genutzt. In der Praxis wird er in der Regel als Auftrag zum Handeln genutzt, wobei der Auftrag als Engagement für ein fachliches Thema oder Produktlösungen gemeint ist – aber auch als Verhalten der Führungskräfte und Mit-Arbeiter.

In der Praxis wird Vision und Mission oft nicht sauber definitorisch voneinander getrennt und manchmal auch als Synonym verwendet – also sehr verwirrend.

Nutzten Sie den Begriff Mission ausschließlich und allein in der Bedeutung für verbindliche Werte, die Orientierung für attraktives Verhalten bieten sollen. Die Quelle für Unternehmensleitbilder, Führungsgrundsätze, Leitsätze von Zusammenarbeit usw. sind Werte.

Ziel

Als Ziel wird ein eingetretener Zustand in der Zukunft beschrieben, in dem Bedürfnisse zu einem konkreten Zeitpunkt befriedigt sind. Ziel und Vision sind Ausdruck von emotionaler Zukunftsbetrachtung.

Die Vision bechreibt einen generellen und grundsätzlichen Anspruch von zukünftiger Wirklichkeit, während ein Ziel einen konkreten zeitlichen Eintritt/Realisierung eines Bedürfnisses beschreibt.

Strategie

Das grundsätzliche Vorgehen zur Realisierung des Ziels beschreibt die Strategie. Mit dem grundsätzlichen Vorgehen ist immer die Wahl einer von mehreren Alternativen des Handelns gemeint. Unser strategisches Denken und Handeln ist stark von CARL VON CLAUSEWITZ (1780–1831) entwickelt und beeinflusst worden. Aus Beobachtungen und Analysen des Heereswesens und des Kriegsgeschehens seiner Zeit konnte er die Voraussetzungen und Bedingungen für Erfolg definieren.

Maßnahmen

Wenn die Strategie festgelegt ist, gilt es, die Strategie mit konkreten Maßnahmen zu realisieren. Maßnahmen leiten sich immer aus Strategie ab. Thematische Maßnahmen, die sich nicht logisch (folgerichtig) aus der thematischen Strategie ableiten, führen im Alltag zur Irritation und Konfusion. Bleiben Sie konsequent in der Sicht und in der Anwendung der Dinge.

Ein Beispiel für die Denk- und Handlungsstrategie

Das nachfolgende Beispiel ist in der Hoffnung gewählt worden, dass jeder Leser es nachvollziehen, daraus lernen und in seinen Alltag transferieren kann.

Die Pubertät ist das Stadium, in dem Mädchen und Jungen – biologisch betrachtet – zu Frau und zum Mann werden. Neben dem biologischen Auftrag zu Fortpflanzung und Arterhaltung stellt sich den meisten auch die Frage, in welcher kulturellen Konstellation der Vollzug erfolgen soll.

Traditionell können Fantasien über Zukunft gut aus eigenen und fremden Erfahrungen und deren Reflexion entstehen. So wird es nicht verwundern, dass das eine oder andere pubertierende Mädchen und der eine oder andere pubertierende Junge ein harmonisches Familienleben in der Rechtsform der Ehe (Aufgabenprofil) mit dem anderen

Geschlecht und den Folgen gemeinsamer biologischer Betätigung als äußerst erstrebenswert und erlebenswert wünscht (persönliche Kontrollüberzeugung/Resilienz) – dauerhaft erlebt, weil dauerhaft erhofft und gewollt.

Mit dieser fest vorstellbaren thematischen Zukunftshoffnung (Vision) ist auch verbunden, was harmonisch in dieser Zukunft bedeutet (Mission/Werte).

Dies entsteht in der Pubertät. Es erfolgt die individuelle (Konstruktivismus) Beschreibung (Anforderungsprofil) und der Suche nach Eignung (Fähigkeitsprofil) des gesuchten Partners für diese harmonische Zukunft.

Zuerst naiv und zufällig mit allen Risiken des biologischen und kulturellen Scheiterns.

Je älter unsere Suchenden werden, desto dringlicher wird die Realisierung der Zukunft als Ausdruck existentieller Bedeutung, die anfangs noch als euphorisch unverbindliche Haltung empfunden wurde.

Die Frage entsteht: Wann ist es soweit und mit wem? Wenn so konkret gedacht wird, ist die oder der Suchende bei der Frage des Zeitpunkts der Realisierung (Ziel) und der Frage, wie es zu erreichen (Strategie und Maßnamen) und dauerhaft zu halten ist.

Nichts anderes tun die Menschen im beruflichen Kontext. Und nicht anders gehen sie im beruflichen Kontext vor. Der Mensch agiert in seiner Gesamtheit seiner biologischen und kulturellen Möglichkeiten und Begrenzungen, wenn auch thematisch fokussiert.

Visionen, die real eintreten, sind keine Visionen, sondern Ziele. Insofern ist sehr genau bei der Formulierung einer Vision aufzupassen. Missionen sind auch keine Visionen. Und eine einzelne Maßnahme ist keine Strategie. In der Praxis muss erst die Vision mit der ihr verbundenen Mission formuliert sein. Dann entwickeln sich daraus Ziel, Strategie und Maßnahme.

Diese Denk- und Handlungsstrategien gelten ...
- für alle Personen einer Unternehmung – also vom CEO bis zum jüngsten Auszubildenden bzw. jüngsten Mit-Arbeiter und
- für alle betrieblichen Positionen.

Erst diese bewusst akzeptierte, entwickelte und organisierte Emotionalität von Menschen und Themen der Unternehmung lassen den angestrebten, aber auch erforderlichen Erfolg des einzelnen Menschen und des Unternehmens leichter und eher eintreten.

Reflexionsaufgaben
1. Welche Lebensvision haben Sie?
2. Welche berufliche Vision haben Sie?
3. Welche Vision hat Ihr Unternehmen?
4. Welche Lebensvision hat Ihr Mit-Arbeiter?
5. Welche berufliche Vision hat Ihr Mit-Arbeiter?
6. Sind die Visionen vereinbar oder stehen sie sich im Arbeitsalltag im Wege?

Wie formulieren Sie Ihre Reflexionsergebnisse?
Zu 1.
Zu 2.
Zu 3.
Zu 4.
Zu 5.
Zu 6.

Welche Folgen werden Ihre Reflexionsergebnisse für Ihre Führung haben?
Zu 1.
Zu 2.
Zu 3.
Zu 4.
Zu 5.
Zu 6.

4.8 Politisch denken – systemisch handeln

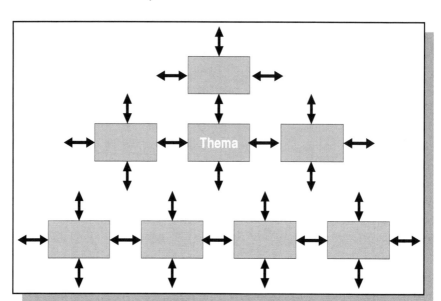

Wenn sich ein Mensch oder eine Menschengruppe entscheidet, ein Unternehmen zu gründen oder zu übernehmen, ist damit automatisch die Existenz einer Reihe von Fakten, Verbindungen, Abhängigkeiten und Vernetzungen gegeben oder geboren – je nach Betrachtung.

Jedes Unternehmen und damit jede Führungskraft und jeder Mit-Arbeiter im Unternehmen ist davon – wenn auch unterschiedlich – zeitlich, direkt und indirekt betroffen. Die Beachtung, das Einbeziehen dieser Fakten des Kontextes ist in der Regel zwingend.

- Zwingend, weil Gesetzesverstöße geahndet werden.
- Zwingend, weil die Nicht-Beachtung den Erfolg schmälert oder ausbleiben lässt.

Führungskräfte und Mit-Arbeiter sind also nicht frei in ihrem Handeln. Freiheit besteht immer in Grenzen. Wer ohne Grenzen handelt, handelt im Chaos. Grenzen sind wie Schranken. Sie bieten Orientierung und Halt, weil sie Werte sind, als Ausdruck von Geboten und Verboten.

Systemisch denkt, wer alle ZVernetzungen und Abhängigkeiten mit seinem zu bearbeitenden Thema/Aufgabe erkennt und bedenkt. Politisch handelt, der die Folgen seiner Entscheidung an der Akzeptanz der Betroffenen ausrichtet.

Das Kompetenzmodell (S.22) bietet Ihnen mit den Kompetenzbereichen und deren inhaltlichen Themen Anhaltspunkt für Ihren Blick der Zusammenhänge und deren Folgen.

Reflexionsaufgaben
1. Ist der Gedanke „systemisch denken – politisch handeln" in Aufgaben- und Anforderungsprofilen verankert?
2. Ist der Gedanke „systemisch denken – politisch handeln" in anderen offiziellen Veröffentlichungen des Unternehmens beschrieben?

Wie formulieren Sie Ihre Reflexionsergebnisse?
Zu 1.
Zu 2.

Welche Folgen werden Ihre Reflexionsergebnisse für Ihre Führung haben?
Zu 1.
Zu 2.

4.9 Die Wirkungserwartung der acht Grundeinsichten für die Wertschöpfung Ihrer Führung

Wie Sie schon Wissen: Von dem chilenischen Biologen und Erkenntnistheoretiker HUMBERTO MATURANA stammt die Einsicht: Tun ist Erkennen und Erkennen ist Tun. Bezogen auf die Führungstätigkeit bedeutet es, dass Führungskräfte verantwortlich mit ihrem Handeln umgehen sollen – sowohl im Entstehen und Begründen einer Handlung als auch in den Rückschlüssen aus den Folgen des Handelns.

Beides geht nicht nur Hand in Hand, sondern ist ohne einander nicht sinnvoll –– oder wertschöpfend, um die Begrifflichkeit des Führens zu verwenden.

Tun Sie Erkennen, in dem Sie mithilfe der acht Grundeinsichten ihr ...
- jetziges Unternehmen analysieren und bewerten.

Setzen Sie Ihr Erkennen in Tun um, ...
- in dem Sie beschreiben, was Sie auf der Basis der acht Grundeinsichten in Ihrem Unternehmen anstoßen wollen.

Damit Sie die generelle Bedeutung der acht Grundeinsichten der Führung erkennen können, beziehen Sie die obige Aufgabenstellung auch auf ...
- den Kontext Ihrer Familie;
- den Kontext Ihres Freundeskreises;
- den Kontext Ihres Freizeitvereins.

Reflexionsaufgabe

Zu welchen Erkenntnissen sind Sie für die Anwendung der acht Grundeinsichten der Führung gekommen?

Wie formulieren Sie Ihr Reflexionsergebnis zur Frage?

Welche Folgen wird Ihr Reflexionsergebnis für Ihre Führung haben?

Die acht Grundeinsichten der Führung

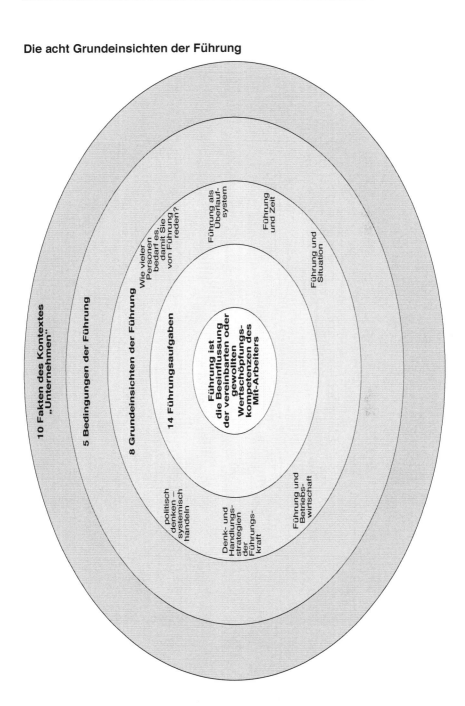

5 Die 14 Führungsaufgaben

Will eine Gemeinschaft, eine Organisation oder ein Unternehmen existieren, müssen deren Mitglieder – egal, ob ein Einzelner oder Einzelne oder alle Mitglieder – einen Beitrag zur Aufrechterhaltung und Weiterentwicklung leisten. Die Grundanforderungen an eine Gemeinschaft ...

• wer macht was,
• wer entscheidet was,
• wer informiert wen,

sollte geklärt sein, unbeschadet um welche konkreten Inhalte es geht oder wie und was im Zusammenspiel der Mitglieder wahrgenommen wird. Der Impuls, die Initiative oder der Anstoß muss da sein, muss erfolgen, weil die Dinge sich nicht von allein erledigen.

Insofern entstehen Pflichten für Anstöße, Impulse – den Initiativen. Die Initiativen sind verschieden und variantenreich – je nachdem, was mit der Initiative angestoßen oder bewirkt werden soll.

• Die Initiativen betreffen Themen, Menschen und ihr Zusammenleben.
• Die Varianten dieser Initiativen sind allgemein gültig.
• Die Varianten der Initivativen ermöglichen Vielfalt der Wirkung.
• Die Varianten der Initiativen gewährleisten Mindesterfolg von Führung.
• Führung wird durch die Anwendung der Initiativen erlebbar.

Die 14 Führungsaufgaben einer Führungskraft sind diese Initiativen, ohne die Entwicklung – in welche Richtung auch immer – nicht möglich ist. In der Betriebswirtschaftlehre haben Führungsaufgaben eine lange Tradition:

• Ziele setzen,
• planen,
• entscheiden,
• realisieren,
• kontrollieren

waren das Verständnis von Führung – in Bezug auf Personen und Strukturen – in der Mitte des letzten Jahrhunderts. Das Verständnis von Führung
hat sich sehr verändert und wird sich weiter verändern. Insofern ist davon
auszugehen, dass in 50 oder 80 Jahren die Führungsaufgaben in einem
anderen differenzierten Verständnis definiert sind.

Bevor die Führungskraft handelt und wenn sie als Ergebnis von Analysen
und Bewertungen handelt, sollte die Führungskraft über eine erprobte
Methode des Analysierens und Bewertens verfügen. Hier bietet sich die
schon vorgestellte KEPNER-TREGOE-Methode (S.18) an, die der Führungskraft differenzierte Betrachtungen und Untersuchungen ermöglichen. Die
Methode können Sie für jeden Führungsanlass verwenden. Sie hat univer-
sellen Charakter.

1. Auseinandersetzen mit der Zukunft
2. Motivation auslösen
3. Arbeitsabläufe planen
4. Führen mit Zielen
5. Entscheiden
6. Delegieren
7. Koordinieren
8. Organisieren und Verbinden
9. Informieren und Kommunizieren
10. Fördern und Entwickeln
11. Mit-Arbeiterauswahl und Mit-Arbeitereinsatz
12. Mit-Arbeiterschutz
13. Selbstentwicklung
14. Messen und bewerten

Reflexionsaufgabe
   Was möchten Sie sich selbst aus diesen zwei Seiten als Reflexionsaufgabe stellen?

   Wie formulieren Sie das Ergebnis und die „Folgen" des Kapitels 5
   „Die 14 Führungsaufgaben?

5.1 Auseinandersetzen mit der Zukunft

Wenn das einzig Beständige der Wandel ist, gilt es, ...
- den Wandel zu erkennen
- den Wandel zu initiieren

oder

- mit dem Wandel zu leben.

Die Veränderungen sind zwangsläufig – keiner kann ihnen entkommen oder sich vor ihnen verstecken.

Die Führungskraft ist in ihrem Themenfeld der Unternehmer. Die Aufgaben des Unternehmers im Thema bedeuten:

- rechtliche Veränderungen zu erkennen,
- Volkswirtschaftliche Entwicklungen zu beachten,
- Wissensveränderungen zu antizipieren,
- Wettbewerber jeglicher Art zu erkennen und abzuwehren,
- Werteentwicklung im Führungsbereich zu ermöglichen.

Die Arbeitswelt der Mit-Arbeiter mit ihren ...
- veränderten Aufgaben,
- den veränderten Anforderungen zur Aufgabenlösung,
- den veränderten Fähigkeiten und Fertigkeiten für kompetentes Handeln

gilt es – als Verantwortlicher des Themas und seines Kontextes –, wertschöpfungsfähig zu machen: für die immer wieder neue Zukunft handlungskompetent zu sein.

Auseinandersetzung mit der Zukunft sind die immer wieder neu zu lösenden Fragen: Wer macht was, wer entscheidet was, wer informiert wen und wie soll es im Zusammenleben von möglichst allen akzeptiert geschehen, damit zufriedene Kunden erhalten bleiben und/oder neue Kunden gewonnen werden können?

Reflexionsaufgaben
1. An welchen Anzeichen erkennen Sie den aufkommenden Wandel für Ihren Führungsbereich?
2. Aus welchen thematischen Quellen stammen die wichtigsten Veränderungsimpulse?
3. Welche Veränderungen initiieren Sie für Ihren Bereich?
4. Bei welchen Veränderungen benötigen Sie Unterstützung – von wem und welche?

Wie formulieren Sie Ihre Reflexionsergebnisse?
Zu 1.
Zu 2.
Zu 3.
Zu 4.

Welche Folgen werden Ihre Reflexionsegebnisse für Ihre Führung haben?
Zu 1.
Zu 2.
Zu 3.
Zu 4.

5.2 Motivation auslösen

 Als Führungskraft haben Sie ein elementares Interesse an handlungskompetenten Mit-Arbeitern, die gewollte oder vereinbarte Wertschöpfung kreieren. Dieser Impuls des Tuns entsteht idealerweise in der Person des Mit-Arbeiters. Der selbstständige und verantwortungsvolle Mit-Arbeiter entsteht idealerweise in der Person des selbstständigen und verantwortungsvollen Mit-Arbeiters, der aus eigenem Antrieb, aus sich heraus, seine Aufgaben erledigt.

Diese intrinsische Motivation besteht aus den Komponenten: Bedürfnis, Motiv und Energiepotenzial.

Bedürfnis   Ausdruck für die Beschäftigung mit einem speziellen Thema.

Motiv   Ausdruck der grundsätzlichen Beschäftigung mit dem Thema.

Motivation   Ausdruck der Energiemenge, die für die grundsätzliche Beschäftigung mit dem konkreten Thema eingesetzt wird.

Motivation auslösen, bedeutet für Sie als Führungskraft, dass Sie die Themen kennen, die Ihr Mit-Arbeiter interessiert und grundsätzlich bearbeiten will und die Intensität des Wollens (Energiemenge), die er freiwillig einsetzen wird.

Themen, die den Mit-Arbeiter nicht interessieren, müsssen durch Sie interessant gemacht werden, weil sie sonst nicht durch den Mit-Arbeiter wahrgenommen werden. Erklären Sie das Wertvolle an einem Thema und der Beschäftigung mit ihm durch den Mit-Arbeiter. Individualisieren Sie das Wertvolle auf den Mit-Arbeiter, damit er seine Identifikation mit dem Thema entwickeln kann. Themenbearbeitung und individuelle Lösungskompetenz müssen als „EINS" durch den Mit-Arbeiter gesehen werden können, damit Motivation entsteht.

Als Führungskraft schaffen Sie die Bedingungen und Voraussetzungen für die Motivation des Mit-Arbeiters. Nur er kann sich motivieren, denn nur in ihm entsteht sie.

Reflexionsaufgaben
1. Notieren Sie die Themen jedes Mit-Arbeiters, für die sich der Einzelne sehr interessiert.
2. Können diese interessanten Themen im Rahmen der Position des Mit-Arbeiters duch ihn bearbeitet werden?
3. Wie könnten Sie die Arbeitsinhalte und Arbeitsbedingungen jedes Mit-Arbeiters gestalten, damit dadurch Motivation beim Einzelnen ausgelöst wird?

Wie formulieren Sie Ihre Reflexionsergebnisse?
Zu 1.
Zu 2.
Zu 3.

Welche Folgen werden Ihre Reflexionsergebnisse für Ihre Führung haben?
Zu 1.
Zu 2.
Zu 3.

5.3 Arbeitsabläufe planen

 Aus den drei Grundfragen für die strukturelle Orientierung einer Gemeinschaft: Wer macht was, wer entscheidet was und wer informiert wen entsteht die Frage nach der praktischen Umsetzung im Handeln. Stabilität und Vorhersehbarkeit des Handelns unter- und zwischen einander. Arbeitsabläufe betreffen die vereinbarte Be- und Abarbeitung eines Themas durch unterschiedliche Beteiligte.

Arbeitsteilung soll Produktivität und Wirschaftlichkeit durch Einsatz von professionellem Wissen in der Wertschöpfungskette gewährleisten.

Diese Geschäftsprozesse sind durch die Führungskraft – unter Beteiligung der Mit-Arbeiter – zu kreieren, aber auch festzulegen.

Arbeitsabläufe im Sinne von Effektivität und Effizienz zu beeinflussen, gilt nur für solche, ...
- die mehrere Mit-Arbeiter innerhalb Ihres Führungsbereiches;
- aber auch Ihre Mit-Arbeiter mit Mit-Arbeitern und Kunden außerhalb Ihres Führungsbereiches betreffen;
- Arbeitsabläufe innerhalb eines Aufgabengebietes des einzelnen Mit-Arbeiters fallen nicht unter diese Führungsaufgabe. Jeder MIt-Arbeiter muss seinen Arbeitsplatz nach bestehenden Grundsätzen selbstorganisiert gestalten und verantworten (Selbstführung).

Arbeitsabläufe planen, betrachtet schwerpunktmäßig den zeitlichen Ablauf der Aufgabenbearbeitung. Arbeitsabläufe planen, steht in engem Kontakt mit den Führungsaufgaben Koordinieren und Organisieren und Verbinden.

Arbeitsabläufe planen, hat drei Ausprägungen im Sinne der drei oben genannten Grundfragen. Geschäftsprozesse beziehen sich auf das konkrete Abarbeiten einer Aufgabe, Unterstützungsprozesse betreffen die grundsätzliche Gestaltung von Arbeitsprozessen und Managementprozesse betreffen die unternehmensstrategischen Prozesse eines Unternehmens.

Reflexionsaufgaben
1. Wie viele Geschäftsprozesse gibt es in Ihrem Führungsbereich?
2. Sind die Geschäftsprozesse auf dem aktuellen Stand?
3. Wirken die Mit-Arbeiter an der Aktualisierung ihrer Geschäftsprozesse periodisch mit?

Wie formulieren Sie Ihre Reflexionsergebnisse?
Zu 1.
Zu 2.
Zu 3.

Welche Folgen werden Ihre Reflexionsergebnisse für Ihre Führung haben?
Zu 1.
Zu 2.
Zu 3.

5.4 Führen mit Zielen

Als Vertreter des Arbeitgebers und Interessenvertreter Ihres thematischen Verantwortungsbereichs haben Sie das Recht und die Pflicht jeden Ihnen zugeordneten Mit-Arbeiter in der Wahrnehmung der ihm übertragenen Arbeitsaufgaben zu beinflussen.

Zielorientierung des Handelns ergibt sich aus der Tatsache, dass am Ende einer Geschäftsperiode – in der Regel das Kalenderjahr – Rechenschaft abzulegen ist. Ist mehr Wertschöpfung oder mehr Werteverzehr im Sinne der Anforderungen der betriebswirtschaftlichen Führung (Gewinn oder Verlust) der Unternehmung entstanden? Der Fiskus verlangt auch periodisch Rechenschaft im Sinne von vielfältigen Steuern auf die erbrachte Wertschöpfung.

Ziele sollen helfen, Wertschöpfung bewusst zu erreichen. Wertschöpfung soll eingetreten sein. Ziele beschreiben nicht Absichten. Ziele beschreiben auch nicht Strategein oder Maßnahmen. Maßnahmen und Strategien treiben an – Ziele ziehen an. Attraktive Ziele, die mit den Bedürfnissen, Motiven und der Motivation (Energie- oder Antriebsmenge) des Mit-Arbeiters im Einklang stehen, werden durch ihn lieber in Angeriff genommen – es kommt zum Flow.

Zielvereinbarungen gewährleisten dies im besonderen Maße, weil der Mit-Arbeiter seine Interessesen und seine Ressourcen, denen er vertraut, einbringen kann. Zielvereinbarungen haben „basisdemokratischen" Charakter, weil der Mit-Arbeiter und seine Führungskraft gleichberechtigt einen Zukunftszustand erreichen wollen bzw. befürworten.

Zielvorgaben repräsentieren das eingetretene Wertschöpfungergebnis der Führungskraft. Der Mit-Arbeiter kann Strategien und Maßnahmen zur Zielerreichung im Rahmen seiner definierten Arbeitsbedingungen selbst festlegen.

Zielvorgaben legen nicht nur das einzutretende Ergebnis fest, sondern legen auch die Strategien und Maßnamen zur Erreichung der Wertschöpfung fest.

Reflexionsaufgaben

1. Welche Art des Führens mit Zielen sezten Sie bewusst und legitimiert bei welchem Ihrer Mit-Arbeiter und seinen Aufgaben ein?
2. Wann in der Geschäftsperiode entwickeln Sie Ziele?
3. Wie agieren Sie bei Nichterreichung von vereinbarten oder gewollten Zielen?
4. Ist das Zielsystem Ihrer Unternehmung geeignet, effektiv zu führen? Was müsste geändert werden?

Wie formulieren Sie Ihre Reflexionsergebnisse?

Zu 1.

Zu 2.

Zu 3.

Zu 4.

Welche Folgen werden Ihre Reflexionsergebnisse für Ihre Führung haben?

Zu 1.

Zu 2.

Zu 3.

Zu 4.

Führen mit Zielen

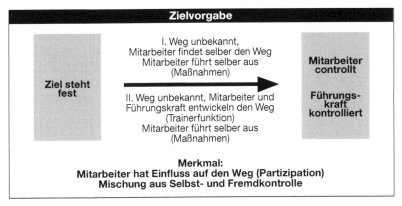

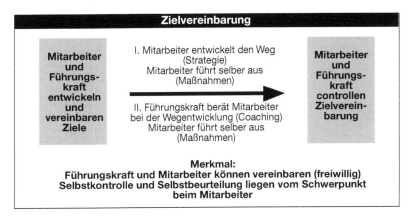

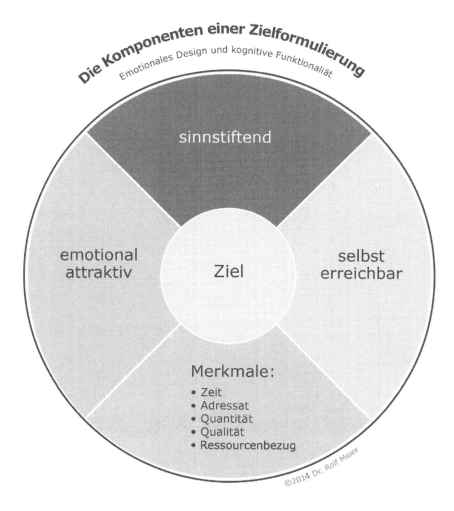

Zielformulierungen sollten positiv und als dauerhaft eingetretener Zustand in der Zukunft formuliert sein (Futur 2)

5.5 Entscheiden

Logisches Denken und Handeln ist nicht identisch mit Entscheiden – obwohl beides in der Regel zusammengehört. Logisch denken und handeln Sie, wenn Sie eine neue Aktivität aus den Bedingungen und dem Ergebnis der vorangegangenen Aktivität ableiten und in direktem Zusammenhang bringen können. Folgerichtiges Denken und Handeln ist logisch.

Entscheidungen entstehen, wenn Sie zwischen zwei Alternativen wählen können, wobei die Alternativen aus einem logisch zusammengehörigen Grundthema (ab-)stammen müssen, das zur Bearbeitung Ihrer Aufgabe benötigt wird. Ihre Entscheidungen müssen einen grundsätzlichen und logischen Themenbezug haben. Entscheiden Sie, ob Sie eine Tanne oder Fichte kaufen, haben sie Alternativen, die aus dem Grundthema „Nadelbäume" stammen. Entscheiden Sie sich zwischen einer Fichte oder einer Eiche, dann entscheiden Sie nicht mehr logisch aus der Grundressource „Nadelbäume", sondern aus der grundsätzlicheren (abstrakteren) Ressource „Bäume". Dies kann zur Bearbeitung Ihres Themas – Entscheidung treffen zwischen Alternativen – falsch sein, weil nicht logisch. Die Qualität Ihrer Entscheidung hängt also davon ab, ob Sie Alternativen in einem logischen Zusammenhang entwickeln können und sich auf eine Alternative begründet festlegen.

Ihre Führungsentscheidung, die den Arbeitsplatz Ihres Mit-Arbeiters betrifft und dort die Realisierung Ihrer Entscheidung durch Ihren Mit-Arbeiter Wertschöpfung auslösen soll, muss aus logisch begründeten Alternativen entstanden sein.

Mit-Arbeiter sind klug und gut ausgebildet. Viele Entscheidungen, die ihren Arbeitsplatz betreffen, können sie selbst logisch entwickeln. Alle Entscheidungen der Führungskraft werden auf logische Entstehung und Sinnhaftigkeit durch den Mit-Arbeiter überprüft. Sie steigern die Akzeptanz ihrer Entscheidung, wenn Sie den betreffenden Mit-Arbeiter bei der Entstehung der Entscheidung beteiligen – nicht aber bei der Festlegung und Begründung für eine Alternative. Dies ist der Führungskraft vorbehalten, so sie berechtigt ist, solche inhaltlichen Entscheidungen zu treffen (Abgleich Aufgabenprofile Führungskraft/Mit-Arbeiter).

Reflexionsaufgabe

Entsprachen die letzen drei Entscheidungen, die sich im Arbeitsgebiet eines Mit-Arbeiters auswirken sollten, diesen Anforderungen an die Qualität von Entscheidungen?

Wie formulieren Sie Ihr Reflexionsergebnis zur Frage?

Welche Folgen wird Ihr Reflexionsergebnis für Ihre Führung haben?

5.6 Delegieren

Delegieren ergibt sich aus der Grundeinsicht 2 „Führung entsteht als Überlaufsystem".

Sie übertragen/delegieren Aufgaben, wenn Sie ...

- bedingt durch die Aufgabenmenge selbst nicht mehr in der Lage sind, sie wertschöpfend zu bearbeiten,
- Aufgaben erledigen sollen, für die Ihr Kompetenzprofil nicht ausreicht,
- nachweisen können, dass der Mit-Arbeiter die Aufgaben kostengünster erstelllen kann – bei akzeptierter Qualität der Wertschöpfung.

Die unmoralische Delegation durch Sie liegt vor, wenn Sie ...

- Mit-Arbeitern Ihre Arbeiten machen lassen (Faule-Sau-Syndrom);
- Mit-Arbeitern Aufgaben übertragen, in der Hoffnung, dass sie scheitern (Linke-Sau-Syndrom);
- qualifizierten Mit-Arbeitern Aufgaben übertragen, um sich anschließend mit deren Ergebnissen zu brüsten (kapitalistisches Ausbeuter-Syndrom);
- Mit-Arbeiter mit Aufgaben betrauen mit der Absicht, sie zu demotivieren (Mobbing).

Die vier letzgenannten Delegationsformen und ihre Varianten erkennen die Mit-Arbeiter – sie untergraben im doppelten Sinn Ihre Autorität. Dies lässt Identifikation und Zukunftshoffnung bei Mit-Arbeitern weder entstehen noch gedeihen – wohl aber erst innere und dann tatsächliche Kündigung, oftmals verbunden mit vorangegangenen Unruhen und Aufständen.

Gute Delegation bedarf, wie alle Führungsaktivitäten, einer guten Erklärung. Ein Mit-Arbeiter, der die Delegation vom Anlass, von der Legitimation und von den Inhalten nicht versteht, wird eine mögliche qualitative Wertschöpfung kaum oder gar nicht anstreben und/oder erreichen. Aufgabendelegation betrifft den einzelnen Mit-Arbeiter, eine oder die gesamte Mit-Arbeitergruppe und jedes Team, das Ihnen führungsmäßig zugeordnet ist.

Reflexionsaufgaben

1. Wenn Sie nur in der vertraglich vereinbarten Zeit arbeiten dürften, welche Aufaben würden Sie an welchen Mit-Arbeiter delegieren?
2. Welche Delegationen haben in den letzten 12 Monaten nicht zu den gewünschten Wertschöpfungen geführt – woran lag es (ehrlicherweise)?
3. Haben Sie zu jeder übertragenen Aufgabe auch die entsprechenden Befugnisse mitübertragen?

Wie formulieren Sie Ihre Reflexionsergebnisse?

Zu 1.

Zu 2.

Zu 3.

Welche Folgen werden Ihre Reflexionsergebnisse für Ihre Führung haben?

Zu 1.

Zu 2.

Zu 3.

5.7 Koordinieren

Alles hängt zusammen, alles ist miteinander verbunden und interagiert miteinander. Die Grundeinsicht 8 „politisch denken – systemisch handeln" beschreibt dieser Grundsatz von Gemeinschaften, Organisationen und Unternehmen. Systemisch als Adjektiv von „das Zusammengesetzte" zieht sich durch bis in die kleinsten Winkel im Unternehmen. Zusammenhänge sind nicht nur allein daran erkennbar, welche Prozesse beschreiben, wie das Organigramm Ihres Bereiches oder Ihrer Unternehmung aufgebaut ist, sondern auch an den nicht beschriebenen Interpretationen und Deutungen dieser scheinbar objektiven Beschreibung von Wirklichkeit. Nichts ist, wie es ist. Gemeinsames, akzeptiertes Faktenwissen und seine Deutung in der Situation durch die Beteiligten, schaffen das bekannte Wir-Gefühl.

Koordination will nach den Vorstellungen der Beteiligten zusammenfügen was zusammengehört. Koordinieren betrifft nicht den einzelnen Mit-Arbeiter, sondern alle Beteiligten an der Erstellung der vereinbarten oder gewollten Wertschöpfung.

Sie koordinieren Interessen zu einem Zeitpunkt. Dies ist aber auch die Gefahr der Koordination, denn Sie können nicht sicher sein, dass die zu einem Zeitpunkt mit allen Beteiligten errungene Gemeinsamkeit der Interessen, auch Bestand hat. Die Bedingung der Führung „das einzig Beständige ist der Wandel" greift auch hier deutlich und immer wieder.

Durch Ihre Koordination sollen Sie das gemeinsame Interesse, sein Bewusstsein und die Kompetenzen zur Erstellung der Wertschöpfung durch den Einzelnen, die Gruppe oder das Team sicherstellen. „Identität und Zukunftshoffnung" lösen Sie durch Koordination praktisch aus.

Die Führungsaufgabe „Koordinieren" der Interessen aller Beteiligter lässt sich ...
- in den Geschäfts-, Unterstützungs- und Managementprozessen,
- den Deutungen von Fakten und Situationen durch Werte
am besten erkennen.

Reflexionsaufgaben

1. Welche konkreten Auswirkungen hat Ihr Wissen vom Kompetenz-modell bei der Wahrnehmung der Koordination?
2. Was sind in Ihrem Führungsbereich typische Koordinationsthe-men?

Wie formulieren Sie Ihre Reflexionsergebnisse?

Zu 1.

Zu 2.

Welche Folgen werden Ihre Reflexionsergebnisse für Ihre Führung haben?

Zu 1.

Zu 2.

5.8 Organisieren und Verbinden

Führung ist personal die Menschenführung und struktu-rell die Gestaltung der Organisation vom Zusammenspiel der Beteiligten.

Unternehmen stehen im Wettbewerb mit anderen Anbie-tern am Markt und buhlen um die Gunst der vorhande-nen und potenziellen Kunden. Die Marktattraktivität Ih-res Unternehmens mit seinen individuellen Produkten und/oder Dienst-leistungen entsteht auch durch die interne wertschöpfungsorientierte Lö-sungsgeschwindigkeit für den Kunden. Die praktischen Antworten auf die immer wiederkehrenden Fragen ...

• Wer macht was?
• Wer informiert wen?
• Wer entscheidet was?

werden für vereinbarte oder gewollte Wertschöpfung gesucht.

Die notwendigen Geschäfts-, Unterstützungs- und Managementprozesse für den Erfolg des Unternehmens müssen ...

• dem Wandel der Anforderungen angepasst werden;
• für die Ansprüche neuer Produkte und Dienstleistungen kreiert werden;
• die Entwicklung neuer Produkte und Dienstleistungen ermögli-chen.

Die Führungsaufgabe „Organisieren und Verbinden" fokussiert ihren Blick als Führungskraft auf die Strukturen der Wertschöpfung, in denen Menschen motiviert arbeiten.

Organisieren und Verbinden ist die betriebswirtschaftliche Forderung, die Führungskräften in Ihrem Führungsbereich Wertschöpfung durch optima-le Strukturen der Arbeitsbewältigung ermöglichen. Produktivität und Wirtschaftlichkeit stehen neben anderen zentralen „harten" Themen für gelingende Wertschöpfung im Mittelpunkt. Die Vermeidung oder zumin-dest die Reduzierung des Werteverzehrs auf den geringstmöglichen Stand ist durch die Beachtung der „harten betriebswirtschaftlichen Themen" beim Organisieren und Verbinden der Maßstab.

Reflexionsaufgaben

1. Wie haben Sie für die einzelnen Mit-Arbeiter und deren Aufgabengebiete die Stellvertretung für beabsichtigte und unbeabsich-
tigte Arbeitsplatzabwesenheit geregelt?

2. Wie konkret definieren Sie Produktivität und Wirtschaflichkeit für
die Prozesse in Ihrem Führungsbereich?

3. Welche Organisationskultur – funktionale Linienhierarchie oder
Matrixorganisation – hilft Ihnen eher, Wertschöpfung zu generieren? Wieso?

Wie formulieren Sie Ihre Reflexionsergebnisse?

Zu 1.

Zu 2.

Zu 3.

Welche Folgen werden Ihre Reflexionsergebnisse für Ihre Führung
haben?

Zu 1.

Zu 2.

Zu 3.

5.9 Informieren und Kommunizieren

Sie erinnern sich an die Grundeinsicht 2 der Führung: Führung entsteht als Überlaufsystem.

Angelehnt an biologische Vorgänge bedeutet das: Sie „vermehren" sich, weil Sie durch teilweise dieselben und teilweise vergleichbaren Interessen, Fähigkeiten, Fertigkeiten und Begabungen Menschen benötigen, die Sie in der Aufgabenbewältigung unterstützen und dabei enegiegeladen, identifiziert mit der Attraktivität der Thematik und motiviert zum kompetenten Handeln sind.

Wie können Sie diesen Wunsch-Mit-Arbeiter immer wieder entstehen und wirken lassen? Biologisch betrachtet, erhalten Sie sich durch ausgewogene Ernährung, achtsame Beachtung Ihrer werteorientierten Interessen und durch Ihre körperliche Fitness.

Die „ausgewogene Nahrung" zur Wertschöpfung Ihres Mit-Arbeiters sind alle Informationen, die er zur Ausübung seiner Aufgaben benötigt.

Aus Führungssicht haben Sie Bringschuld von Informationen gegenüber Ihrem Mit-Arbeiter. Aus Mit-Arbeiter-Sicht gibt es die Holschuld von Informationen von Ihnen.

Die Kommunikation ist die Organisationsform der Informationsüberbringung, deren verständliche Aufbereitung und der gemeinsamen wertschätzenden Reflexion in Anwendungssituationen.

Verständlich, im Sinne von Verstehen, informieren Sie, wenn Sie Ihre Information in der Sprache und dem intellektuellen Verständis Ihres Mit-Arbeiters nach den Merkmalen aufbereiten:

- Vom Bekannten zum Unbekannten,
- vom Einfachen zum Schwierigen,
- vom Allgemeinen zum Speziellen,
- vom Konkreten zum Abstrakten.

Diese vier Anforderungen an nutzenstiftende Kommunikation von Informationen müssen es Ihrem Mit-Arbeiter ermöglichen, die Fakten der Information zu erkennen, das oder die Anwendungssituationen der Informationen zu benennen, diese Informationsanwendungen in Situationen systemisch zu reflektieren und nach seinen Möglichkeiten des Erkennens zukünftiger Situationen diese Informationen situationsgerecht zu verwenden.

Reflexionsaufgaben
1. Beachten Sie diese Anforderungen an Kommunikation?
2. Welche typischen Kommunikationsanlässe haben Sie mit Ihren Mit-Arbeitern in Ihrem Führungsbreich?
3. Welche typischen Kommunikationsanlässe mit Ihren Mit-Arbeitern verlangt „das Unternehmen" von Ihnen als Führungskraft?

Wie formulieren Sie Ihre Reflexionsergebnisse?
Zu 1.
Zu 2.
Zu 3.

Welche Folgen werden Ihre Reflexionsergebnisse für Ihre Führung haben?
Zu 1.
Zu 2.
Zu 3.

5.10 Fördern und Entwickeln

Sie kennen das Sprichwort: Wer rastet, der rostet. Wenn Führungkraft und Mit-Arbeiter sich dem Wandel der Wirklichkeit – welche es auch immer sein mag – nicht stellen, werden sie die Gezeiten des Wandels nicht überstehen.

Nichts bleibt, wie es ist. Veränderungen kommen plötzlich und überraschend aber auch langsam und schleichend. Die Führungsaufgabe „Auseinandersetzen mit der Zukunft" fokussiert den Wandel – Die Führungsaufgabe „Fördern und Entwickeln" fokussiert die Konsequenzen des Wandels in ...

• veränderten oder neuen Aufgabenprofilen,
• veränderten oder neuen Anforderungsprofilen,
• veränderten oder neuen Fähigkeitsprofilen,

um

• einzeln,
• in einer Gruppe,
• in einem Team

vereinbarte oder gewollte Wertschöpfung als Alleinarbeit oder zusammen mit anderen Menschen in Prozessen zu erbringen.

Das Kompetenzmodell ist hierbei Orientierung für alle Themen des Könnens in der Situation. Es gilt, durch Sie als Führungskraft zusammen mit dem Mit-Arbeiter und – vielleicht durch Unterstützung von internen und externen Experten – die konkret benötigten Fähigkeiten und Fertigkeiten zu identifizieren, zu bestimmen, zu beschreiben und festzulegen, um sie durch Lernvorgänge im Mit-Arbeiter abrufbereit für seine zu erstellende Wertschöpfung entstehen zu lassen.

Aus dem Arbeitsvertag mit dem Mit-Arbeiter ergeben sich allgemeine Anforderungen an sein Handeln und Forderungen an seine situative Wertschöpfung. Die Forderung nach situativer Wertschöpfung kann unter der Tatsache des Wandels nur mit „Fördern und Entwickeln" gelingen oder: Wer ernten will, muss säen. Werteorientierte Führung, Nachhaltigkeit von Führung und Beachtung des Grundgesetzes „Eigentum verpflichtet", lassen sichere und dauerhafte Arbeitsplätze auch durch „Fördern und Entwickeln" entstehen.

Reflexionsaufgabe

Wie sieht der mit dem einzelnen Mit-Arbeiter, der Mitarbeitergruppe oder dem Team vereinbarte Plan seiner/ihrer Förderung und Entwicklung konkret thematisch und zeitlich aus?

Wie formulieren Sie Ihr Reflexionsergebnis zur Frage?

Welche Folgen wird Ihr Reflexionsergebnis für Ihre Führung haben?

5.11 Mit-Arbeiterauswahl und Mit-Arbeitereinsatz

Die Devise galt, gilt und wird immer gelten: Die richtige Frau, den richtigen Mann – am richtigen Platz.

Wertschöpfung – vereinbart oder gewollt – im Sinne des Abnehmers, Empfängers oder Nachfragers eines Produktes oder einer Dienstleistung wird nur situativ und dauerhaft gelingen, wenn Aufgaben und ihre Anforderungen an einen Positionsinhaber in seinen Fähigkeiten zur Wertschöpfung vereint sind.

Das Anforderungsprofil wird aus den Inhalten der Kompetenzbereiche des Kompetenzmodells erstellt. Diese grundsätzlichen, abstrakten Themenvorgaben leiten Sie, definierte Aufgaben einer Position in konkrete Anforderungen zur Aufgabenrealisation festzulegen und zu beschreiben.

Mit-Arbeiter werden nach ...
- überprüfbar vorhandenen Fertigkeiten und Fähigkeiten
- ausreichend vorhandenen und entwickelbaren Potenzialen

ausgesucht und einer Position zugeordnet. Die Zuordnung muss die Wertschöpfungsfähigkeit des Mit-Arbeiters mit hoher Gewissheit gewährleitsten.

Als Führungskraft wählen Sie Mit-Arbeiter aus, um ...
- einzelne Aufgaben einmalig oder dauerhaft zu bewältigen;
- eine Aufgabengruppe einmalig oder dauerhaft zu bewältigen;
- in einer Arbeitsgruppe einzelne Aufgaben dauerhaft zu bewältigen;
- innerhalb eines Prozesses (Team) eine spezialisierte Aufgabe zu bewältigen;
- innerhalb von führungsbereichsübergreifenden Projekten als Spezialist mitzuwirken;
- dem Einzelnen einen Karriereschritt zu ermöglichen;
- im Einzelfall den Mit-Arbeiter zur Versetzung in andere Unternehmsbereiche oder Freisetzung vorzuschlagen;
- Mit-Arbeiter aus dem internen und externen Unternehmensmarkt für eine Aufgabe in Ihrem Führungsbreich zu gewinnen.

Reflexionsaufgabe

Welche dieser Auswahlanlässe haben Sie schon für Ihren Führungsbereich genutzt, um Wertschöpfungskompetenz zu sichern?

Wie formulieren Sie Ihr Reflexionsergebnis zur Frage?

Welche Folgen wird Ihr Reflexionsergebnis für Ihre Führung haben?

5.12 Mit-Arbeiterschutz

Unbeschadet der Tatsache, ob Sie Menschen mögen oder nicht, Ihr Mit-Arbeiter, der Hort für gewollte oder vereinbarte überprüfbare Wertschöpfung, ist ein Mensch, ein Mensch mit all seinen Ecken und Kanten: seiner Individualität. Wie Menschen „ticken" können Sie aus den Reflexionen der fünf Bedingungen von Führung, den acht Grundeinsichten der Führung und aus den anderen 13 Führungsaufgaben ableiten.

Betriebswirtschaftlich betrachtet ist ein ...
- kranker Mit-Arbeiter ein teurer Mit-Arbeiter, weil seine Arbeit von anderen Mit-Arbeitern erledigt werden muss;
- lustloser Mit-Arbeiter anfällig für Fehler und geringe Wertschöpfung;
- schlecht ausgebildeter Mit-Arbeiter anfällig für (Dauer-)Kritik wegen mangelnder Wertschöpfung.

Mit-Arbeiter-Schutz organisieren Sie im Sinne der Führungsaufgabe „Organisieren und Verbinden", wenn Sie ...
- den Arbeitsplatz unfallfrei gestalten;
- die Kommunikation mit ihm auf der Basis von Respekt und Wertschätzung gestalten und einfordern;
- Mobbing und andere den Mit-Arbeiter herabsetzende Verhaltensweisen durch sich und andere verhindern;
- den Mit-Arbeiter in seiner normalen Arbeitszeit mit Ihrer Führungsarbeit beglücken;
- dafür sorgen, dass der Mit-Arbeiter seinen Urlaubsanspruch verwirklichen kann;
- ihm ärzliche Vorsorge und Unterstützung anbieten;
- den Mit-Arbeiter nicht mit Aufgaben über- oder unterfordern, gemessen an seinem Potenzial;
- dem Mit-Arbeiter Hilfe anbieten und ihn unterstützen, um ihn vor sich selbst zu schützen.

Reflexionsaufgaben
1. Welche Maßnahmen haben Sie für sich ergriffen, um sich selbst zu schützen?
2. Wie wird „Gesundheit" im Unternehmen gesehen?
3. Wer weiß davon und unterstützt Sie darin?
4. Welche Aktivitäten haben Sie für den Schutz Ihrer Mit-Arbeiter ergriffen?

Wie formulieren Sie Ihre Reflexionsergbnisse?
Zu 1.
Zu 2.
Zu 3.
Zu 4.

Welche Folgen werden Ihre Reflexionsergebnisse für Ihre Führung haben?
Zu 1.
Zu 2.
Zu 3.
Zu 4.

5.13 Selbstentwicklung

 Auf den ersten Blick erscheint es eigentümlich, dass Selbstentwicklung eine Führungsaufgabe ist, wenn Führung die Einwirkung auf vereinbarte oder gewollte Wertschöpfungsergebnisse beim Mit-Arbeiter ist. Auf den zweiten Blick wird offensichtlich, dass Einwirkung nicht nur bewusst, sondern auch inhaltlich begründet sein muss. Da ist er wieder: der Zusammenhang von Wissen und Können als Voraussetzung von Wertschöpfung.

Die Qualität Ihrer „Einwirkung" korreliert mit der entwickelten Wertschöpfungskompetenz Ihres Mit-Arbeiters.

Ihr Aufgabengebiet und die daraus abgeleiteten Aufgabengebiete Ihrer Mit-Arbeiter basieren in der Regel auf ...
- staatlich geregelten Berufsbildern,
- gesellschaftlich anerkannten Studienabschlüssen,
- brancheninternen zertifizierten Qualifizierungen.

Alle drei Quellen des Wissens entwickeln sich inhaltlich und methodisch weiter, weil sich die Anforderungen in diesen Themengebieten wandeln oder einer Wandlung unterzogen werden.

Sie kennen das geflügelte Wort: Wer zu spät kommt, den bestraft das Leben. Übertragen auf Ihre Führungssituation bedeutet es:

- Wenn Sie keine inhaltlichen Impulse für Weiterentwicklung an Ihre Mit-Arbeiter geben – dann sind Sie für die sich wandelnden Anforderungen mit den damit verbundenen Fähigkeiten an der Erstellung von Wertschöpfung nicht nützlich.
- Wenn Sie die guten Ideen oder fachlichen Argumentationen Ihrer Mit-Arbeiter nicht verstehen und aufgreifen können, laufen sie Gefahr, sinnvolle Entwicklung nicht zu unterstützen oder nicht voranzutreiben.

Das lebenslange Lernen ist Ausdruck von der Führungsbedingung: Das einzig Beständige ist der Wandel.

Ihre Entwicklung, orientiert an den Themen der Kompetenzbereiche des Kompetenzmodells (S.22), ist die Voraussetzung für die Entwicklung des Ihnen anvertrauten Themas und seiner Realisierung durch Sie und Ihre Mit-Arbeiter.

Reflexionsaufgaben
   1. Welche thematisch-inhaltliche Entwicklung haben Sie fest vor?
   2. Welche methodisch-inhaltliche Entwicklung haben Sie fest vor?

Wie formulieren Sie Ihre Reflexionsergebnisse?
Zu 1.
Zu 2.

Welche Folgen werden Ihre Reflexionsergebnisse für Ihre Führung haben?
Zu 1.
Zu 2.

5.14 Messen und Bewerten

Einst galt der Spruch: Alles was delegiert ist, wird kontrolliert und meinte damit die einseitige Vergangenheitsschau – oft in der Form von Kritik mit wenig respektvollem und wertschätzendem Umgangston.

Messen und Bewerten zielt auf die vereinbarte oder gewollte Wertschöpfung des Mit-Arbeiters. Das eingetretene Ergebnis ...

- wird gemessen (Zielerreichungsgrad);
- die Gründe des Zielerreichsgrades werden ermittelt;
- Quantität und Qualität des Zielerreichungsgrades werden bewertet;
- lässt Schlussfolgerungen für die Art und Weise (selbstorganisierte Ressourcen) der zukünftigen Wertschöpfungsgenerierung zu.

Sie messen und bewerten, um vergangene erfolgreiche Wertschöpfung wiederholen zu lassen und ziehen Konsequenzen für zukünftige Vorgehensweisen in der Entstehung von Wertschöpfung.

Absicht ist hierbei, den Mit-Arbeiter durch Ihre Führungsaktivitäten selbst auf die Lösung für zukünftig erfolgreiche Wertschöpfung kommen zu lassen (Coachingfunktion der Führungskraft).

Die Sicherung der Wertschöpfungskompetenz des Mit-Arbeiters sorgt für zufriedene Abnehmer der Wertschöpfung, deren Bindung an den Mit-Arbeiter und Ihren Führungsbereich und lässt hoffen, dass der Kunde in seinem Kaufverhalten Ihrem Mit-Arbeiter und damit Ihrem Führungsbereich treu bleibt. Sicherung der Arbeitsplätze, Anerkennung und Wertschätzung für den Mit-Arbeiter und für Sie sind damit gesichert.

In der Wahrnehmung der Führungsaufgabe „Messen und Bewerten" können Sie die Wertschöpfung Ihrer Führungsleistung im „Messen und Bewerten" der Wertschöpfungsleistung des Mit-Arbeiters erkennen.

Mit der Güte und der Ehrlichkeit von „Messen und Bewerten" haben Sie Ihr eigenes, wertschätzendes Controllinginstrument für sich kreiert.

Reflexionsaufgabe

Wie sichern Sie, dass der Mit-Arbeiter „Messen und Bewerten" für die eigene Wertschöpfung erfolgreich anwendet?

Wie formulieren Sie Ihr Reflexionsergebnis zur Frage?

Welche Folgen wird Ihr Reflexionsergebnis für Ihre Führung haben?

5.15 Die Wirkungserwartung der 14 Führungsaufgaben

Aus dem Verkauf kennen Sie vielleicht die Begriffe „Point of Sale" und „face-to-face-Verkauf". Gemeint ist damit immer der unmittelbare Kontakt mit dem Kunden. Der unmittelbare Kontakt mit Ihrem Mit-Arbeiter als Kunde Ihrer Führungsleistung entsteht auch im „face-to-face" und am „Point of organized for themselves" : Ort der selbstorganisierten Selbstständigkeit.

In der Konzeption der systemisch-wertschöpfenden Mit-Arbeiterführung sind ...
- die zehn Fakten des Kontextes Unternehmen
- die fünf Bedingungen von Führung
- die acht Grundeinsichten von Führung

die Themengebiete, mit denen jede Führungskraft und jeder Mit-Arbeiter verbunden und interagierend vernetzt ist. Diese systemischen Sichtweisen fließen mit den jeweilig zur Führungssituation gehörenden Teilthemen in die thematische Beeinflussungsinitiative des Mit-Arbeiters für seine Wertschöpfungskompetenz durch die Führungskraft ein.

Die 14 Führungsaufgaben – wahrgenommen durch die Führungskraft als Fremdführung – sollen die 14 Führungsaufgaben beeinflussen – wahrgenommen durch den Mit-Arbeiter als seine Selbstführung. Alle Führung ist darauf abgestellt, den Mit-Arbeiter selbstständig werden zu lassen – vereinbarte oder gewollte Handlungskompetenz durch ihn zu generieren.

Die Wahrnehmung der 14 Führungsaufgaben als Selbst- und Fremdbeeinflussungsmaßnahmen entscheiden unter Führungsgesichtspunkten über Erfolg oder Misserfolg der Handlungskompetenz.

Erst wenn der Mit-Arbeiter seine ihm zur Verfügung stehenden Ressourcen erkennt und deren Wirksamkeit in der Aufgabenbewältigung akzeptiert, wird er seine Aufgaben selbstständig erledigen. Er ist dann mit hoher Wahrscheinlichkeit selbstmotiviert.

Reflexionsaufgabe

Fremdführung trifft Selbstführung – oder was?

Wie formulieren Sie Ihr Reflexionsergebnis zur Frage?

Welche Folgen wird Ihr Reflexionsergebnis für Ihre Führung haben?

Die 14 Führungsaufgaben

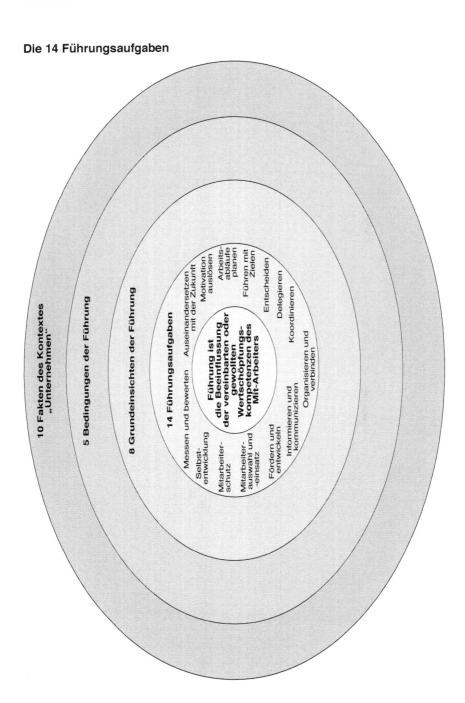

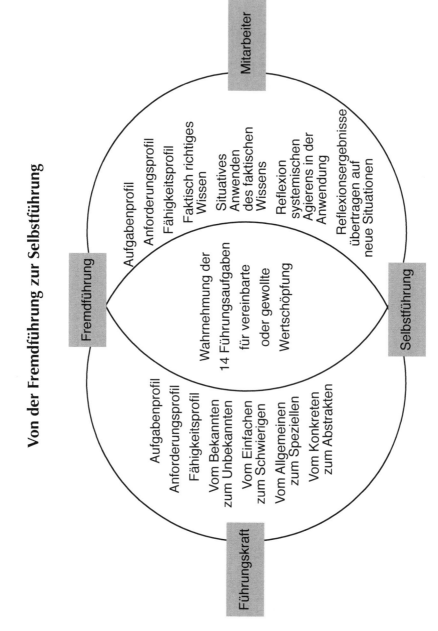

Von der Fremdführung zur Selbstführung

6 Grundsätzliche Führungsherausforderungen

Führung ist die Beeinflussung der vereinbarten oder gewollten Wertschöpfungskompetenz des Mit-Arbeiters. Als Führungskraft erleben Sie Mit-Arbeiter ...
- einzeln,
- in einer Gruppe,
- in einem Team.

Der Anlass der Führungsbegegnung liegt immer im Rahmen Ihres Sachgebietes, das Sie als Führungskraft mit zugeordneten Mit-Arbeitern bewältigen sollen. Führung wird oft als isolierte Einzelfallsituation erlebt und gedeutet.

Dabei können die Menge der einzelnen Führungssituationen typischen Mustern zugeordnet werden. Aus der „Adlersicht" betrachtet, ergeben sich wenige, aber typische Muster, die eine Führungskraft gestalten muss. Es sind ...

1. die Wertschöpfungsfähigkeit des Einzelnen, der Gruppe oder des Teams;
2. Konflikte, weil individuelle Deutungen und Wertungen Einvernehmlichkeit erschweren – egal ob im Einzelnen, innerhalb einer Gruppe oder im Team – oder im Kontakt mit Kunden und Lieferanten;
3. Mit-Arbeiter, ob einzeln, als Gruppe oder Team, die sich anders vermarkten/auftreten/darstellen sollen gegenüber Kollegen, Lieferanten oder Kunden;
4. Mit-Arbeiter, einzeln, als Gruppe oder Team, die sich neuen Herausforderungen und Veränderungen der Wertschöpfungserstellung stellen sollen;
5. Mit-Arbeiter, einzeln, als Gruppe oder Team, die Werte entwickeln und leben sollen;
6. Mit-Arbeiter, einzeln, als Gruppe oder Team, die ihre Identifikation und Leidenschaft an Arbeitsinhalten und Arbeitsbedingungen entwickeln oder erhalten sollen.
7. weil Mit-Arbeiter, einzeln als Gruppe oder Team, in veränderten Organisationsstrukturen erfolgreich werden sollen.

Diese Situationen sind unter dem Eindruck und Einfluss ...
- der zehn Fakten des Kontextes „Unternehmen" zu sehen;
- der fünf Bedingungen der Führung zu betrachten;
- der acht Grundeinsichten der Führung zu analysieren, die es Ihnen als Führungskraft ermöglichen, den Einzelfall einem Muster zuzuschreiben;
- der 14 Führungsaufgaben zu sehen, die es Ihnen ermöglichen, aus dem Muster (Grundsatz), situativ flexibel zu agieren.

Reflexionsaufgaben
1. Versuchen Sie die fünf wichtigsten Führungssituation Ihrer letzten Arbeitswoche einem der sieben Muster zuzuordnen.
2. Welche der zehn Fakten des Kontextes „Unternehmung" haben schwerpunktmäßig mit der einzelnen Führungssituation zu tun?
3. Interpretieren Sie den Einzelfall in seinem Muster unter dem Gesichtspunkt der acht Grundeinsichten der Führung.
4. Überprüfen Sie Ihre Führungslösung des jeweiligen Einzelfalls unter dem Aspekt der wahrgenommenen 14 Führungsaufgaben.

Wie formulieren Sie Ihre Reflexionsergebnisse?
Zu 1.
Zu 2.
Zu 3.
Zu 4.

Welche Folgen werden Ihre Reflexionsergebnisse für Ihre Führung haben?
Zu 1.
Zu 2.
Zu 3.
Zu 4.

Die Konzeption der systemisch-wertschöpfenden Mit-Arbeiterführung

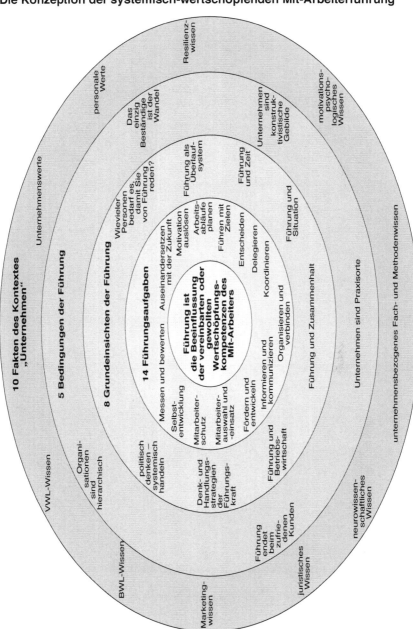

7 Begriffsdefinitionen

A

Absicht, die
ist das Bedürfnis, etwas zu verwirklichen.

Abstraktion, die
ist ein induktiver Prozess des Weglassens von Einzelheiten und des Überführens in das Generelle der Einzelteile.

Alternative, die
bedeutet die Wahlmöglichkeit zwischen zwei sich ausschließenden Optionen in einem Thema und Abstraktionsgrad.

Analyse, die
ist ein allgemeiner Begriff für eine systematische Untersuchung, bei der das zu untersuchende Objekt/Subjekt in seine Bestandteile zerlegt wird, um anschließend geordnet, bewertet und ausgewertet zu werden.

analytisch
bedeutet zergliedernd oder logisch, systematisch.

analytisches Denken, das
entspricht in der Führung dem vernetzten bzw. systemischen Denken, das heißt, dem Denken in Zusammenhängen.

assoziiert
bedeutet in der Führung, emotional mit seinen eigenen Motiven, Werten und Intelligenzen in Kontakt zu stehen, mit der Folge, Sachzusammenhänge aus der eigenen Person heraus zu deuten.

autonom
bezeichnet die Möglichkeit, sich ohne gewollten Einfluss von außen selbst organisieren zu können.

Autopoiesis, die
altgriech. auto = selbst und poiein = schaffen, bauen. Bezeichnet den Prozess der Wiedererschaffung und Selbsterhaltung eines Systems. Die Umwelt hat auf autopoietische Systeme (außer deren Zerstörung) keinen direkten Einfluss, da autopoietische Systeme in sich (operativ) geschlossen – aber nicht verschlossen – sind.

autoritär
heißt hier Deutungs-/Macht-/Einflussanmaßung der eigenen Person.

B

Bedürfnis, das
> ist ein spezifischer Beweggrund für ein Verhalten.

Begabung, die
> ist eine themenspezifische individuelle Ressource, die sich in einem konkreten Kontext als vorteilhaft unterscheiden lässt.

C

Coaching, das
> Coaching ist die Organisationskultur für fremde oder eigene Veränderungsimpulse.

Führungsfragen, die
> sind die in der Führung nach dem Verständnis der Theorie vom Selbstorganisierten Coaching eingesetzten Fragen:
> * Geschlossene Frage
> * Offene Frage
> * Zirkuläre Frage
> * Skalierende Frage
> * Abstrakt-hypothetische Frage

D

deduktiv
> bedeutet, aus abstrakten Strukturen ableitend.

Denotation, die
> meint, über einen Begriff deutungsfrei Übereinstimmung mit anderen zu haben (also eine ausschließlich faktenorientierte, neutrale Bedeutung, Grundbedeutung, den inhaltlichen Kern eines Wortes).

dissoziiert
> in der Führung: nicht aus der eigenen Person heraus deutend und bewertend.

E

Eigenführung, die
> bezieht sich auf mehrere Personen als Gruppe oder Team in unterschiedlichen thematischen Kontexten. Eigenführung bezogen auf die Gruppe oder das Team ist ein abgeleiteter Begriff von Führung.

Entscheidung, die
> ist der Abschluss von Bewertungen von Alternativen.

Entscheidungsfähigkeit, die
> bezeichnet das Potenzial, aus Alternativen zu wählen.

Ethik, die
griech. éthiké = Ethik, verstanden als Moralphilosophie, versucht als philosophische Disziplin die Frage zu beantworten, wie man handeln soll. Sie erarbeitet Kriterien richtigen, gerechten, tugendhaften, nützlichen und guten Handelns und gelingenden und beglückenden Lebens (in einem Kontext).

F

fachlich-methodische Kompetenz, die
ist ein interagierender Bereich des Kompetenzmodells. Die fachlich-methodische Kompetenz beschreibt die fachlichen Kenntnisse und Fertigkeiten in einem Kontext sowie die ergebnisorientierte Organisation von Arbeitsabläufen.

Fähigkeit, die
bezeichnet die Koordinierungskapazität für beabsichtigtes Handeln.

Feedback, das
meint die zeitnahe Rückmeldung einer Wahrnehmung oder die Beurteilung von etwas nach einem allen Beteiligten verfügbaren Maßstab. Das Feedback ermöglicht, den Unterschied von „Soll" und „Ist" zu erkennen und daraus Folgerungen für Entwicklung und Veränderung abzuleiten.

Feedbacksystematik, die
ist der Rückmeldemaßstab der 14 Führungsaufgaben für Wahrgenommenes in einem Kontext.

Feldkompetenz, die
umfasst die Verfügbarkeit über reflektierte branchen- und themenspezifische sowie kulturelle Erfahrungen in einem Kontext.

Fertigkeit, die
bezeichnet eine antrainierbare, erlernte, konkrete Verhaltensweise.

Folgefehler, der
In der Führung meint Folgefehler, wenn eine Initiative falsch im Sinne der Wirkungserwartungen der Führungsaufgabe gewählt wurde und die nachfolgenden Interventionen auf dem Resultat aufbauen.

Fremdführung, die
bezieht sich auf eine oder mehrere Personen im hierarchischen Gebilde der Organisationsstruktur der Unternehmung in unterschiedlichen thematischen Kontexten. Fremdführung bezogen auf Einzelpersonen oder mehrere Personen ist ein abgeleiteter Begriff von Führung.

Freiheit, die
> bezeichnet die Befähigung und die Verpflichtung, aus Alternativen nach bestimmten individuellen Selektionskriterien zu wählen.

Freiwilligkeit, die
> bedeutet absichtliches und/oder spontanes Handeln.

Führung, die
> meint absichtsvolles Beeinflussen von menschlichem Verhalten oder Organisationsstrukturen, um vereinbarte oder gewollte Wertschöpfung zu erzielen.

Führungsbetrachtungen, die
> beziehen sich auf Beeinflussungen der eigenen Person (Selbstführung), einer Gruppe oder einem Team durch sich (Eigenführung) und das Beeinflussen einer anderen Person (Fremdführung).

Führungsstil, der
> ist ein wiederkehrendes Verhaltensmuster in unterschiedlichen thematischen Kontexten (Leitwert-Orientierung).

Führungsverhalten, das
> ist ein konkret-situatives, wertegeleitetes Verhalten in einem thematischen Kontext in der Ausübung der 14 Führungsaufgaben.

Futur 1
> Die Handlung liegt in der Zukunft und bezeichnet einen Verlauf.
> *Beispiel: Ich werde am Montag vom Zehn-Meter-Turm springen.*

Futur 2
> Die Handlung wird in der Zukunft schon abgeschlossen sein, das heißt, sie ist zu dem Zeitpunkt in der Zukunft schon Vergangenheit. Man nennt das auch „vollendete Zukunft".
> *Beispiel: Ich werde am Montag vom Zehn-Meter-Turm gesprungen sein.*

G

Gefühl, das
> ist eine körperlich empfundene Bewertung einer Wahrnehmung.

geschlossene Frage, die
> bezeichnet die Art einer Frage mit der Absicht, eine Entscheidung auszulösen.

Gruppe, die
> Im Führungskontext spricht man dann von einer Gruppe, wenn deren Mitglieder im selben thematischen Kontext arbeiten.

H

Handlungskompetenz, die
meint, persönliche Ressourcen selbstgesteuert in einem situativ-individuellen Handeln zu realisieren.

Handlungslernen, das
Lernen als bewusste Handlung: Lernen wird als ein bewusster Prozess betrachtet, der vom Lernenden gesteuert wird. Auf der Grundlage von Informationen und Ressourcen (wie Erfahrung, Werte) legt sich der Lernende ein Konzept für das kommende Tun zurecht. Dieses Konzept schließt die Analyse der Ausgangssituation, das Handlungsziel sowie die verfügbaren Mittel ein. In einer nachfolgenden Orientierungsphase prüft er, ob das Konzept für ihn subjektiv ausreichend war. Ist dies nicht der Fall, werden weitere Informationen abgefragt und das Handlungskonzept überarbeitet. Hinsichtlich des ursprünglichen Handlungskonzeptes und der gesetzten Ziele wird die Realisierung des Tuns überprüft.

Handlungsplan, der
bezeichnet eine Abfolge von Handlungen zur Zielerreichung.

hypothetische Frage, die
ist eine Frageart mit der Absicht, den Befragten in den Zustand einer Annahme zu bringen und unter dieser Prämisse etwas wahrzunehmen und zu bewerten.

I

induktiv
bedeutet, aus dem Konkreten auf das Abstrakte schließend.

Intelligenz, die
ist eine individuelle, ererbte und gelernte strukturelle, neuronale Ressource, die in einem Kontext die Qualität kognitiver, emotionaler oder psychomotorischer Entscheidungen beeinflusst.

Intervention, die
lat. intervenire = dazwischentreten, sich einschalten; der Begriff bedeutet den direkten Eingriff in das Geschehen. Die Intention einer Intervention ist anlassbezogen. Sie kann assoziierten oder dissoziierten Charakter aus der Sicht des „Interventionsgebers" haben.

intuitiv
meint die Fähigkeit, impulsiv und unbewusst zu entscheiden und zu handeln.

K

Kepner-Tregoe-Methode, die
Die Methode von CHARLES KEPNER und BENJAMIN TREGOE, 1958 aufgestellt, dient der Rationalisierung von Denkprozessen und ist Basis der
Arbeitsmethodik. Sie besteht in der Abfolge aus folgenden vier Bear-
beitungsfeldern:
1. Problemanalyse (in der komplexe Situationen zergliedert und Prioritäten festgelegt werden),
2. Situations-/Ursachenanalyse (in der die wahre Ursache eines Problems zu finden ist),
3. Entscheidungsanalyse (in der Alternativlösungen entwickelt und
bewertet werden),
4. Analyse potenzieller Probleme (in der potenzielle Probleme erkannt und Gegen- bzw. Ersatzmaßnahmen festgelegt werden).

Kommunikationskontext, der
ist ein vereinbarter Rahmen für Kommunikation, der die Interessen aller Beteiligten berücksichtigt. Er ist Ergebnis der selbstgesteuerten
Auseinandersetzung mit Motiven, Werten und Intelligenzen der eigenen Person und anderer Personen.

Kompetenz, die
ist die Bezeichnung für Fähigkeiten und Fertigkeiten zum Erkennen
und Bewältigen von Aufgaben oder Lösen von Problemen.

Kompetenzmodell, das
1. Das Kompetenzmodell ist in erster Linie ein allgemein gültiges Modell. Es beschreibt abstrakt die Fähigkeiten und Fertigkeiten, die ein
Mensch in einem bestimmten Kontext entwickelt haben muss, um
in diesem Kontext situativ erfolgreich zu sein (-> Handlungskompetenz).
2. Das Kompetenz-Modell, das auch für den Kontext „Führung" gilt,
besteht aus fünf einzeln zu betrachtenden, aber in der Situation in-
teragierenden, thematischen Bereichen:
• persönliche Kompetenz,
• fachlich-methodische Kompetenz,
• sozio-kommunikative Kompetenz,
• Feldkompetenz und
• Handlungskompetenz.
Die Handlungskompetenz entsteht aus der Organisation der Ressourcen aus den anderen vier Kompetenzbereichen.

Konflikt, der
Konflikte sind Situationen, in denen voneinander abhängige Parteien versuchen, „unvereinbare" Interessen oder Ziele zu erreichen oder Handlungspläne zu verwirklichen. Kennzeichen des Konflikts ist eine emotionale Spannung.

Konfliktlösungsmuster, das
biologische Konfliktlösungsmuster:
1. Anpassen,
2. Erstarren,
3. Flucht,
4. Kampf,
5. Unterordnung,
6. Verstecken.
kulturelle Konfliktlösungsmuster:
1. Delegation an andere,
2. Kompromiss,
3. Konsens.

Konfrontation, die
ist die Gegenüberstellung einer anderen Deutung oder Faktenlage.

Konnotation, die
bezeichnet die Bedeutungszuschreibung für einen Begriff durch den Begriffsverwender. Dies bedeutet im Sinne des Konstruktivismus: Der Sprecher bestimmt die Bedeutung des Gesagten und der Hörer bestimmt die Bedeutung des Gehörten.

Konstruktivismus, der
ist ein Begriff in verschiedenen (wissenschaftlichen) Fachbereichen und Disziplinen. Grundsätzlich ist er Ausdruck für eine wissenschaftliche Denk- und Erkenntnishaltung, die davon ausgeht, dass Wissen, Erkenntnisse, Vorstellungen und andere Inhalte nicht naturgegeben (objektiv) sind, sondern vom Menschen als erkennendes Subjekt konstruiert (gedeutet) werden. Diese Erkenntnis ist philosophischer Natur, geprägt durch SOKRATES und IMMANUEL KANT. Sie eroberte die Psychologie durch JEAN PIAGET, ERNST VON GLASERSFELD, die Naturwissenschaften durch HUMBERTO MATURANA, die Neurowissenschaft durch GERHARD ROTH, die Sprache durch PAUL WATZLAWICK, die Pädagogik/ Andragogik durch HORST SIEBERT.

konstruktivistisch
ist das Adjektiv von Konstruktivismus und meint ein Denken und Handeln im Sinne des Konstruktivismus.

konstruktivistische Taxonomiestufen, die
sind vier Stufungen der Handlungskompetenz: faktisch richtiges Wissen, kontextbezogenes Anwenden von Wissen, Reflexion systemischen Agierens und konstruktivistischer Kontexttransfer.

kontextbezogenes Faktenwissen, das
bezieht sich auf alle konkret wahrnehmbaren Fakten eines Kontextes. Dazu zählen z.B. die Arbeitszeit genauso wie der Arbeitsvertrag, die Betriebsvereinbarungen, das Gesellschaftsrecht, das Handelsrecht, die DIN-Normen usw.

Konzept, das
ist die konkrete Anforderungsbeschreibung an das Ziel-Strategie-System eines Themas in seinem Kontext mit festem Absichtscharakter zum Handeln; vergleichbar mit Aktionsplan oder Rezept.

Konzeption, die
ist die umfassende Beschreibung eines Ziel-, Struktur- und Handlungssystems eines Themas in seinem Kontext als flexibel gehaltenes Realisierungsvorhaben (grundsätzliche Bearbeitungsstruktur mit erlaubten Freiheitsgraden in den konkreten Handlungssituationen).

Kreativität, die
ist ein allgemeiner Begriff für ein schöpferisches Vermögen, das sich im menschlichen Verhalten und Denken verwirklicht; sie ist das schöpferische Potenzial des Menschen, die Fähigkeit, von gewohnten Denkschemata (analytisches Denken) abzuweichen, aus der Norm fallende Ideen (kognitiver Faktor) zu entwickeln.

Kritische Erfolgsfaktoren, die
Die Kritischen Erfolgsfaktoren sind in ihrer Gesamtmenge inhaltlich definierte Begriffe als Orientierung für notwendiges Verhalten und Handeln als Führungskraft im Kontext „Führung".

L

Liquidität, die
bezieht sich auf vorhandene und jederzeit verfügbare Geldmittel. Vorhandene Liquidität verhindert die Zahlungsunfähigkeit des Unternehmens.

Logik, die
ist die Folgerichtigkeit des Denkens im Sinne von begründbar und nachvollziehbar aus dem Ausgangspunkt.

M

Maßnahme, die
ist die aktive Umsetzung der langfristig geplanten Anstrebung der eigenen Bedürfnisbefriedigung.

Management, das
ist ein deutungsabhängiger englischer Begriff für Führungskräfte, Impulsgeber (Leader) oder Verwalter in einem Hierarchiesegment der Unternehmung.

Manager, der
Deutungsabhängiger englischer Begriff für Führungskraft. Impulsgeber (Leader), aber auch Verwalter.

Menschenbild, das
ist ein in der philosophischen Anthropologie gebräuchlicher Begriff für die Vorstellung, das Bild, das jemand vom Wesen des Menschen hat. Insofern der Mensch Teil der Welt ist, ist das Menschenbild auch Teil des Weltbildes. Menschenbild wie Weltbild sind immer in eine bestimmte Überzeugung oder Lehre eingebunden, die jemand vertritt.

Methode, die
ist ein themenspezifisches Analyse- und Lösungsmuster, das ein „richtiges" Ablaufverfahren im Kontext definiert. Die Methode ist aufgrund ihres Ablaufcharakters zeitlich messbar.

Methodik, die
bezeichnet die Gesamtheit wissenschaftlicher Methoden; den Gegensatz bildet intuitives und spontanes Handeln.

Mission, die
beschreibt Werte und Normen, die das Verhalten Einzelner, von Gruppen oder Teams in einem spezifischen Themenkontext leiten und nach spezifischem Verhalten und Handeln verlangen.

Modell, das
ist die komplexitätsreduzierende und abstrakte Darstellung von Wirklichkeit.

Moral, die
lat. mos = Sitte, bezeichnet die Gesamtheit normativer Regeln, Werte, Tugenden, Ziele und Zwecke, die für ein Individuum, eine soziale Gruppe oder Gemeinschaft oder die Menschheit überhaupt faktisch gelten oder gelten sollen (Kontext: Gesellschaft).

Motiv, das
ist ein unspezifischer Beweggrund für ein Verhalten.

Motivation, die
> Motivation in der Psychologie meint die Energiemenge, die für ein allgemeines und spezifisches Verhalten und Handeln in einem thematischen Kontext eingesetzt werden kann.

O

Orientierung, die
> meint die Bestandsaufnahme eigener Bedürfnisse.

P

Persönliche Kompetenz, die
> bedeutet in einem Kontext eigene Motive, Werte und Intelligenzen identifiziert zu haben und sich selbst in seinem Verhalten einschätzen zu können.

Perspektivwechsel, der
> ist die Einnahme der Sichtweise eines anderen im thematischen Kontext.

Perturbation, die
> lat. perturbare = durcheinanderwirbeln, verstören.

Potenzial, das
> ist das Ausmaß der Wirkungsmöglichkeit von (eigenen) Ressourcen, um in thematischen Kontextbereichen Handlungskompetenz zu entwickeln.

pragmatisch
> bedeutet, Aufgaben und Dinge praktisch und unkompliziert anzugehen.

Priming, das
> ist der initiale Deutungskontext, der die weitere Deutung beeinflusst.

Produktivität, die
> lässt den Zusammenhang von eingesetzten Ressourcen (Input) zum erstellten Ergebnis (Output) in einer definierten Zeiteinheit erkennen.

Prozess, der
> ist ein Ablauf, Verlauf oder eine Entwicklung. Prozesse können unterschiedlich definiert und in unterschiedlichen Kontexten als Wirkfaktoren eingesetzt werden.

R

Rat/Ratschlag, der
> Aufforderung/Angebot zu einem/für ein Verhalten, das der betreffenden Person Hilfe verspricht.

Reflexion, die
> ist ein philosophischer Begriff für ein prüfendes und vergleichendes Nachdenken. Pädagogischer Begriff für das Nachdenken über eine vergangene Lernsituation.

Ressource, die
> bedeutet natürliche Vorkommnisse und Mittel wie ...
> 1. ökologisch – z.b.: Luft, Wind, Wasser, Erde, Feuer, Leben oder alle Rohstoffe,
> 2. ökonomisch – z.B.: Arbeit, Boden, Umwelt, Kapital,
> 3. psychologisch – z.B.: Fähigkeiten, Charaktereigenschaften usw.,
> 4. soziologisch – z.B.: Bildung, Gesundheit, Prestige usw.,
> 5. kontextueller Bezug oder Mittel.
> Ressourcenarten werden durch vier Segmente im Kompetenzmodell gekennzeichnet.

Ressourcenverfügung, die
> ist der autonome (unbeeinflussbare) Zugriff auf Mittel zur Zielerreichung.

S

Selbstachtung, die
> auch der Eigenwert, der Selbstwert, das Selbstwertgefühl, das Selbstkonzept; psychologischer Begriff für den Eindruck oder die Bewertung, die man von sich selbst hat. Der Eindruck bezieht sich auf das äußere und das innere Bild mitsamt seiner Kompetenzen in jedem Kontext; Gegensatz ist die Fremdachtung.

Selbstbewertung, die
> bezeichnet die Fähigkeit, einen verfügbaren Maßstab zu nutzen und daraus selbstgesteuert Verhaltensänderungen abzuleiten.

Selbstführung, die
> Der Begriff Selbstführung bezieht sich auf die eigene Person in unterschiedlichen thematischen Kontexten. Selbstführung bezogen auf die eigene Person ist ein abgeleiteter Begriff von Führung.

Selbstorganisation, die
> ist die Fähigkeit, aus sich selbst heraus Lösungen und Strukturen mittels Ressourcen zu generieren.

Selbststeuerung, die
> meint, dass der Mit-Arbeiter in der Lage ist, Veränderungsanforderungen selbst zu erkennen und selbst zu realisieren.

Selbstwahrnehmungserweiterung, die
> ist die Fähigkeit, das eigene Selbstbild unter unterschiedlichen Kontextanforderungen zu deuten.

Selbstwirksamkeit, die
    beschreibt das Ausmaß eigenen Zutrauens bei der Verwendung eigener Ressourcen im konkret eigenen Handeln.

Sitte, die
    oder die Sitten sind die auf geschichtlicher Tradition, Brauch und Gewohnheit beruhenden, für eine kulturelle oder soziale Gemeinschaft faktisch als normativ geltenden Normen und Regeln, Werte und Tugenden, Ziele und Zwecke (in einem Kontext).

skalierende Frage, die
    ist eine Frageart mit der Absicht, emotionale Unterschiede wahrnehmbar zu machen.

sozio-kommunikative Kompetenz, die
    bedeutet, sich in einer Situation selbstgesteuert mit Motiven, Werten und Intelligenzen der eigenen Person und anderer Personen auseinander setzen zu können, um einen sozialen Kontext zu vereinbaren.

Strategie, die
    beschreibt eine optimale grundsätzliche Vorgehensweise in einem thematischen Wertekontext zur Zielerreichung.

System, das
    zusammengesetztes Ganzes aus mehreren Teilen.

systemische Führung, die
    berücksichtigt die komplexe Lebenswelt des Mit-Arbeiters in der Analyse des konkreten Kontextes durch den Mit-Arbeiter und seiner Führungskraft.

systemische Frage, die
    ist ein Sammelbegriff für Fragen im Coaching, die den systemischen Gedanken in der Reflexion anstoßen und beachten.

T

Team, das
    Eine Gruppe wird zu einem Team, wenn die Gruppenmitglieder durch einen verbindlichen Arbeitsablauf oder voneinander abhängigen Qualifikationen für ein definiertes Ergebnis gebunden sind.

Theorie, die
    ist ein Gedankenmodell zum Erklären von Erscheinungen oder zur Konstruktion neuer Welten.

Transfer, der
    Mit dem Begriff Transfer kann man viele Phänomene in der Pädagogik beschreiben. Eigentlich müsste er eine zentrale Rolle spielen.

Übersetzt man Transfer mit „Übertragen" (lat. transferre) von etwas, dann ist *Lehren* und *Unterrichten* im Wesentlichen nichts anderes als „übertragen" von vorhandenen Erkenntnissen durch ein Medium (Lehrer) auf Lernende (Schüler), also von Wissenden auf Nichtwissende, mit dem Ziel, den Zustand des Nichtwissens in einen Zustand des Wissens zu überführen. In der pädagogischen Literatur wird dieser Vorgang häufig undifferenziert als Lehr-/Lernprozess bezeichnet. Es ist ein Verdienst der Kybernetischen Pädagogik, diese Vorgänge strikt zu trennen, denn Lernen folgt eigenen Gesetzen. Wie die Praxis zeigt, wird nicht alles Gelehrte auch gelernt oder nicht so gelernt wie gelehrt. Nur im Idealfall wird das Ergebnis identisch sein.

In der Pädagogik werden mit dem Begriff Transfer „nur" jene Phänomene bezeichnet, die beim Lehren und Lernen eines Inhalts A auch Einfluss auf den Inhalt B haben.

Es muss also eine Beziehung zwischen beiden Lehrinhalten bestehen. Sie müssen entweder identisch (oder teilweise identisch) oder ähnlich sein. Überwiegend wird unter Transfer der Einfluss eines vorher gelehrten bzw. gelernten Inhalts auf den nachfolgenden Inhalt verstanden. Die Richtung des Transfers spielt eine wichtige Rolle, weil sachlogisch die Inhalte nicht einfach vertauscht gelehrt und gelernt (also B vor A) werden können.

In der Wirkung des Transfers wird vor allem zwischen einem positiven (förderlichen, erleichternden) und einem negativen (störenden, hemmenden, erschwerenden) Einfluss unterschieden.

Für die Pädagogik macht es vor allem Sinn, sich mit dem positiven Transfer, also dem das Lehren und Lernen befördernden Einfluss, auseinanderzusetzen.

Welche Transfertheorien gibt es?

In der Transferforschung hat es nicht an Versuchen gefehlt, das Transferphänomen theoretisch zu beschreiben und zu erklären und die Wirkungen zu prognostizieren.

Wichtige Transfertheorien sind u.a. die „Formalbildungstheorie", die „Theorie der identischen Elemente" (THORNDIKE et al. 1901), die „Generalisierungstheorie" (JUDD, 1908) und die „kybernetisch-pädagogische Transfertheorie" (FRANK, 1980; WELTNER, 1970).

Die „Formalbildungstheorie" war bis zur Jahrhundertwende „das Kleinod der Schulpädagogik" (FLAMMER, 1970). Man nahm an, dass „die Übung jeder *geistigen Fähigkeit* sich auf alle anderen auswirkt" (DORSCH, TRAXEL, 1963). Unterstellt wird dabei die Existenz eines „allgemeinen (und meistens sehr hohen) Transfers" (FLAMMER, 1970) und

die Förderung globaler Fähigkeiten wie z.b. logisches Denken oder
die „Ausbildung des Gedächtnisses und des Willens" (Lexikon der
Psychologie, 1972) und „die Mathematik und das Latein stehen vor-
zugsweise in dem Rufe" (ZIETZ, 1959), besonders formalbildend zu
sein. Diese Argumentation wird noch heute in den Schulen verwendet, obwohl derartige Wirkungen empirisch nicht bestätigt werden
konnten.
Dies widerlegte THORNDIKE (1901) und entwickelte eine „Theorie der
identischen Elemente" (THORNDIKE, WOODWORTH, 1901). Demnach
findet Transfer nur dann statt, wenn in beiden Inhalten gemeinsame,
genau identische Wahrnehmungs- und Verhaltenselemente vorhanden sind. Die Theorie wurde von CHARLES E. OSGOOD (1949) weiterentwickelt, der Transfereffekte vom Grad der Ähnlichkeit der Elemente in zwei Lernsituationen abhängig machte. Wie viele Kritiker sah
auch THORNDIKE selbst seine Theorie nicht als alleinige Erklärung für
Transfereffekte an, zumal er auch den Begriff „identische Elemente"
sehr großzügig interpretierte.
Zu diesen Kritikern gehört u.a JUDD (1908), der in seiner „Generalisierungstheorie" erklärt, dass es erst zu Transfereffekten kommt, wenn
es einer Persönlichkeit gelingt, durch Verallgemeinerung spezifische
Erfahrungen auch für verschiedene Situationen nutzbar zu machen.
Im Gegensatz zu diesen behavioristisch orientierten Erklärungsversu-
chen nutzt die „kybernetisch-pädagogische Transfertheorie" den in-
formationspsychologischen Modellansatz von HELMAR FRANK (1959),
der Transfereffekte über informationstheoretische Größen interpretiert
und definiert. Der positive Transfer eines Lehrstoffes A auf den Lehr-
stoff B kann sich auswirken auf eine höhere Kompetenz zu einem bestimmten Zeitpunkt beim Lernen des Lehrstoffs B, oder auf eine ver-
ringerte Lernzeit bei festgelegter Kompetenz. Positive Transferformen
sind der manifeste Transfer, der zu Lernerleichterungen durch Vorinformation von Inhalten führt und der latente Transfer, der solche Er-
leichterungen aufgrund von Vorinformation über das Funktionieren
von Strukturen bewirkt. Diese Theorie ermöglicht, über das Informati-
onsmaß auch quantitative Aussagen über Transferwirkungen zu machen.
Praktischer Nutzen für das Lehren und Lernen?
Den behavioristisch orientierten Theorien ist es nur bedingt gelungen,
die Transferwirkungen in einer allgemeinen Theorie zu beschreiben
und zu erklären. Dies liegt an der Vielzahl von Einflussfaktoren beim
Lehren und Lernen, sodass es selten oder nur ansatzweise gelingt,

eindeutig die Effekte empirisch den Ursachen zuzuordnen. Außerdem bewirkt eine objektive Ähnlichkeit von Lehrinhalten nicht immer ein solches Erkennen beim Lerner.

Trotzdem sind in der Praxis solche Wirkungen festzustellen. Nicht immer sind sie so eindeutig wie der Einfluss von mathematischen Inhalten auf Inhalte der Physik oder Chemie. Selbst beim Lernen der verwandten europäischen Sprachen bieten sich viele Transfermöglichkeiten.

Grundsätzlich kann Transfer bei vielen Lehrinhalten unterschiedlicher Komplexität eine Rolle spielen, die bei den Fakten beginnen und bei Regeln, Methoden, Verfahren und Verhaltensweisen enden. Es fehlt bisher eine Analyse und Beschreibung solcher Effekte, die im praktischen Einsatz eine sinnvolle Erleichterung des Lehrens und Lernens bewirken können.

Eine allgemein gültige Aussage und Beschreibung von Transfereffekten ist deshalb so schwierig, weil eine praktikable Definition der Ähnlichkeit von Inhalten fehlt und das Erkennen dieser Ähnlichkeiten auch noch vom internen Zustand des Lerners abhängt.

Tugend, die
Der Begriff der Tugend ist etymologisch abgeleitet vom Begriff der Tauglichkeit. Unter Tugend wird traditionell eine Charaktereigenschaft, eine habituelle Disposition verstanden, welche den Tugendhaften dazu disponiert, in tauglicher Weise wahrzunehmen, zu denken, zu fühlen und besonders sich zu verhalten und zu handeln, um ein bestimmtes normatives Ziel zu erreichen bzw. einen normativen Zweck zu erfüllen (Zweck des Kontextes oder Sinn).

V

Veränderung, die
ist der (Über-)Lebenswille und/oder das Bedürfnis nach dem Besseren.

Verantwortung, die
beschreibt die Pflicht, für die Folgen eigenen Handelns einzustehen.

Vision, die
ist ein Begriff für Erwartung einer maximalen Befriedigung der eigenen Bedürfnisse in einer unbestimmten Zukunft.

Volition, die
wird in der Psychologie als Wille definiert, der Absichten, Wünsche und Ziele durch definierte Handlungen in Resultate verwandelt.

Vorsatz, der
ist das Bedürfnis, einen Handlungsplan zu verwirklichen.

W

Wahrnehmung, die
ist die Deutung aufgenommener Reize.

Wahrnehmungserweiterung, die
beschreibt die Vorgehensweise, bekannte Ereignisse, Thematiken oder Erkenntnisse unter Berücksichtigung neuer Merkmale zu erkennen.

Werkzeug, das
ist eine funktionale Einzelmaßnahme.

Wert, der
bezeichnet die Orientierung für attraktives Verhalten.

Werteverzehr, der
ist der wertmäßige Einsatz von Ressourcen zur Erstellung von neuen Produkten, Gütern oder Dienstleistungen.

Wertschöpfung, die
beschreibt den vom Abnehmer akzeptierten höheren Geldwert einer generierten Dienstleistung oder generiertem Produkt im Gegensatz zu der Summe der Geldwerte der einzeln genutzten Ressourcen.

Wille, der
ist das unverhandelbare Bedürfnis, einen Handlungsplan zu verwirklichen.

Wirkungserwartung, die
bezeichnet das erhoffte Ergebnis eines Tuns oder einer Beeinflussung.

Wirksamkeit, die
bezieht sich in der Führung auf das Eintreten der Folgen der selbstgewählten Veränderung.

Wirkung, die
bezieht sich in der Führung auf die eingetretenen systemischen Folgen einer Denkleistung und/oder eines konkreten Vorgehens.

Wirkungserwartung, die
bezieht sich in der Führung auf die erwarteten systemischen Folgen einer Denkleistung und/oder eines konkreten Vorgehens.

Wirtschaftlichkeit, die
beschreibt die Differenz von (Geld-)Mittelverwendung zu (Geld-)Einnahmen/Erlösen.

Z

Ziel, das

meint die bewusst angestrebte Befriedigung der eigenen Bedürfnisse zu einem bestimmten Zeitpunkt.

zirkuläre Frage, die

ist eine Frageart mit der Absicht, einen Perspektivwechsel auszulösen.

8 Die Abstracts der zehn Fakten des Kontextes „Unternehmung"

8.1 Bedeutung der Abstracts für die Wahrnehmung der Führungsaufgaben

Führungsarbeit ist anspruchsvoll, komplex und wissensbasiert. Diese Vielfalt an Fähigkeiten und Fertigkeiten werden durch die Struktur des Kompetenzmodells angefordert, sortiert, geordnet und für situatives Handeln abrufbereit angeboten.

Führung bezieht sich immer auf die Wertschöpfung der Be- oder Erarbeitung einer Aufgabe oder eines Themas durch einen Menschen – ob Führungskraft oder Mitarbeiter.

Wer kompetent handelt, hat sich für diese Handlung entschieden. Die Entstehung von Entscheidungen, das Realisieren von Entscheidungen und die Verantwortung für die Folgen von Entscheidungen sollten einen bewussten und selbstorganisierten Prozess darstellen. Führungsarbeit ist immer systemisch, weil Führung unter den unterschiedlichsten Bedingungen, Einflüssen und Anforderungen erfolgt.

Das Systemische der Führung ist in der Handlungskompetenz der Führungskraft angelegt und erkennbar – weil unabdingbar.

Die nachfolgenden Wissensteile in Form von kompakten thematischen Inhalten (Abstracts) sollen jeder Führungskraft – also Ihnen als Leser des Buches – die Mindest-Wissensbereiche für Führungskompetenz offenlegen. Ohne die angemessene Anwendung der vielfältigen Wissensbereiche wird Führung nicht erfolgreich.

Die Abstracts sind wesentliche inhaltliche Orientierungen – sie ersetzen aber nicht Ausbildungen, Studiengänge, Weiter- und Fortbildungen in den einzelnen Wissensgebieten. Sie sind sozusagen die Spitze des Wissenseisberges oder das „Sahnehäubchen" des Wissens aus dem jeweiligen thematischen Bereich. Die Abstracts sollen Sie aber auch dazu animieren, über sich zu reflektieren, ob Sie genügend anwendungsorientiertes Wissen aus den Bereichen für kompetentes Führen haben.

Die Autoren der einzelnen Abstracts sind ausgewiesene Fachautoritäten. Die Inhalte sowie die Form der Abstracts liegen im Verantwortungsbereich der einzelnen Autorinnen/Autoren.

Unser Wissen von und über Führung ist im Wesentlichen aus dem Wissen und der werteorientierten Anwendung in der Kultur des Militärs vergangener Jahrhunderte und Generationen entstanden. Die Beeinflussung von Menschen, basierendauf diesen Zeitgeist-Werten, die eher oder ausschließlich dem Prinzip „Law and Order" dienten, und die Konstruktion der Organisation, die diesen Werten und Machbarkeitsvorstellungen dieser Zeiten, wie funktionale Linienhierarchie und Stab-Linienorganisation, gerecht wurden, sind vorbei.

Nach dem Zweiten Weltkrieg haben grundsätzliche gesellschaftliche Lernprozesse unser Wertesystem beeinflusst, die Globalisierung bestehende Lösungsmuster der Unternehmensführung erschüttert, die Bildungs- und demokratisch-legitimierten Individualisierungsstrategien Menschen als gleichberechtigt im Miteinander entwickelt.

Unser Wissen und die Fähigkeiten der Wissensanwendung im Kontext „Führung" stammen aber auch aus einer anderen wesentlichen Quelle der Neuzeit: „Führung im Mitarbeiterverhältnis mit Delegation von Verantwortung" (Harzburger Modell). Die Hoch-Zeit der Akademie für Führungskräfte der Wirtschaft, Bad Harzburg war in den Jahren 1965 bis 1975. Kaum ein Vorstand, Geschäftsführer, maßgebliche und unmaßgebliche Führungskraft aus Dax-Unternehmen, größeren und kleineren Kapital- oder Familienunternehmen versäumte als Seminarist die Inhalte der Führung im Mitarbeiterverhältnis.

Die Kultur der „Inneren Führung" in der Bundeswehr als Hinwendung zu einer demokratischen Bürgerwehr hat starke Anleihen an den Vorstellungen von „Führung im Mitarbeiterverhältnis" übernommen bzw. sich davon inspirieren lassen.

Die Zeit des Verständnisses und der Akzeptanz der Führung im Mitarbeiterverhältnis (Harzburger Modell) ist vergangen. Neues hat sich auch aus Altem als zeitgerechte Weiterentwicklung von Führungsverständnis und Führungsverhalten durch neues Wissen und neue Anforderungen an Führung entwickelt.

Der Artikel Führung im Mitarbeiterverhältnis (S.317) von LUTZ ARMBRUST spiegelt das Führungsverständnis – zelebriert in Frontalseminaren – der Führung im Mitarbeiterverhältnis mit Delegation in der damaligen Zeit wider. Er war wie ich zu der damaligen Hoch-Zeit des Harzburger Modells Dozent (für Menschenführung und Betriebsorganisation) der Akademie.

Der Artikel bietet manch Bekanntes, aber auch einiges Überkommene. Der Artikel kann Ihnen aber helfen zu verstehen, in welcher Entwicklung von Führungsverständnis wir in der Gegenwart stehen und möglicherweise auch die auf uns zukommenden Veränderungen an Führungskompetenz zu erkennen.

Früher war nicht alles falsch – wir stehen in der sich weiterentwickelten Tradition.

Reflexionsaufgabe
> Was möchten Sie sich selbst aus diesen drei Seiten als Reflexionsaufgabe stellen?

Wie formulieren Sie Ihr Reflexionsergebnis?

Welche Folgen wird Ihr Reflexionsergebnis für Ihre Führung haben?

8.2 Wissen und Können begründen Führung
von Anette Hoxtell, M.A., Dipl.Betr.

> *Zu wissen, was man weiß, und zu wissen, was man tut, das ist Wissen.*
>
> *(Konfuzius)*

Es gibt keinen verbindlichen Wissenskanon für Führungskräfte. Dennoch brauchen sie ein solides Grundwissen, um vor sich selbst und den Ansprüchen ihrer Umwelt zu bestehen. Diesem Widerspruch aus gefordertem, jedoch nicht näher definiertem Wissen können Führungskräfte begegnen: Sie legen selbst fest, was sie wissen müssen, um fundierte Entscheidungen zu treffen und souverän aufzutreten.

Ich stelle in diesem Beitrag verschiedene Wissensbereiche vor, aus denen Führungskräfte ihren eigenen Wissenskanon zusammenstellen können. Warum aber ist dieser notwendig? Erstens sind Führungskräfte Vorbilder: Wenn sie Wissen und Können erwarten, müssen sie Wissen und Können vorleben. Zweitens wollen diese Vorbilder als Autorität geachtet werden. Diese Autorität müssen sie durch Wissen untermauern. Drittens und letztens tragen Führungskräfte Verantwortung: Sie brauchen Wissen, um die Folgen ihres Handelns abzuschätzen und Fehler gegebenenfalls schnell zu entdecken und zu korrigieren.

Was Wissen ist

Bevor ich näher auf diese drei Argumente für das Wissen eingehe, möchte ich klären, was Wissen eigentlich ist und welches Wissen Führungskräfte benötigen. Was also ist Wissen? Darauf gibt es keine eindeutige Antwort, sondern viele Diskussionen sowohl in der Wissenschaft als auch in der Wirtschaft. 2003 titelten die BWL-Professoren SCHREYÖGG und GEIGER „Wenn alles Wissen ist, ist Wissen am Ende nichts?!" (SCHREYÖGG & GEIGER, 2003) und holten damit einen in den Geisteswissenschaften lang anhaltenden, hitzigen Diskurs in die Betriebswirtschaftslehre. „Mitnichten", möchte ich antworten, „Wissen ist alles und das wird auch so bleiben." Auf das Weshalb komme ich später zurück. Für den praktischen Gebrauch im Beruf teile ich den Wissensbegriff in explizites und implizites Wissen auf.

Explizites Wissen kann in Worte gefasst und wiedergegeben werden (FROST, 2014). Faktenwissen wie mathematische Formeln oder grammatische Regeln sind beispielsweise solch explizites Wissen. Implizites Wissen – oder „tacit knowledge" wie der Begründer des Begriffs, MICHAEL POLANYI, es nennt – ist verborgen und kann nicht direkt artikuliert werden (POLANYI, 1985): Jemand kann Rad fahren. Wie genau er das macht und welche Gesetzmäßigkeiten dem zugrunde liegen, vermag er jedoch nicht zu sagen. Können kennzeichnet implizites Wissen.

Explizites und implizites Wissen sind beide wichtig und schließen sich nicht aus. Vor allem im beruflichen Kontext ist explizites oft der Vorläufer impliziten Wissens. Ich habe Englisch explizit in der Schule gelernt. Durch die vielmalige Anwendung geht es in meinen impliziten Erfahrungsschatz über. Ich kenne nicht nur Grammatik und Vokabeln, ich bin auch in der Lage, Verhandlungen auf Englisch zu führen. Diese Umwandlung von explizitem in implizites Wissen geschieht in Problemsituationen: Indem sich Personen einem Problem stellen, wandeln sie ihr Wissen in praktisches Können um (GRUBER, 1999).

Andersherum geht das auch: Implizites kann in explizites Wissen umgewandelt werden. Ein Choleriker will verstanden werden. Das wird er nicht. Er wird wütend und brüllt. Die Reaktion: Sein Gegenüber brüllt zurück, wendet sich ab oder fängt an zu weinen. Das Ergebnis: Das Gegenüber hat verstanden, dass der Choleriker wütend ist, die Inhalte hat es nicht verstanden und will sie vermutlich auch nicht mehr verstehen. Implizit weiß der Choleriker, dass er sich nach dem Brüllen besser fühlt. Er weiß aber auch, dass er inhaltlich nicht gehört wurde. Explizit wird dieses implizite Wissen, wenn der Choleriker die Situation reflektiert und Handlung sowie Wirkungsweise benennt, idealerweise alternative Handlungsoptionen ersinnt.

Der hohe Anspruch an Führungskräfte lautet, implizites mit explizitem Wissen zu verquicken: das Gekonnte erklären und das Erklärbare praktisch umsetzen. Führungskräfte sollen ihr Wissen weitergeben – implizit als Vorbild und explizit als Ausbilder. Das heißt, Führungskräfte müssen ihr Wissen vorleben und erklären können.

Ich fasse zusammen: Wissen kann explizit und implizit sein. Idealerweise greifen Führungskräfte auf beide Wissensarten zurück. Wie allerdings eignen sich Führungskräfte Wissen an? Und woran lässt sich das Wissen von Führungskräften von dem weniger Berufserfahrener unterscheiden?

Woher Wissen kommt und was es bewirkt

Um Wissen zu erlangen, braucht es nicht nur kognitive Fähigkeiten, also das, was verkürzt oft als Intelligenz bezeichnet wird: Eine (angehende) Führungskraft muss motiviert, emotional und sozial bereit sein, sich auf Erfahrungen einzulassen, in denen sie für Führungskräfte relevantes Wissen sammelt (GRUBER, 1999). Da die Führungskraft nicht vorhersehen kann, welche Erfahrungen ihr Wissen anwachsen lassen, muss sie offen sein für Neues und potenziell jedes Erlebnis im Vorfeld als bereichernd zulassen.

Ein Großteil des beruflichen Wissens hängt mit dem eigenen Erleben zusammen. Wissen kann nicht ausschließlich gebündelt und organisiert vermittelt und aufgenommen werden, sondern ergibt sich aus der Situation, aus der individuellen Erfahrung. Nichtsdestotrotz gibt es faktische Grundlagen: eine gute Allgemein- und Schulbildung, eine Berufsausbildung und/oder ein Studium sowie Sozial- und Selbstkompetenzen. Diese Grundlagen stellen den Nährboden dar, auf dem die Erfahrungen wachsen und sinnbringend weiterverarbeitet werden.

Wie macht sich Wissen bemerkbar? Die Erwartung an eine Führungskraft ist, dass sie Expertin ist auf ihrem Gebiet. Bezogen auf das Wissen unterscheidet sich ein Experte von einem Anfänger dadurch, dass er große Informationsmengen in kurzer Zeit aufnehmen kann und Probleme anders kategorisiert (GRUBER, 1999).

Irrig wäre die Annahme, dass Experten – und somit Führungskräfte – weniger Fehler machen als Anfänger – also Berufseinsteiger und sonstige Angestellte. Die Forschung legt zumindest bei der Computernutzung nahe, dass Experten genauso viele Fehler machen wie Novizen, diese allerdings schneller erkennen und korrigieren (PRÜMPER et al., 1992).

Was Führungskräfte wissen

Es gibt nicht den einen Weg, Führungskraft zu werden. Genauso wenig gibt es den einen Wissenskanon für Führungskräfte. Den bestimmt jede

Führungskraft für sich selbst. Dabei sollte sie sich aus verschiedenen Bereichen bedienen. Als Richtschnur und Anhaltspunkt dafür, aus welchen Bereichen der eigene Wissenskanon zusammengestellt werden kann, können die Inhalte eines MBA-Studiums dienen, so wie sie in den MBA-Richtlinien von EQUAL, dem Europäischen Verband nationaler Akkreditierungsorganisationen, dargestellt sind. Der Master of Business Administration (MBA) ist ein Aufbaustudium zum Thema Unternehmensführung und die Richtlinien sehen vor:

Faktenwissen aus der Betriebswirtschaftslehre wie Buchhaltung, Finanzierung, Controlling, Marketing und Vertrieb, Informationssysteme, Recht und Personal sowie Grundlagen der Volkswirtschaftslehre und des quantitativen Berichtwesens, Kompetenzentwicklung bezogen auf Entscheidungen, Teamarbeit, Führung, Unternehmertum, Verhandlungen, Kommunikation und Präsentationen (EFMD, 2004).

Das vermittelte Faktenwissen ist erst einmal explizit. Gute MBA-Programme arbeiten mit Fallstudien und stellen Bezüge zur betrieblichen Praxis der Teilnehmer und Teilnehmerinnen her. Somit schaffen sie einen Übergang, um dieses explizite Wissen in Zukunft implizit anwenden zu können. Die Kompetenzentwicklung zielt auf implizites Wissen, dessen Funktion und Wirkung explizit erklärt und durch Übungen verfeinert und ausgebaut wird.

Da das MBA-Studium eine Zusatzausbildung für Führungskräfte darstellt, sind Wissen und Können im eigenen Praxiskontext Grundvoraussetzung. Dazu gehören:

- Wissen und Können im eigenen Beruf,
- Wissen über das eigene Unternehmen und
- Wissen über die eigene Branche und den Wettbewerb.

All diese Punkte vereinen explizites und implizites Wissen.

Ich fasse zusammen:

> Führungskräfte erlangen ihren Expertenstatus, indem sie sich bewusst Problemen stellen und daraus lernen. Von weniger Berufserfahrenen unterscheidet sie, dass sie mehr Informationen aufneh-

men, Probleme anders einordnen und Fehler schneller erkennen und beheben. Führungskräfte sollen Wissen über ihren Beruf, ihr Unternehmen und sein Umfeld mitbringen sowie betriebswirtschaftliche Kenntnisse und Führungskompetenzen. Warum aber brauchen Führungskräfte dieses Wissen?

Führungskräfte sind Vorbilder

Führungskräfte erwarten Können und Wissen von ihren Angestellten, deshalb müssen sie dieses Können und Wissen vorleben und zusätzlich einschätzen, wie sie das Können und Wissen ihrer Angestellten zu bewerten haben. „Leading by example" oder „Führung durch Vorbild" lautet die Zauberformel. Mit gutem Beispiel voranzugehen (HERMALIN, 1998) und selbst durch Können und Wissen zu glänzen, beschreibt den Pfad für die Angestellten.

Eine Führungskraft kann Aufgaben delegieren. Folglich muss sie nicht in allen Gebieten über das größte Wissen verfügen, sondern kann Fachleute einstellen, die für diese Gebiete zuständig sind und an die Führungskraft berichten. Dafür braucht die Führungskraft Menschenkenntnis. Nur durch andere Menschen kommt sie in ihre Führungsposition und nur durch andere Menschen bleibt sie dort. Die Führungskraft muss einschätzen, ob ihre Angestellten fachlich versiert, vertrauenswürdig und loyal sind.

Sehr gut lässt sich der Aspekt Menschenkenntnis anhand von Ministern und Ministerinnen verdeutlichen, ihres Zeichens Führungspersonen. Bevor sie in ihre Position kommen, müssen sie Netzwerke aufbauen und Befürworter innerhalb der eigenen Partei finden. Haben sie es geschafft, bekommen sie nach der Wahl ein Ressort zugewiesen. Das muss nicht das Ressort sein, in dem sie besonders versiert sind oder für das sie sich besonders interessieren. Deshalb brauchen sie einen Mitarbeiterstab, der ihnen zuarbeitet, auf den sie sich verlassen können, der ihnen loyal gegenübersteht. Sie selbst, die Ministerinnen und Minister, müssen in der Lage sein, sich anhand der ihnen zur Verfügung gestellten Informationen schnell in ihr neues Ressort einzuarbeiten. Damit ihnen das gelingt, müssen sie wissen wollen. Sie müssen die richtigen Fragen stellen, bei Unklarheiten nachhaken, sich erkundigen, woher die Informationen stammen, die man ihnen vorlegt, sich selbst fragen, wer welche Interessen vertritt und wie sich das auf die Informationen, die man ihnen vorlegt, auswirkt und gegebenenfalls verlangen, dass Sachverhalte von einer anderen Seite aus beleuchtet werden.

Wichtig ist, dass sie ihren eigenen Standpunkt haben, eine Agenda, für die sie stehen, etwas, das sie in ihrem Ressort bewegen wollen nicht nur in den nächsten Wochen, sondern etwas, das sich in einen strategischen Plan einordnet, der über Jahre, möglicherweise Jahrzehnte wirkt. Das gilt für Führungskräfte in der Wirtschaft genauso wie für Minister und Ministerinnen: Sie sollen für und hinter etwas stehen. Und dieses Etwas hat sich in einen größeren Kontext einzuordnen. Die Minister und Ministerinnen bewegen sich immer im Spannungsverhältnis der Parteidisziplin. Sie müssen wissen, wofür ihre Partei steht. So ähnlich ist in der Wirtschaft auch: Die Führungskraft muss wissen, wofür das Unternehmen steht und zu seinem Wohl handeln. Dabei kann sie eigene Akzente setzen, neue Initiativen anstoßen, auch Veränderungen herbeiführen, aber nur, so lange es dem Wohl des Unternehmens und aller daran Beteiligten dient.

Führungskräfte handeln im Sinne ihres Unternehmens und es ist auch das Unternehmen und die damit verbundene Umwelt, die vorgibt, was eine Führungskraft wissen muss. Führungskräfte müssen Könner sein und dazu werden sie, indem sie in ihre Praxisgemeinschaft hereinwachsen. Die Praxisgemeinschaft bestimmt also im weitesten Sinne den Lehrplan (LAVE & WENGER, 1991). Besonders eindrücklich belegt das die betriebliche Ausbildung. In den Ausbildungsordnungen und noch genauer in den Ausbildungsrahmenplänen ist genau festgelegt, was Auszubildende wann zu lernen haben. Angehende Bäckerinnen und Bäcker lernen unter anderem im ersten Lehrjahr, Maschinen zu bedienen und zu pflegen und im letzten Lehrjahr, Lebkuchen herzustellen (IHK Frankfurt).

Bereits im 12. Jahrhundert legten Zünfte die Inhalte von Berufen fest (REUTER-KUMPMANN & WOLLSCHLÄGER, 2004). Darüber hinaus machten sie beispielsweise Vorgaben zur Preisgestaltung und Kleidung der Zunftmitglieder und regelten alle wichtigen Lebensbelange in einer mittelalterlichen Ständegesellschaft. Zunftmeister waren über Jahre in ihre Zünfte hineingewachsen, bestimmten das Geschehen darin mit und dienten den jüngeren Zunftmitgliedern als Vorbild. Zünfte sind sozusagen die Vorläufer heutiger betrieblicher Praxisgemeinschaften. Anstelle der Zunftmeister gibt es Führungskräfte, die sich in der betrieblichen Praxis bewährt haben, diese mitgestalten und Vorbildfunktion für ihre Angestellten einnehmen.

Führungskräfte haben Autorität

Damit ihre Autorität nicht nur faktisch aufgrund der übergeordneten Beziehungsposition sondern freiwillig anerkannt wird, bedarf es Wissens und Könnens – impliziten und expliziten Wissens. Wissen Angestellte, dass eine Führungskraft einen großen Erfahrungsschatz hat und fundierte Entscheidungen trifft, werden sie ihre Autorität freiwillig anerkennen. Und diese Führungskraft wird aufgrund ihres Wissens eine natürliche Autorität ausstrahlen, denn sie ist sich ihrer Sache gewiss und weiß, dass sie Probleme meistern kann.

Wir leben in einer Wissensgesellschaft. Qualifikationen sind Voraussetzungen beruflichen Handelns und in den letzten Jahrzehnten hat sich ein Trend ausgebreitet hin zu immer höheren Bildungsabschlüssen. Waren früher auch in mittleren und größeren Betrieben Karrieren nach dem Motto „vom Lehrling zum Meister" möglich, ist das heute abgesehen vom Handwerk kaum mehr der Fall. Qualifikationen – allen voran Studienabschlüsse – gelten als Eingangsvoraussetzung für Führungspositionen. Die Wahrscheinlichkeit ist hoch, auf formal gleichwertig oder höher qualifizierte Angestellte zu stoßen. Diese wollen wissen, warum etwas so und nicht anders gemacht wird, diese stellen infrage und wollen mitbestimmen und diese stellen auch die Führungskraft infrage, wenn etwas nicht läuft. Da reicht kein: „Das haben wir schon immer so gemacht." Diesen kritischen und wissbegierigen Angestellten gegenüber muss implizites Wissen explizit erklärt und begründet werden.

Führungskräfte von heute und morgen begründen ihre Autorität nicht durch Schreckensherrschaft, sondern durch ihren Vorbildcharakter. Zu diesem Vorbild gehören auch Umgangsformen, so wie sie in der betrieblichen Praxisgemeinschaft angemessen und angenehm sind. Die Chefin eines Speditionsunternehmens darf sich weniger förmlich verhalten als der Servicechef eines Sternerestaurants. Besonders in menschennahen Berufen gehört der professionelle und freundliche Umgang zum Standardwissen, das für den Beruf notwendig ist. Leider hapert es daran manchmal. Ich denke da an die Chefärztin, die neben dem Krankenhausbett über den Kopf des Patienten hinweg in der dritten Person über ihn spricht, die Rede mit unverständlichen lateinischen Fachausdrücken spickt, ein Heer von Studierenden mitschleppt und den Raum genauso grußlos verlässt, wie sie ihn betreten hat. Diese Chefärztin mag über ein hervorragendes

Fachwissen verfügen und nach den Regeln ihrer beruflichen Praxisgemeinschaft korrekt gehandelt haben, die sozialen Auswirkungen ihres Handelns, das, was es mit dem Patienten macht, ihn zum unmündigen Objekt zu degradieren, hat sie nicht bedacht.

Führungskräfte tragen Verantwortung

Führungskräfte tragen Verantwortung für das Unternehmen, die Gesellschaft und die Umwelt. Deshalb brauchen sie Wissen um ihr Handeln und ein ethisches Grundverständnis. Es sollte selbstverständlich sein, dass sich eine Führungskraft im Vorfeld überlegt, welche Auswirkungen ihr Handeln auf Mensch und Umwelt hat und ob sie diese Auswirkungen ethisch verantworten kann. Schließlich trägt sie Verantwortung und dient in ihrem Tun anderen als Vorbild.

Bei Projekten, die eine sehr lange Laufzeit haben und bei denen es lange dauert, bis sie sich amortisieren, ist es üblich, verschiedenste Auswirkungen im Vorfeld zu durchdenken, beispielsweise beim Bau eines Laufwasserkraftwerks. Das läuft für die nächsten achtzig bis hundert Jahre und amortisiert sich erst nach etwa vierzig Jahren. Es stellen sich die ökonomischen Fragen: Existiert das Unternehmen in hundert Jahren noch? Wie sieht der Strommarkt dann aus? Werden regenerative Energien dann noch gefragt? Ökologisch: Hat der Fluss in vierzig Jahren noch genug Wasser? Werden ökologische Belange ausreichend bei der Planung berücksichtigt oder können Umweltschützer das Werk aufgrund von Mängeln in einigen Jahren still legen lassen? Sozial: Wie verhält es sich mit den Anwohnern? Leben in Zukunft ausreichend Abnehmer in der Gegend? Werden diese durch das Werk nicht gestört?

Bei einem Großprojekt wie dem Wasserkraftwerk werden Meinungen vieler Interessengruppen von außen an das Unternehmen herangetragen. Das macht es Führungskräften leicht, externes Wissen über die Wirkung ihres geplanten Vorhabens zusammenzutragen und dieses mit ihrem eigenen internen Wissen abzugleichen. Doch wie kommen sie zu einer Entscheidung? Wie verhält sich eine gute Führungskraft, wenn fremde und eigene Wünsche kollidieren? Oder wenn sie eine Entscheidung im Vorfeld nicht publik machen kann und allein auf ihr eigenes Urteil angewiesen ist?

Zusätzlich zum Faktenwissen braucht es eine innere ethische Wertein-stanz. Die Führungskraft braucht zusätzlich zu den oben genannten Wis-sensarten ein Gewissen oder ein Wissen um ethische Handlungsprinzipi-en, die sie anwendet. Um systematisch zu beurteilen, was sie mit ihrem Handeln hervorruft, kann sie sich an den drei Säulen der Nachhaltigkeit orientieren: Ökonomie, Ökologie und Gesellschaft (BARTOL & HERKOMMER, 2004).

Ökonomische Aspekte können Führungskräfte aufgrund ihrer wirtschaftli-chen Grundbildung vermutlich oft selbst einschätzen: Es geht mindestens darum, den finanziellen Fortbestand des Unternehmens zu sichern. Die sozialen und ökologischen Folgen einer Handlung abzuschätzen, ist be-deutend schwieriger. Als Richtschnur für soziale Belange kann beispiels-weise IMMANUEL KANTS Kategorischer Imperativ dienen: Die Führungskraft soll nur so handeln, wie sie will, dass immer gehandelt wird, ohne dass die Rechte anderer Menschen verletzt werden (KANT, 1785 und 1999). Ökologische Belange können mit HANS JONAS' Prinzip Verantwortung, „Handle so, daß [sic] die Wirkungen deiner Handlungen verträglich sind mit der Permanenz echten menschlichen Lebens auf Erden (JONAS, 1979)", entschieden werden.

Ich fasse zusammen: Wer in einer beruflichen Praxisgemeinschaft beste-hen will, muss neben der beruflichen Qualifikation und dem damit ein-hergehenden Faktenwissen praxisübliche Verhaltensweisen und Formen beherrschen. Bei Entscheidungen sind sowohl das Wohl des Unterneh-mens als auch ökonomische, ökologische und soziale Auswirkungen zu berücksichtigen. Ethische Abwägungen helfen bei der Entscheidungsfin-dung.

Fazit

Führungskräfte brauchen ein breit gefächertes und belastbares Wissen, um ihre Rolle auszufüllen und in ihr anerkannt zu werden. Dazu gehören explizite und implizite Wissensinhalte: Idealerweise kann die Führungs-kraft etwas sowohl erklären als auch in der Praxis anwenden. Ein Großteil des Wissenskanons wird durch die berufliche Umwelt oder Praxisgemein-schaft festgelegt, doch bleibt gerade in Führungspositionen Raum für die individuelle Wissensgestaltung.

Wissenszuwachs setzt voraus, Neuem gegenüber offen zu sein und daran wachsen zu wollen. Diese Offenheit vorausgesetzt, kann sich ein individueller Wissenskanon aus folgenden Teilen zusammensetzen:

- Berufliche Qualifikation
- Unternehmens- und Branchenkenntnis
- Wirtschaftswissenschaftliche Grundlagen
- Soziale, Selbst- und Führungskompetenzen
- Menschenkenntnis
- Ethisches Grundverständnis

Über die individuelle Zusammensetzung ihres Wissenskanons entscheidet die Führungskraft selbst – immer auch in Abwägung der betrieblichen Umwelt. Wie sehen die Wissenskonstrukte der Führungskräfte aus? Haben sie diese bewusst geschaffen?

Literatur

EFMD (2004): *European MBA Guidelines©*, Aufgerufen unter: http://www.fibaa.org/uploads/media/European-MBA-Guidelines_36.pdf.

FROST, J.: *Gabler Wirtschaftslexikon, Stichwort Wissensmanagement*. Gabler Wirtschaftslexikon. Aufgerufen unter: http://wirtschaftslexikon.gabler.de/Archiv/55427/wissensmanagementv8.html.

GRUBER, H. (1999): *Erfahrung als Grundlage kompetenten Handelns*, Verlag Hans Huber, Bern, Seattle.

HERMALIN, B.E. (1998): *Toward an Economic Theory of Leadership*: Leading by Example, The American Economic Review, 88(5), S.1188-1206. Aufgerufen unter: http://www.jstor.org/stable/116866.

INDUSTRIE- UND HANDELSKAMMER FRANKFURT A.M.: *Ausbildungsrahmenplan für die Berufsausbildung zum Bäcker/zur Bäckerin*. Aufgerufen unter: http://www.frankfurt-main.ihk.de/pdf/berufsbildung/ausbildung/ausbildungsrahmenplan/Baecker_Ausbildungsrahmenplan.pdf.

JONAS, H. (1979): *Das Prinzip Verantwortung: Versuch einer Ethik für die technologische Zivilisation*, Suhrkamp, Frankfurt a.M.

KANT, I. (1999): Grundlegung zur Metaphysik der Sitten, Meiner, Hamburg:

LAVE, J. & WENGER, E. (1991): *Situated learning: legitimate peripheral participation*, Cambridge [England], Cambridge University Press, New York

POLANYI, M.)2009): *The tacit dimension*, University of Chicago Press, Chicago, London

PRÜMPER, J. ET AL. (1992): *Some surprising differences between novice and expert errors in computerized office work*, Behaviour & Information Technology, 11(6), S.319-328. Aufgerufen unter: http://people.f3.htw-berlin.de/Professoren/Pruemper/publikation/1992/Pruemper_Zapf_Brodbeck_Frese%281992%29.pdf.

REUTER-KUMPMANN, H. & WOLLSCHLÄGER, N. (2004): *Von der Divergenz zur Konvergenz – Zur Geschichte der Berufsbildung in Europa*, Europäische Zeitschrift Berufsbildung, 32(2), S.6-17. Aufgerufen unter: http://www.cedefop.europa.eu/en/Files/32-DE.PDF

SCHREYÖGG, G. & GEIGER, D. (2003): *Wenn alles Wissen ist, ist Wissen am Ende nichts?! – Vorschläge zur Neuorientierung des Wissensmanagements*, Die Betriebswirtschaft, 63(1), S.7-22. Aufgerufen unter: https://ai.wu.ac.at/~kaiser/birgit/Nonaka-Papers-Alfred/Schreyoegg-Geiger-2003-DBW.PDF.

Wissenschaftliche Dienste des Deutschen Bundestages, Bartol, A. & Herkommer, E. (2006): *Nachhaltigkeit – der aktuelle Begriff*, Deutscher Bundestag. Aufgerufen unter: http://webarchiv.bundestag.de/archive/2008/0506/wissen/analysen/2004/2004_04_06.pdf, Berlin

Reflexionsaufgaben zum gelesenen Thema
„Wissen und Können begründen Führung"

1. Welchen Teil des Artikels fanden Sie besonders interessant und warum?
2. Welchen Teil des Artikels glauben Sie nicht verstanden zu haben – wen sprechen Sie an, um Ihnen beim Verstehen des Textteils zu helfen?
3. Mit welcher der fünf Führungsbedingungen hat der Textinhalt, nach Ihrer Überzeugung, besondere Berührungspunkte – und warum?
4. Mit welchen zwei der acht Grundeinsichten der Führung können Sie den Text im Besonderen verbinden – und warum?
5. Bei welchen der 14 Führugsaufgaben müssen Sie Ihr Wissen aus diesem Text auf jeden Fall in der Anwendung als Beeinflussungsimpuls bei Mit-Arbeitern berücksichtigen – und warum?
6. Welches konkrete Potenzial des Textes oder einiger Inhalte des Textes erkennen Sie für Ihre Wertschöpfung als Führungskraft durch die generelle Wahrnehmung der 14 Führungsaufgaben – und warum?
7. Wenn Sie das Thema Ihrem Mit-Arbeiter vermitteln wollen, wie werden Sie die Inhalte aufbereiten nach den Grundsätzen: Vom Bekannten zum Unbekannten, vom Einfachen zum Schwierigen, vom Allgemeinen zum Speziellen und vom Konkreten zum Abstrakten?
8. In der Vermittlung des Themas an den Mit-Arbeiter, was soll er faktisch kennen und behalten? In welchen seiner Aufgabensituationen soll er das neue Faktenwissen anwenden? Wie kann er die Anwendung des neuen Faktenwissens in diesen Situationen ganzheitlich (systemisch) reflektieren?
9. In welchen seiner anderen oder zukünftigen Arbeitssituationen erkennt der Mit-Arbeiter die Möglichkeit, sein Faktenwissen einzusetzen?

8.3 Rechtsformen und Arbeitsrecht
von RA Prof. Dr. iur. Michael Fuhlrott

Rechtliche Implikationen

Der Handlungsrahmen für Unternehmen wird durch die geltenden Geset-ze und rechtlichen Vorgaben abgesteckt. Dies gilt etwa für Firmierung, Organisation und Binnenstruktur der Unternehmung aufgrund gesell-schaftsrechtlicher Anforderungen, umfasst steuerrechtliche Aspekte und betrifft insbesondere das Arbeitsrecht. Hier gibt es eine besondere Rege-lungsdichte, die nicht nur den Umgang mit und die Führung von Mitar-beitern betrifft, sondern gleichermaßen die Zusammenarbeit mit Arbeit-nehmervertretungen wie Betriebsräten ebenso wie mit Aufsichtsbehörden reglementiert. Die Einhaltung der rechtlichen Vorgaben ist bedeutsam: Verstöße hiergegen können zur Unwirksamkeit einer Maßnahme wie ei-ner Kündigung führen, Schadensersatz- oder Unterlassungsansprüche be-gründen und in bestimmten Fällen zudem eine Ordnungswidrigkeit oder sogar Straftat darstellen. Über die wichtigsten arbeitsrechtlichen Rahmen-bedingungen gibt das nachfolgende Abstract – ohne Anspruch auf Voll-ständigkeit zu erheben – einen exemplarischen, holzschnittartigen Über-blick. Hierbei wird bewusst kein Fokus auf aktuelle arbeitsrechtliche Rechtsprechung und Einzelfallentscheidungen gelegt, sondern es soll viel-mehr durch Darstellung der dem Arbeitsrecht innewohnenden generellen Wertungen und Grundgedanken ein grundlegendes rechtliches Problem-bewusstsein geschaffen werden.

A. Arbeitsrechtliche Implikationen

Das Arbeitsrecht ist Arbeitnehmerschutzrecht. Es dient dem und bezweckt den Schutz des Arbeitnehmers. Mit diesem Auslegungstopos im Hinter-kopf ist das gesamte Arbeitsrecht zu betrachten.

1. Ursprünge und Zweck des Arbeitsrechts

Das Arbeitsrecht hat seinen Ursprung Mitte / Ende des 19. Jahrhunderts: Infolge von Bevölkerungswachstum und Flucht der Landbevölkerung in die Städte gab es dort ein Überangebot von Arbeitskräften. Erste Fabriken entstanden als Folge der fortschreitenden Industrialisierung und gingen einher mit einem Niedergang des klassischen Handwerks mit eher patriarchisch-familiär geprägten Strukturen, in der der einzelne Arbeitnehmer eine gewisse Grundabsicherung erfuhr. Das Überangebot an Fabrikarbeitern führte zu niedrigen, nicht das Existenzminimum sichernden Löhnen und zu einer sozialen Schieflage. Eine Absicherung oder Schutz der Arbeiter bei Krankheit, Verletzungen oder sonstigen Unglücksfällen existierte nicht. Ein Ausfall der Erwerbskraft und damit des Einkommens etwa infolge eines Arbeitsunfalls führte oftmals zur sozialen Verelendung des einzelnen Arbeiters und seiner ganzen Familie.

Entstehung des Arbeitsrechts: Von Bismarck nach Brüssel
Um der ob dieser Zustände aufbegehrenden Arbeiterschaft den Wind aus den Segeln zu nehmen und so auch dem Erstarken der Sozialdemokratie entgegenzuwirken, wurden 1883 Kranken- und 1884 Unfallversicherung geschaffen, in der alle Arbeiter zwangsversichert waren. Diese bismarckischen Sozialreformen bilden damit den Ausgangspunkt des deutschen Arbeitsrechts, das sich bis heute stets weiter fortentwickelt: Nach Einschränkungen des Kündigungsrechts durch das Kündigungsschutzgesetz, Einführung des Streikrechts durch das Grundgesetz oder Einführung des Mitbestimmungssystems der Betriebsverfassung sind auch noch in den letzten Jahren weitere Gesetze wie z.B. der durch das Allgemeine Gleichbehandlungsgesetz vermittelte Diskriminierungsschutz oder die geplante Neufassung des Beschäftigtendatenschutzes in Kraft getreten. Hierbei fußt ein Großteil der arbeitsrechtlichen Schutzgesetze zwischenzeitlich nicht mehr originär auf nationalrechtlichen Vorgaben, sondern erweist sich als Umsetzung europäischer Richtlinien – wie z.B. die Regelungen im Teilzeit- und Befristungsgesetz, das Vorgaben an Befristungen von Arbeitsverträgen macht und einen Rechtsanspruch auf Teilzeitarbeit gibt.

Arbeitnehmerschutz: Vom Schutz des faktisch Schwächeren
Das deutsche Recht unterteilt sich in drei Rechtsgebiete: das öffentliche Recht, das Strafrecht und das Privatrecht. Während im öffentlichen Recht und im Strafrecht ein rechtliches Über-Unterordnungsverhältnis (sog. Subordination) zwischen den handelnden Personen – dem Staat auf der einen, dem Bürger auf der anderen Seite – besteht, begegnen sich im Privatrecht die handelnden Personen auf rechtlich gleicher Ebene. Nicht durch behördlichen Zwang oder einseitig erlas-

sene Verwaltungsakte, sondern infolge konsensual abgeschlossener und zuvor ausgehandelter Verträge stehen sich die Parteien gegenüber. Auch das Arbeitsrecht ist Bestandteil des Privatrechts. Da das Arbeitsrecht die besonderen Rechtsbeziehungen zwischen Arbeitnehmer und Arbeitgeber regelt, wird es auch als Sonderprivatrecht bezeichnet – so wie das Handelsrecht etwa das Sonderprivatrecht der Kaufleute ist.

Auch wenn sich im Arbeitsrecht damit zwei rechtlich gleichberechtigte Partner gegenüberstehen, besteht faktisch häufig ein Ungleichgewicht zulasten des Arbeitnehmers: Der Arbeitgeber verfügt oftmals über Support einer Personalabteilung und ggf. externe Berater und ist dem Arbeitnehmer auch meist wirtschaftlich überlegen. Der einzelne Arbeitnehmer geht zwar durch den gewollten Abschluss eines Arbeitsvertrags freiwillig ein Arbeitsverhältnis ein, ist hierauf aber zur Sicherung seiner Existenz in der Regel zwingend angewiesen. Aufgrund dieser Interessenlage besteht eine faktische Überordnung des Arbeitgebers, die durch die arbeitsrechtlichen Schutzvorschriften kompensiert werden soll. Daher sind viele gesetzliche Vorschriften des deutschen Arbeitsrechts auch nicht durch die Parteien abdingbar, sondern gelten zwingend: So darf z.B. der Mindesturlaubsanspruch von 24 Arbeitstagen im Jahr (BUrlG) nicht unterschritten werden und dürfen die täglichen Höchstarbeitsgrenzen von 8 bzw. 10 Stunden oder das grundsätzliche Verbot der Sonntagsarbeit nach dem Arbeitszeitgesetz (ArbZG) nicht, auch nicht einverständlich, überschritten werden. Das Arbeitsrecht setzt damit zwingende Mindeststandards zum Schutz des Arbeitnehmers. Die vertragliche Vereinbarung von für den Arbeitnehmer günstigeren Regelungen als den im Gesetz enthaltenen Vorgaben (z.B. ein Urlaubsanspruch von 30 Tagen im Jahr) ist hingegen zulässig.

Grundrechtliche Dimension

Verfassungsrechtlich vollzieht das Arbeitsrecht damit einen Ausgleich der teilweise widerstreitenden Grundrechte von Arbeitgeber und Arbeitnehmer: Während sich der Arbeitgeber auf Art. 14 GG und das Eigentumsrecht bzw. den verfassungsrechtlichen Schutz seines eingerichteten und ausgeübten Gewerbebetriebs berufen kann, stehen auf der Seite des Arbeitnehmers die Freiheit der Berufsausübung gem. Art. 12 GG sowie das Recht auf Achtung der Menschenwürde gem. Art. 1 GG. In diesem Wertekanon spielen noch weitere Rechte mit hinein, so etwa die gem. Art. 9 GG geschützte Koalitionsfreiheit oder die Glaubens- und Gewissensfreiheit (Art. 4 GG) oder das Recht auf freie Meinungsäußerung (Art. 5 Abs. 1 GG) ebenso wie das Gleichheitsgebot (Art. 3 GG), das Sozialstaatsprinzip (Art. 20 GG) oder das Allgemeine Persönlichkeitsrecht (Art. 2 Abs. 1 i.V.m. 1 Abs. 1 GG). Die geltenden Gesetze stellen oftmals eine Abwägung zwischen diesen widerstreitenden Interessen dar: So ist das grundsätzliche Kündigungsverbot für Schwangere sicherlich eine Einschränkung der Gewerbeausübungsfreiheit des Arbeitgebers, aus Sozialstaatserwägungen und zur Wahrung der Gleichbehandlung aber geboten. Zwar gelten die Grundrechte unmittelbar nur für den Staat, dieser hat bei seiner Gesetzgebung und Rechtsprechung darauf zu achten, dass die Grundrechte gewahrt bleiben und ein schonender Ausgleich gefunden wird. Mittelbar gelten die Grundrechte damit aber auch zwischen Arbeitgeber und Arbeitnehmer, da die grundgesetzlichen Wertungen durch Auslegung gesetzlicher Vorschriften in das Zivilrecht übertragen werden: Die Frage, ob eine Anweisung rechtmäßig oder eine Kündigung verhältnismäßig ist, wird damit nicht zuletzt durch verfassungsrechtliche Vorgaben beeinflusst. Dementsprechend genießt ein Arbeitnehmer auch selbst als Mensch den Schutz der Menschenwürde und des Allgemeinen Persönlichkeitsrechts. Er ist damit gegenüber dem Arbeitgeber nicht schutzlos gestellt und nicht etwa eine beliebig einsetzbare sächliche Ressource.

2. Geltungsbereich des Arbeitsrechts

Da das Arbeitsrecht das Sonderprivatrecht der abhängig Beschäftigten ist, gilt es nicht für jedermann. Anwendbar ist das Arbeitsrecht nur, wenn ein Arbeitnehmer beteiligt ist.

Vom Arbeitnehmer und Arbeitnehmerbegriff
Arbeitnehmer ist, wer im Betrieb des Arbeitgebers eingegliedert und weisungsgebunden beschäftigt ist sowie aufgrund eines privatrechtlichen Vertrags gegen Entgelt Dienste erbringt. Unerheblich ist hierbei der Umfang oder die Dauer der Tätigkeit: Auch ein geringfügig Beschäftigter mit nur wenigen Arbeitsstunden in der Woche ist daher als Arbeitnehmer anzusehen. Eine rechtliche Unterscheidung zwischen Arbeitern (blue collar) und Angestellten (white collar) kennt das Arbeitsrecht nicht mehr.

Kennzeichnend für den Arbeitnehmer ist damit zum einen das Erbringen eines Dienstes. Wer einen Dienst erbringt, schuldet keinen Erfolg, sondern lediglich sein bestes Bemühen. Ein Arbeitnehmer erhält damit sein Gehalt also auch dann, wenn er sich redlich bemüht, selbst wenn der verlangte Arbeitserfolg – z.B. das fehlerfreie Erstellen einer Kostenkalkulation – nicht eintritt. Dies unterscheidet den Arbeitnehmer von einem Werkunternehmer. Ein beauftragter Werkunternehmer – wie z.B. ein Klempnermeister – erhält seinen Werklohn vom Auftraggeber (Besteller) erst dann, wenn der Erfolg – z.B. die Beseitigung der Verstopfung der Toilette – eintritt. Setzt der Klempnermeister in diesem Beispiel einen Gesellen ein, so ist dieser wiederum Arbeitnehmer des Klempnermeisters, der seinen Arbeitslohn vom Klempnermeister allerdings auch dann erhält, wenn er die Verstopfung nicht beseitigen kann. Mit anderen Worten: Der Unternehmer oder Arbeitgeber trägt das unternehmerische Risiko, nicht aber der abhängig beschäftigte Arbeitnehmer.

Von freien Mitarbeitern und Praktikanten
Für die Einstufung, ob eine Person Arbeitnehmer ist, kommt es nicht auf die Bezeichnung durch die Parteien an. Maßgeblich ist, wie das Vertragsverhältnis in der Praxis gelebt wird. Der Schutz des Arbeitsrechts kann also nicht dadurch umgangen werden, dass ein Vertragsverhältnis anders bezeichnet wird. In der Praxis sind oftmals Arbeitnehmer von freien Mitarbeitern abzugrenzen: Für einen freien Mitarbeiter sind keine Sozialversicherungsabgaben abzuführen und findet das Arbeitsrecht keine Anwendung. Freier Mitarbeiter ist aber nur derjenige, der tatsächlich frei arbeitet, nicht weisungsgebunden und auch nicht in den Betrieb eingebunden ist. Ebenso wenig wie „echte" freie Mitarbeiter keine Arbeitnehmer sind, so sind auch „echte" Praktikanten keine Arbeitnehmer: Bei einem Praktikant steht das Aneignen von Kenntnissen im Vordergrund. Klassisches Beispiel hierfür ist ein Schülerpraktikant, der im Rahmen eines mehrwöchigen Betriebsbesuchs einen Einblick in die betrieblichen Abläufe erhält. Arbeitet die lediglich als „Praktikant" bezeichnete Person hingegen über einen längeren Zeitraum wie ein regulärer Arbeitnehmer, so ist sie tatsächlich als Arbeitnehmer zu qualifizieren – und genießt damit den Schutz des Arbeitsrechts ebenso wie sie Anspruch auf Vergütung hat.

Von leitenden Angestellten
Eine besondere Rolle nehmen schließlich noch die sog. leitenden Angestellten an. Leitende Angestellte stehen dem Arbeitgeberlager näher als dem Arbeitnehmerlager. Für leitende Angestellte finden daher einige Schutzvorschriften – wie z.B. die Vorgaben im Arbeitszeitgesetz oder der Großteil des Betriebsverfassungsgesetzes – keine Anwendung. In der Praxis wird der Begriff des leitenden Angestellten sehr inflationär gebraucht: Leitender Angestellter im Rechtssinne ist jedoch nur, wer selbstständige Einstellungs- bzw. Entlassungsbefugnis hat, wem Prokura erteilt worden ist oder wer sonstige für den Bestand des Betriebs oder Unternehmens wesentliche Aufgaben wahrnimmt. Geschäftsführer und Vorstandsmitglieder sind hingegen keine leitenden Angestellten, sondern nehmen selbst die Arbeitgeberstellung wahr. Sie sind daher keine Arbeitnehmer – für diese Personengruppen findet das Arbeitsrecht daher keine Anwendung.

3. Rechte und Pflichten im Arbeitsverhältnis

Das Arbeitsverhältnis ist ein in der Regel auf Dauer angelegtes Austauschverhältnis, in dem sowohl den Arbeitnehmer als auch den Arbeitgeber wechselseitige Rechte und Pflichten treffen. Anders als ein Kaufvertrag erschöpft sich der Leistungsaustausch nicht in einer punktuellen Begegnung der Parteien, sondern setzt sich über einen längeren Zeitraum fort. Dies führt zu einer besonders intensiven Einwirkungsmöglichkeit jeder Arbeitsvertragspartei auf die Rechtsgüter der jeweils anderen und fordert daher besondere Rücksichtnahme auf die gegenseitigen Interessen.

Rechte und Pflichten des Arbeitgebers
Je nach Bedeutung der jeweiligen Pflicht unterscheidet man hierbei zwischen Haupt- und Nebenleistungspflichten. Hauptpflichten des Arbeitgebers sind die Vergütung des Arbeitnehmers und dessen vertragsgemäße Beschäftigung. Als Nebenleistungspflichten treffen den Arbeitgeber insbesondere Fürsorge- und Schutzpflichten, so darf er z.B. seinen Arbeitnehmer nicht an sicherheitsgefährdenden Maschinen arbeiten lassen, muss diesem Schutzkleidung stellen und einen sicheren Arbeitsplatz bieten sowie die Einhaltung der arbeitsrechtlichen Schutzvorschriften gewährleisten.

Rechte und Pflichten des Arbeitnehmers

Die Hauptleistungspflicht des Arbeitnehmers ist die Erbringung der geschuldeten Arbeitsleistung. Diese Pflicht steht im Gegenseitigkeitsverhältnis zur Lohnzahlungspflicht des Arbeitgebers. Daneben treffen auch den Arbeitnehmer Nebenleistungspflichten, insbesondere Treue- und Loyalitätspflichten: So darf der Arbeitnehmer im laufenden Arbeitsverhältnis seinem Arbeitgeber keine Konkurrenz machen und muss bestimmten Anzeigepflichten nachkommen, etwa bei Arbeitsunfähigkeit, die Mitteilung über die bestehende Arbeitsunfähigkeit und deren voraussichtliche Dauer, oder bei Umzug, die Mitteilung der geänderten Anschrift an seinen Arbeitgeber.

4. Das Direktionsrecht

Wann, wie und wo der Arbeitnehmer seine Arbeitsleistung zu erbringen hat, gibt regelmäßig der Arbeitsvertrag vor. Ob der Arbeitnehmer als Personalreferent, Buchhalter oder Monteur eingesetzt wird, ob er € 8.000,- p.m. oder € 800,- p.m. verdient, regelt der Arbeitsvertrag. Die im Privatrecht geltende Vertragsfreiheit gibt den Parteien hier einen weiten Spielraum, begrenzt wiederum durch die arbeitsrechtlichen Schutzvorschriften und Gesetze wie z.B. Vorgaben an Mindestlöhne.

Begriff des Direktionsrechts

Da der Arbeitsvertrag aber nicht alle Details der Erbringung der Arbeitsleistung regeln kann, bleibt die Ausfüllung und Ausübung der Arbeitsleistung – in den vertraglichen und gesetzlichen Grenzen – dem Arbeitgeber vorbehalten. Dieser kann Zeit, Ort und Inhalt der Arbeitsleistung mit seinem arbeitgeberseitigen Direktionsrecht (§ 106 Gewerbeordnung) einseitig vorgeben, also anordnen, ob der Arbeitnehmer morgens um 10 Uhr zunächst Aufgabe B vor Aufgabe A bearbeitet und in welcher Reihenfolge er die einzelnen Arbeitsschritte von Aufgabe C in Angriff nimmt. Mittels des Direktionsrechts weist der Arbeitgeber also folglich den Arbeitnehmer an, eine bestimmte Aufgabe in einer bestimmten Art und Weise bzw. zu einer bestimmten Zeit oder einem festgelegten Ort zu erledigen. Sämtliche Anweisungen des Arbeitgebers sind damit Ausfluss des Direktionsrechts, das dem Arbeitgeber die rechtliche Grundlage gibt, seinen Arbeitnehmer anzuweisen. Nur Weisungen, die vom arbeitgeberseitigen Direktionsrecht gedeckt sind, muss der Arbeitnehmer ausführen. Ein allgemeines Anweisungsrecht des Arbeitgebers, dem Arbeitnehmer seinen Tagesablauf oder sonstige persönliche Sachen vorzuschreiben, existiert hingegen nicht.

Bei der Ausübung des Direktionsrechts muss der Arbeitgeber zudem sog. billiges Ermessen wahren, was eine Abwägung der Interessen des Arbeitgebers mit den berechtigten Interessen des Arbeitnehmers erfordert. Natürlich gehören hierzu auch die eingangs erwähnten Grundrechte und gesetzlichen Schutzvorschriften wie z.B. das Arbeitszeitgesetz. So ist der Arbeitgeber zwar grundsätzlich frei, dem Arbeitnehmer auch eine Tätigkeit an einem anderen Arbeitsort zuzuweisen. Muss aber nur ein Arbeitnehmer örtlich versetzt werden und wären hierfür z.B. drei Arbeitnehmer gleich geeignet, darf der Arbeitgeber nicht ausgerechnet die alleinerziehende Mutter versetzen, die infolge der zusätzlichen Fahrtzeit nicht mehr ihr Kind rechtzeitig aus der Kindertagesstätte abholen könnte. Auch darf der Arbeitgeber die Arbeitszeit vorgeben, dürfte aber keine 12-Stunden-Schichten oder Arbeit ohne Ruhepausen anordnen, da dies dem Arbeitszeitgesetz zuwiderliefe.

Versetzungsvorbehalte

Legt der Arbeitgeber hingegen im Arbeitsvertrag den Ort der Arbeitsleistung oder die Tätigkeit konkret fest („…ist eingestellt als Buchhalter in Hamburg-Winterhude…"), kann der Arbeitgeber diese Tätigkeit nicht mehr einseitig im Wege des Direktionsrechts ändern. Vielmehr müsste er dann eine gerichtlich voll überprüfbare sog. Änderungskündigung aussprechen, mit der der Arbeitgeber dem Arbeitnehmer die Fortsetzung des Arbeitsverhältnisses zu geänderten Bedingungen anbietet. Um dies zu umgehen, sehen Arbeitgeber regelmäßig sog. Versetzungsvorbehalte in ihren Arbeitsverträgen vor, um eine gewisse Flexibilität zu behalten („…dem Arbeitgeber bleibt es vorbehalten, dem Arbeitnehmer eine andere seinen Fähigkeiten entsprechende gleichwertige neue Aufgabe und/oder ein anderes gleichwertiges Tätigkeitsgebiet ohne Reduzierung der Vergütung zuzuweisen…"). Derartige Versetzungsvorbehalte sind zulässig, dürfen aber nicht zu einer Reduzierung der Vergütung oder zu einer Übertragung minderwertiger Aufgaben führen.

5. Der Kündigungsschutz

Eine weitere wichtige Ausprägung des Schutzprinzips ist der Kündigungs-schutz. Neben besonderem Kündigungsschutz bestimmter Arbeitnehmer-gruppen (z.B. Betriebsräten, Schwangeren, Elternzeitlern oder Schwerbe-hinderten) existiert ein allgemeiner Kündigungsschutz. So bedarf die Kün-digung eines Arbeitnehmers, der mehr als sechs Monate beschäftigt ist, stets einer sozialen Rechtfertigung, wenn im Betrieb mehr als zehn Ar-beitnehmer beschäftigt werden (§§ 1, 23 Abs. 1 Kündigungsschutzgesetz). Sozial gerechtfertigt ist eine Kündigung danach nur, wenn sie auf verhal-tensbedingten (z.B. willentlichen Pflichtverletzungen), personenbedingten (z.B. Wegfall der Eignung) oder betriebsbedingten (z.B. Betriebsschließun-gen) Ursachen fußt. Ob ein solcher Grund vorliegt, entscheidet nicht der Arbeitgeber, sondern allein die Arbeitsgerichte, wenn der gekündigte Ar-beitnehmer zur Überprüfung der Kündigung ein Arbeitsgericht anruft. Um beiden Seiten schnelle Rechtssicherheit zu geben, muss der Arbeitnehmer seine Kündigungsschutzklage drei Wochen nach Zugang der Kündigung erheben, andernfalls gilt die Kündigung als wirksam (§§ 4, 7 KSchG). Sieht das Gericht die Kündigung hingegen als unwirksam an, besteht das Arbeitsverhältnis fort und der Arbeitnehmer ist weiterzubeschäftigen. Sieht das Gericht die Kündigung als wirksam an, endet das Arbeitsverhält-nis – und zwar ohne dass es einer Abfindung bedarf. Die in der Praxis verbreiteten Abfindungszahlungen entstehen daher regelmäßig nur durch eine Vereinbarung zwischen Arbeitgeber und Arbeitnehmer (sog. gericht-licher Vergleich), in der sich beide Seiten zur Vermeidung der Rechtsunsi-cherheit und Abkürzung des Verfahrens auf eine Beendigung gegen Zah-lung einigen. Außerhalb des Kündigungsschutzgesetzes – also in Kleinbe-trieben mit zehn oder weniger Arbeitnehmern bzw. bei Arbeitnehmern innerhalb einer sechsmonatigen Probezeit – ist der Arbeitgeber grundsätz-lich frei in seiner Kündigungsentscheidung. Auch hier muss er aber den Grundrechten Beachtung schenken, sodass etwa eine Kündigung „wegen Homosexualität" unwirksam wäre.

6. Beteiligung des Betriebsrats

Wichtige Bedeutung im Arbeitsrecht hat zudem das System kollektiver Mitbestimmung. Auf betrieblicher Ebene wird diese durch Betriebsräte ausgeübt, die die Arbeitnehmer in den Betrieben bilden dürfen. Die Wahl eines Betriebsrats ist in allen Betrieben mit mindestens fünf ständig beschäftigten Arbeitnehmern möglich, § 1 Betriebsverfassungsgesetz (BetrVG). Hierbei handelt es sich um ein Recht, aber keine Pflicht der Arbeitnehmer. Die Bildung eines Betriebsrats ist folglich freiwillig, die Behinderung der Bildung durch den Arbeitgeber stellt aber eine Straftat dar. Ein gewählter Betriebsrat hat zahlreiche Befugnisse: So genießen seine Mitglieder Sonderkündigungsschutz, haben Anspruch auf bezahlte Freistellung zur Wahrnehmung von Betriebsratsaufgaben oder Bezahlung von Seminaren und Betriebsratsmitteln. Bei zahlreichen betrieblichen Fragen ist der Betriebsrat einzubinden, eine Nichtbeteiligung kann zur Unwirksamkeit der Maßnahme oder zu Unterlassungsansprüchen führen. Inhaltlich lassen sich die Beteiligungsrechte in drei große Gruppen unterteilen und umfassen soziale, personelle und wirtschaftliche Angelegenheiten:

Soziale Angelegenheiten

In sozialen Angelegenheiten stehen dem Betriebsrat weite Mitbestimmungsrechte zu: In § 87 Abs. 1 BetrVG findet sich ein Katalog von sozialen Angelegenheiten, bei denen der Betriebsrat voll mitbestimmen darf. Dies umfasst etwa Fragen des sog. Ordnungsverhaltens der Arbeitnehmer, also das Tragen und das Aussehen von Arbeitsuniformen, Code of conducts oder auch die Benutzung von Radios während der Arbeitszeit. Die Festlegung von Urlaubsplänen, die Einführung technischer Überwachungseinrichtungen, Prämienzahlungen und Vergütungssysteme müssen ebenso gemeinschaftlich ausgehandelt werden wie Beginn und Ende der täglichen Arbeitszeit oder die Anordnung von Überstunden. Der Arbeitgeber darf eine Regelung zu einem der dort genannten Regelungsgegenstände nur treffen, wenn er sich mit dem Betriebsrat einigt. Einigen sich beiden Parteien nicht, müssen sie eine Einigungsstelle anrufen, die dann bei erfolgloser Verhandlung eine Entscheidung trifft. Eine ohne Zustimmung des Betriebsrats angeordnete Maßnahme ist unwirksam, muss vom Arbeitnehmer nicht befolgt werden und kann u.a. Unterlassungsansprüche oder ein Ordnungsgeld nach sich ziehen.

Personelle Angelegenheiten

Auch bei personellen Angelegenheiten ist der Betriebsrat zu beteiligen: Dem kommt insbesondere bei personellen Einzelmaßnahmen wie Kündigungen, Versetzungen oder Einstellungen Bedeutung zu. So ist etwa gem. § 102 Abs. 1 S.3 BetrVG eine ohne Anhörung des Betriebsrats ausgesprochene Kündigung allein aus formalen Gründen unwirksam, sei der Kündigungsgrund auch noch so gravierend. Eine fehlende oder fehlerhafte Anhörung kann auch nicht nachgeholt werden – der Ausspruch einer erneuten Kündigung ist zwingend erforderlich. Bei Einstellungen und Versetzungen gem. § 99 Abs. 1 BetrVG hat der Betriebsrat in Unternehmen mit regelmäßig mehr als 20 Arbeitnehmern sogar ein Zustimmungsverweigerungsrecht bei Vorliegen bestimmter im Gesetz abschließend genannter Gründe. Der Arbeitgeber darf die beabsichtigte Maßnahme dann grundsätzlich nicht durchführen und den Arbeitnehmer damit nicht einstellen oder versetzen, sondern muss vor dem Arbeitsgericht die Ersetzung der Zustimmung beantragen.

Wirtschaftliche Angelegenheiten
Eine große Rolle spielt die Beteiligung des Betriebsrats auch bei wirtschaftlichen Angelegenheiten wie z.B. bei geplanten Betriebsänderungen, also erheblichem Personalabbau, Betriebsschließungen oder –verlegungen. Auch hier hat der Arbeitgeber mit dem Betriebsrat die geplante Betriebsänderung zu beraten und schriftliche die Änderung festzuhalten (sog. Interessenausgleich) sowie eine Vereinbarung zum Ausgleich der wirtschaftlichen Nachteile der Arbeitnehmer (sog. Sozialplan) mit dem Betriebsrat abzuschließen. Solange hierüber keine Einigkeit erzielt worden und kein Interessenausgleich abgeschlossen ist, darf der Arbeitgeber die geplante Maßnahme nicht durchführen. Die wirtschaftliche Dimension dieses Beteiligungsrechts wird schnell deutlich, wenn man den finanziellen Umfang der auch nur einmonatigen Verzögerung einer betriebsändernden Maßnahme bedenkt – müssen etwa 200 Arbeitnehmer auch nur einen Monat länger beschäftigt werden, entstehen für den Arbeitgeber schnell Kosten, die Millionensummen erreichen.

B. Rechtsformen

In gesellschaftsrechtlicher Hinsicht kommt der Organisation und Rechtsformwahl des Unternehmens maßgebliche Bedeutung zu. Mit dieser getroffenen Organisationsentscheidung setzt sich der Unternehmer einen selbstgewählten Handlungsrahmen, der damit auf die Art der Unternehmung „passen" muss. Zwar sind auch spätere Änderungen der einmal gewählten Rechtsform in Form sog. Umwandlungen möglich, allerdings rechtlich aufwendig.

1. Bedeutung der Rechtsformwahl

Der Unternehmer kann frei wählen, welcher der vom Gesetzgeber vorgesehenen Rechtsformen er sich bedienen möchte. Andere als die vorgegebenen Rechtsformen kann der Unternehmer aber nicht wählen bzw. erschaffen, insoweit herrscht ein sog. Typenzwang. Auch muss der Unternehmer durch die Firmierung – also die Benennung – seines Unternehmens die gewählte Rechtsform im Geschäftsverkehr deutlich machen. Große Bedeutung kommt der Rechtsform im Bereich der Haftung zu: Ist eine persönliche Haftung der Gesellschafter bzw. Inhaber des Unternehmens gewünscht oder soll eine solche ausgeschlossen werden? Werden zur Finanzierung des Unternehmens Einlagen oder Finanzmittel Dritter benötigt? Sollen diese dann auch am Unternehmenserfolg und an der Steuerung der Unternehmensgeschicke teilhaben? Welche laufenden Kosten und Anforderungen an Buchhaltungspflichten sind zu beachten? Welchen steuerlichen Vor- oder Nachteil zieht die gewählte Rechtsform nach sich? Muss ein Geschäftsführer oder ein Aufsichtsrat bestellt werden? All dies sind Fragen, die mit der gewählten Rechtsform einhergehen und daher eine sorgfältige Abwägung – in rechtlicher und steuerlicher Hinsicht – bedingen.

2. Überblick: Vor- und Nachteile einzelner Rechtsformen

Das Gesellschaftsrecht kennt hierbei eine Vielzahl von Rechtsformen, die teilweise auch miteinander kombiniert werden können:

Personengesellschaften
Zunächst gibt es die klassischen Personengesellschaften, die in der Regel vom Bestand ihrer Gesellschafter abhängig sind. Dies sind die Formen der Gesellschaft bürgerlichen Rechts (GbR), der Offenen Handelsgesellschaft (OHG), der Kommanditgesellschaft (KG) oder auch der in freien Berufen anzutreffenden Partnerschaftsgesellschaft (PartG). Gemein ist all diesen Rechtsformen, dass es mindestens eine persönlich voll mit dem eigenen Vermögen haftbare Person gibt. Bei der GbR, der OHG und der PartG haften sogar alle Gesellschafter für die Gesellschaft, bei der KG gibt es persönlich haftende (Komplementäre) und grundsätzlich nur mit ihrer Einlage haftende (Kommanditisten) Gesellschafter. Zwar können viele Risiken über Versicherungen abgesichert werden, Restrisiken der persönlichen Inspruchnah-

me bis hin zur Privatinsolvenz verbleiben hier jedoch. Steuerlich bieten Personengesellschaften jedoch oftmals Vorteile, da eine Personengesellschaft z.B. selbst keine Einkommensteuer zahlt und Gewinne
und Verluste direkt bei den Gesellschaftern geltend gemacht werden.
Auch sind Änderungen im Gesellschafterkreis privatschriftlich möglich, ohne dass es der Hinzuziehung eines Notars bedarf.

Einzelunternehmen

Diese Gefahr persönlicher Haftung trifft auch den eingetragenen
Kaufmann (e.K.) als Einzelunternehmung, die nicht aus einer Perso-
nenmehrheit auf Gesellschafterebene besteht. Diese „Rechtsform" ist
oft bei kleinen, inhabergeführten Betrieben anzutreffen, die aus einer
natürlichen Person bestehen. Ein eingetragener Kaufmann ist daher in
seinen Entscheidungen flexibel und braucht keine Abstimmungspro-
zesse in Gremien oder Gesellschafterversammlungen zu durchlaufen.

Kapitalgesellschaften

Die Gefahr persönlicher Inanspruchnahme der Gesellschafter wird
grundsätzlich ausgeschlossen, wenn als Rechtsform eine Kapitalgesellschaft gewählt wird. Die am weitesten in Deutschland verbreitete
Kapitalgesellschaft ist die Gesellschaft mit beschränkter Haftung
(GmbH). Die Gesellschafter haften hier (grundsätzlich) nicht persönlich, sondern erbringen ihre Stammeinlage(n), die zusammen mit et-
waigen weiteren Einlagen und Finanzmitteln den „Haftungsfonds"
der Gesellschaft bilden. Die Gesellschaft muss zudem mindestens einen Geschäftsführer bestellen, der ins Handelsregister eingetragen
wird. Dieser führt die Geschäfte und vertritt die Gesellschaft nach außen. Im Geschäftsverkehr muss die Gesellschaft zwingend einen ihre
eingeschränkte Haftung kennzeichnenden Zusatz (z.B. „mbH") führen, damit Geschäftspartner hierüber informiert sind. Weitere Kapitalgesellschaften sind etwa die durch ihren Vorstand vertretene Aktiengesellschaft (AG) oder die Kommanditgesellschaft auf Aktien (KGaA),
die auch als „kleine GmbH" bezeichnete Unternehmergesellschaft
(UG) oder zwischenzeitlich auch europäische Gesellschaftsformen
wie die Aktiengesellschaft nach europäischem Recht, die Societas Eu-
ropaea (SE). Neben der eingeschränkten Haftung müssen in diesen
Kapitalgesellschaften – abhängig von der Unternehmensgröße – noch
weitere Besonderheiten beachtet werden: So ist bisweilen ein Aufsichtsrat zu bilden, in den bei großen Gesellschaften auch Arbeitneh-

mervertreter entsendet werden müssen. Auch treffen die Gesellschaften bestimmte Publikations- und Informationspflichten.

Mischformen und Sonstige

Zudem sind Mischformen von Kapital- und Personengesellschaften denkbar. So ist eine Kombination aus KG und GmbH in Form der GmbH & Co. KG anerkannt, bei der der persönlich haftende Gesellschafter der KG die GmbH ist und insoweit auch eine die persönliche Haftung natürlicher Personen ausschließende Konstellation bei einer Personengesellschaft gewählt werden kann. Da die GmbH & Co. KG eine Personengesellschaft darstellt, können hier die Vorteile der Kapitalgesellschaft (beschränkte Haftung) mit den Vorteilen einer Personengesellschaft (unter anderem steuerliche Aspekte) kombiniert werden. Daneben gibt es zudem noch weitere Mischformen wie etwa die GmbH & Co. KGaA oder sonstige Gesellschaftsformen wie Genossenschaften. Letztere spielen im Geschäftsverkehr aber eine vergleichsweise untergeordnete Rolle.

Reflexionsaufgaben zum gelesenen Thema
„Rechtsformen und Arbeitsrecht"

1. Welchen Teil des Artikels fanden Sie besonders interessant und warum?
2. Welchen Teil des Artikels glauben Sie nicht verstanden zu haben – wen sprechen Sie an, um Ihnen beim Verstehen des Textteils zu helfen?
3. Mit welcher der fünf Führungsbedingungen hat der Textinhalt, nach Ihrer Überzeugung, besondere Berührungspunkte – und warum?
4. Mit welchen zwei der acht Grundeinsichten der Führung können Sie den Text im Besonderen verbinden – und warum?
5. Bei welchen der 14 Führungsaufgaben müssen Sie Ihr Wissen aus diesem Text auf jeden Fall in der Anwendung als Beeinflussungsimpuls bei Mit-Arbeitern berücksichtigen – und warum?
6. Welches konkrete Potenzial des Textes oder einiger Inhalte des Textes erkennen Sie für Ihre Wertschöpfung als Führungskraft durch die generelle Wahrnehmung der 14 Führungsaufgaben – und warum?
7. Wenn Sie das Thema Ihrem Mit-Arbeiter vermitteln wollen, wie werden Sie die Inhalte aufbereiten nach den Grundsätzen: Vom Bekannten zum Unbekannten, vom Einfachen zum Schwierigen, vom Allgemeinen zum Speziellen und vom Konkreten zum Abstrakten?
8. In der Vermittlung des Themas an den Mit-Arbeiter, was soll er faktisch kennen und behalten? In welchen seiner Aufgabensituationen soll er das neue Faktenwissen anwenden? Wie kann er die Anwendung des neuen Faktenwissens in diesen Situationen ganzheitlich (systemisch) reflektieren?
9. In welchen seiner anderen oder zukünftigen Arbeitssituationen erkennt der Mit-Arbeiter die Möglichkeit, sein Faktenwissen einzusetzen?

8.4 Betriebswirtschaftlich-wertschöpfende Grundthemen
von Professor Dr. Kristian Foit

Starke Veränderungen der angebots- und nachfragebezogenen Rahmenbedingungen bedeuten für Unternehmen einen steigenden Wettbewerb um den Kunden und machen eine kontinuierliche Überprüfung und Anpassung von Geschäftsmodellen notwendig. Aufgabe des Managements ist es dann, durch Maßnahmenentscheidungen und eine entsprechende Organisation und Koordination der wertschöpfenden Aktivitäten wertsteigernde Ergebniswirkungen zielorientiert unter Berücksichtigung der verfolgten Unternehmenspolitik zu realisieren. Zur Sicherung der Entscheidungsfindung für kundengerechtere und/oder wirtschaftlichere Einsatzmöglichkeiten der Ressourcen ist demzufolge das Verständnis der unternehmerischen Zusammenhänge sowie eine Einordnung von Erfolgs- und Fehlwirkungen aus betriebswirtschaftlicher Sicht Voraussetzung für eine erfolgreiche Unternehmenssteuerung. Eine zugrunde liegende Informationsversorgung durch Controllingaktivitäten geschieht auf der Basis von strategischen und operativen Instrumenten, welche Eingang in den Steuerungskreislauf aus Planung, Reporting, Anpassung bzw. Realisation finden. Die folgenden Ausführungen behandeln die zu berücksichtigenden Steuerungsebenen, Steuerungsobjekte und Steuerungsgrößen.

Unternehmen und Systematisierung von Wertschöpfungsprozessen

Unternehmen lassen sich als wirtschaftliche Einheiten verstehen, die Produkte und Dienstleistungen zur Fremdbedarfsdeckung erstellen und vermarkten sowie von verschiedenen Zielen geleitet werden. Um die Tätigkeiten durchzuführen, setzen sie Ressourcen ein, die die notwendigen Leistungen arbeitsteilig erbringen. Unternehmen sind demnach durch die Beschaffungs- bzw. Faktormärkte und Absatzmärkte mit der Umwelt verbunden. Gegründet und aufrechterhalten wird das erwerbswirtschaftliche Unternehmen wegen des Geldstroms. Dieser durchläuft – dem realwirtschaftlichen Güterstrom – entgegengesetzt das Unternehmen vom Absatzmarkt (Erlöse) hin zu den Beschaffungsmärkten, um wiederum für die beschafften Produktionsfaktoren zu bezahlen. Weitere Umweltbeziehungen ergeben sich durch die Finanzströme zum Kapitalmarkt (Fremd- und Eigenkapitalgeber) und den Staat. Die Betriebswirtschaftslehre interessiert sich nun für die wirtschaftlich relevanten Vorgänge in Unternehmen, d.h.

wie entsprechende Prozesse ablaufen und wie sie erfolgreich gestaltet werden können.

Zur besseren Systematisierung der unternehmerischen Prozesse lässt sich auf das Modell der Wertschöpfungskette (vgl. PORTER, 2010) zurückgreifen. Dabei lassen sich mit den primären und sekundären Aktivitäten zwei grundlegende Arten unterscheiden. Erstere stellen alle direkt wertschöpfenden Tätigkeiten dar, die unmittelbar mit der Erstellung und dem Verkauf von Produkten und Dienstleistungen zusammenhängen. Die sekundären Aktivitäten umfassen alle unterstützenden Aktivitäten, die durch die die Infrastruktur oder durch Querschnittsaufgaben wie bspw. die Personalentwicklung gekennzeichnet sind.

Abbildung 1
Grundlegende Arten von Aktivitäten eines typischen Industrieunternehmens [1]

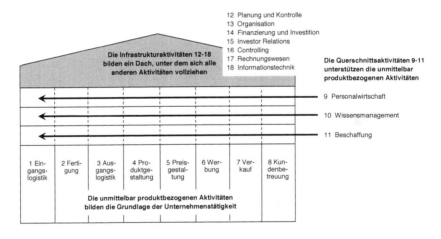

_____
[1] Quelle: Graumann/Foit (2012), S.101 in Anlehnung an Porter (2010), S.758

Im Zuge der Visualisierung hilft das Modell nicht nur dabei, die strategisch relevanten Aktivitäten auch auf vor- bzw. nachgelagerten Wertschöpfungsstufen (Zulieferer und Kunden) zu identifizieren, sondern diese auch zu entwickeln und zu steuern, wenn die Strategie bereits implementiert ist.

Perspektiven der Steuerung von Wertschöpfungsprozessen

Die Aufgabe des Managements besteht in der Regelung der Unternehmensabläufe unter wirtschaftlichen Gesichtspunkten. Damit dies gelingen kann, ist eine systematische Informationsversorgung notwendig, welche durch Controllingprozesse erreicht wird. Entsprechende Aktivitäten sind damit Teil des Führungsprozesses und grundsätzlich auf die Unternehmensziele ausgerichtet. Mit Blick auf den Managementzyklus erfolgt die Entscheidungsunterstützung durch die Schaffung einer Ergebnistransparenz mittels Planung, Kontrolle, Information und Koordination der verschiedenen Teilsysteme des Managements (vgl. HORVÁTH (2012), S.127; KÜPPER (2008), S.28f) im Hinblick auf die einzelnen Teilbereiche im Unternehmen. Erreicht wird dies durch Koordinationsaufgaben (bspw. der Entwurf und die Entwicklung des Planungssystems und Planungsmethoden, Unterstützung der Geschäftsführung bei der Formulierung von Ziel-

Abbildung 2
Koordinationsinstrumente des Controllings [1]

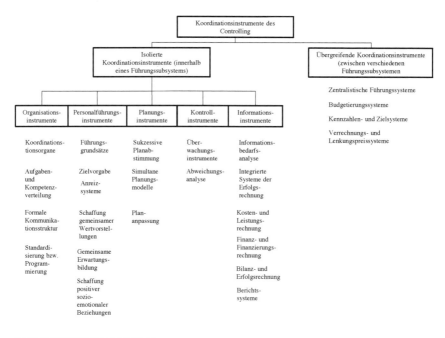

[1] Quelle: Coenenberg/Fischer/Günther, (2012), S.41

vorgaben, Abstimmung von Teilplänen zu einem Gesamtergebnisplan) sowie Anpassungsaufgaben (bspw. Erhebung von Ist-Informationen für die betrieblichen Verantwortungsbereiche, Kontrolle, Abweichungsanalysen, Vorschlag von Gegenmaßnahmen). Zur Erfüllung der Koordinationsleistung lässt sich demnach auf diverse Controlling-Instrumente zurückgreifen (vgl. Abb. 2)

Dies soll am Beispiel der Budgetierung verdeutlicht werden. Budgets spiegeln die erwarteten Ergebnisse von Planungen und Strategien wider. Im Rahmen der Zielplanung werden demnach für alle Maßnahmen die Erlös- und Kostenwirkungen geplant, so dass der geplante Gewinn des nächsten Geschäftsjahres feststeht. Auf diese Weise wird dem Scheitern von Planungen vorgebeugt. Gleichzeitig wird mit den Verantwortlichen das Ziel vereinbart, die Maßnahmen in dem budgetierten finanziellen Rahmen durchzuführen. Zur Vermeidung von Dysfunktionen sind auf der Verfahrensebene die Schwächen der Budgetierung zu umgehen. So gilt es, bei der Entwicklung von Budgets entsprechende Planungsverfahren zu wählen, die einen effizienten Abstimmungsprozess sichern. Darüber hinaus sind für eine erfolgreiche Umsetzung des Budgetierungsprozesses die Einhaltung von formalen Aufgaben wie die Einhaltung des Planungskalenders sowie Plausibilitätsprüfungen zur Abstimmung notwendig. Insgesamt wird durch den Budgetierungsprozess gewährleistet, dass die unterschiedlichen Organisationseinheiten durch einen Abstimmungsprozess mit Informationen versorgt werden und diese auf das Gesamtziel ausrichtet.

Zur Systematisierung der betriebswirtschaftlichen Steuerungsperspektiven von Wertschöpfungsprozessen werden üblicherweise *zeitliche* und *sachliche* Abgrenzungskriterien verwendet. Zeitliche Abgrenzungen betreffen den Planungs- oder den Aktionshorizont, sachliche Abgrenzungen den Aufgabenbezug der Planung und Kontrolle bzw. den Aggregationsgrad der erfassten Informationen und Plandaten. Bei kombinierter Anwendung ergeben sich somit vier Betrachtungsperspektiven, deren Zusammenhänge bei einer betriebswirtschaftlichen Bewertung bedeutsam sind: strategische und operative Pläne sowie die korrespondierenden strategischen und operativen Kontrollaktivitäten. Darüber hinaus stellt sich die Frage, ob und wann welche Anspruchsgruppen bei Entscheidungen des Managements eine besondere Berücksichtigung finden. Man spricht in diesem Zusammenhang vom Shareholder- bzw. Stakeholder-Ansatz (vgl. bspw. Ei-

SENFÜHR/THEUVSEN (2004), S.22ff). Bei ersterem Ansatz zielt die Unternehmenspolitik überwiegend auf die Erwartungen nur einer Interessengruppe, nämlich der Wertschaffung für die Eigner, ab. Kritiker halten dem entgegen, dass dies eine zu einseitige Ausrichtung darstellt und verweisen auf die Interessen aller Gruppen, die ebenfalls entsprechend des Stakeholder-Ansatzes Berücksichtigung finden sollten (vgl. KAJÜTER (2011), S.37).

Planung und Kontrolle von Wertschöpfungsprozessen

Welche Planungen und Kontrollaktivitäten sind nun für unternehmerische Zusammenhänge notwendig und lassen sich differenzieren?

Pläne zur Steuerung lassen sich in operative und strategische Planungen unterteilen (vgl. bspw. VAHS/SCHÄFER-KUNZ (2012), S.349ff): Die Hauptaufgabe der strategischen Planung besteht in der langfristigen Sicherung bereits existierender sowie der Erschließung neuer Wettbewerbsvorteile. Es wird versucht, die Voraussetzungen dafür zu schaffen, künftig wettbewerbsfähige und attraktive Produkte anbieten zu können. Operative Pläne legen die Aktivitäten des Unternehmens für das kommende Jahr fest. Zur Strukturierung dieser vielfältigen Aufgaben wird häufig auf die Wertkette zurückgegriffen, die Infrastruktur-, Querschnitts- und unmittelbar produktbezogenen Aktivitäten unterscheiden (vgl. Abb. 1).

Trotz der vermeintlichen Trennung ergibt sich bei genauerer Betrachtung eine enge Verzahnung der Planungsebenen. Insbesondere darf nicht übersehen werden, dass die strategischen Planungen aus drei Bereichen bestehen (vgl. PEEMÖLLER (2005), S.155ff):

Zunächst werden die strategischen Geschäftsfelder ausgewählt, in denen das Unternehmen tätig sein soll (Ebene der Unternehmensstrategie). Diesbezüglich lassen sich bspw. mit einer vertikalen oder horizontalen Integration/Desintegration oder Risikodiversifikation verschiedene Handlungsoptionen unterscheiden (vgl. RESE/KUPP (2011), S.92ff).

Innerhalb jeden Geschäftsfelds (Geschäftsfeldstrategie) wird anschließend überlegt, wodurch man sich gegenüber den Konkurrenten abheben möchte. Als mögliche Wettbewerbsstrategien lassen sich die Kostenführerschaft und die Differenzierungsstrategie unterscheiden, mit anderen Worten, ob sich das Unternehmen von seinen Konkurrenten durch Qualität oder durch einen attraktiven Preis abheben möchte. Mit diesen Alternativen besteht dann die Möglichkeit, den Gesamtmarkt zu bedienen oder aber das Angebot auf eine oder wenige Nischen zu konzentrieren (generische Wettbewerbsstrategien). Eine Umsetzung der gewählten Strategie ist allerdings mit verschiedenen Voraussetzungen verbunden. Eine Kostenführerschaft setzt neben der Identifikation von Kostensenkungspotenzialen durch Skaleneffekte und Verbundvorteile auch organisatorische Strukturen bspw. in Form von umfangreichen Investitionsprogrammen zur Erhaltung der Produktionsanlagen und Verfahrensinnovationen, klare Verantwortlichkeiten sowie eine überschaubarer Produktvariantenanzahl voraus. Eine Differenzierungsstrategie basiert dagegen bspw. auf Stärken in der Grundlagenforschung sowie Kreativität und guten Marketingfähigkeiten, verknüpft mit ideenfördernden Führungssystemen.

Die Entscheidung der Geschäftsfeldstrategie muss auch in den einzelnen Funktionsbereichen umgesetzt werden. Die resultierenden Strategien legen dann die grundsätzlichen Zielsetzungen und Aktivitäten in den Funktionen bspw. in Form einer Beschaffungs- oder Vertriebsstrategie fest. Sie lassen sich mit dem Begriff Funktionalstrategien bezeichnen, da man die Aktivitäten auch als die zu erbringenden Funktionen des Unternehmens begreifen kann. Diese wiederum werden durch die operativen Planungen bspw. durch entsprechende Jahresbudgets weiter konkretisiert.

Demnach besteht zwischen der operativen und strategischen Planung eine hierarchische Beziehung. Die strategische Planung ist übergeordnet, die operative Planung muss sich ihr anpassen. Abschließend sei an dieser Stelle angemerkt, dass eine ergebnisorientierte Steuerung mit einer organisatorischen Verankerung der aufgezeigten Systematisierung zur strategischen und operativen Planung einhergehen sollte (vgl. BEA/HAAS (2012), S.146ff). Durch die Bildung einer auf strategischen Geschäftsfeldern basierenden Sekundärorganisation wird der Tätigkeitsbereich eines Unternehmens in einzelne, voneinander unterscheidbare Planungseinheiten zerlegt. Die Geschäftsfeldbildung auf der obersten Hierarchieebene bildet demnach den Handlungsrahmen für die Marktsegmentierung auf der zweiten Ebene der strategischen Geschäftseinheitsplanung.

Im Rahmen des betrieblichen Führungsprozesses sind Planung und Kontrolle untrennbar miteinander verbunden. Kontrolle ist somit als Ergänzung zur Planung zu sehen und kann daher ebenfalls in die operative und strategische Kontrolle unterteilt werden. Dementsprechend existieren auch hier in Analogie zu den Planungsarten vier grundlegende Kontrollarten, welches in Verbindung mit der in Abbildung 1 aufgezeigten Vielfalt von Funktionsbereichen des Unternehmens die erhebliche Komplexität des Planungs- und Kontrollsystems darlegt.

Abbildung 3
Ineinandergreifen von strategischen und operativen Plänen[1]

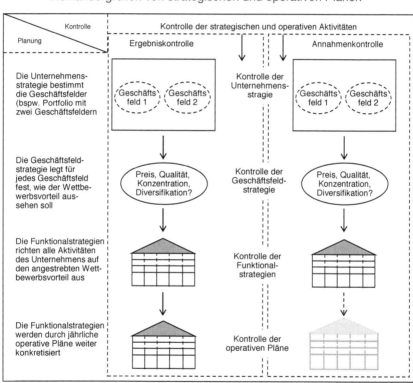

---
[1] Quelle: Graumann/Foit (2012), S.102

Die Abbildung 3 zeigt das Ineinandergreifen der operativen und strategischen Pläne und Kontrollaktivitäten, die dann durch einzelne Controllinginstrumente ausgefüllt werden.

Ausgangspunkt der Kontrolle ist das Bedürfnis, Informationen darüber zu besitzen, inwieweit wichtige Soll-Vorgaben auch wirklich erfüllt werden, die Informationsversorgung erfolgt dann im Rahmen des Berichtswesens/ Reportings. Der Kontrollprozess ist durch verschiedene Phasen gekennzeichnet: Nach der Ermittlung der relevanten Sollvorgabe, wird anschließend „Ist" bestimmt und es erfolgt ein Vergleich von Soll versus Ist. Bei der folgenden Abweichungsanalyse des Ist vom Soll sind die Ursachen dafür zu analysieren. Hierbei ist bspw. zu eruieren, ob die Mitarbeiter zur Erreichung des Solls ausreichend qualifiziert oder motiviert waren. Gleichzeitig muss aber auch in Betracht gezogen werden, dass die Sollvorgabe unrealistisch formuliert war, weil die Planung auf falschen Annahmen beruhte. Zum Abschluss hat sich der Kontrolleur ein Urteil über die Konsequenzen zu bilden. Auch hier sind wieder Soll und Ist betroffen. Es stellt sich die Frage, die Qualifikation und Motivation der Mitarbeiter zu verbessern, damit das Soll in der Zukunft erreicht wird, oder müssen die Annahmen der Planung und damit auch das Soll verändert werden?

Hier wird deutlich, dass Kontrollaktivitäten verschiedene Zwecke erfüllen. Neben dem aus Fehlern resultierenden Lerneffekt kann Kontrolle durch eine Beurteilungsfunktion als Voraussetzung für eine Mitarbeiterbezogene Leistungsmotivation gelten und darüber hinaus die Grundlage für rechtzeitig korrigierende Aktionen sein. Ein besseres Verständnis dieses Aspekts lässt sich mit der Differenzierung zwischen der Annahmen- und Ergebniskontrolle (vgl. STEINMANN/SCHREYÖGG (2005), S.274) erreichen.

Die operative Kontrolle ist weitestgehend eine Ergebniskontrolle, deren Sollwerte aus der Planung in mengen- oder wertmäßiger Form vorliegen. Die Ist-Werte markieren dann das faktische Maß der Erreichung des Plans. Nach der Zwecksetzung prüft also die operative Kontrolle bspw. durch Abweichungsanalysen auf der Basis gegebener Strategien und Kapazitäten, ob die in der Planung festgelegten Maßnahmen geeignet sind, die angestrebten Unternehmensziele zu erreichen.

Für die strategische Steuerung ist eine Beschreibung der Kontrolle als der Planung nachgelagerte Aktivität ungeeignet. So kann es bei strategischen Plänen durchaus sein, dass Soll-Ist-Vergleiche eine Übereinstimmung zeigen, obwohl sich die zugrunde gelegten Annahmen drastisch geändert haben und eventuell eine neue Strategie erforderlich ist. Zusätzlich zur Ergebniskontrolle muss demnach bei strategischen Plänen, die ihre Gültigkeit über mehrere Jahre beanspruchen, eine begleitende Annahmenkontrolle durchgeführt werden (vgl. Abb. 3).

Steuerungsziele von Wertschöpfungsprozessen

Die wirtschaftliche Steuerung von Wertschöpfungsprozessen kann nur dann umgesetzt werden, wenn entsprechende Steuerungsziele vorliegen. Vor dem Hintergrund der Frage der relevanten Anspruchsgruppen (Stakeholder und Shareholder) kann unabhängig von dieser Problematik ein Unternehmensziel grundsätzlich bejaht werden, nämlich das Ziel der Sicherung des Unternehmenserfolgs und der Unternehmensexistenz. In Abhängigkeit der zeitlichen Betrachtung lässt sich dieses Ziel dann in weitere Ausprägungen zerlegen. Die dichotome zeitliche Unterscheidung von operativen und strategischen Planungs- und Kontrollaktivitäten spiegelt sich somit auch bei der Betrachtung der zugrunde liegenden Steuerungsziele im Unternehmen wider (vgl. COENENBERG/GÜNTHER (2011), S.4).

So liegt der Fokus der kurzfristigen operativen Steuerung auf der finanzwirtschaftlichen Ebene in Form der Liquidität sowie in der Beachtung des unternehmerischen Erfolgsziels. Dementsprechend beschäftigt es sich mit Entwicklungen, die sich bereits in der Gegenwart durch die Teilsysteme des Rechnungswesens (Finanzierungsrechnung, Gewinn- und Verlustrechnung, Bilanz sowie Kosten- und Leistungsrechnung) belegen lassen. Die zu beantwortende Problemstellung ist demnach die Suche nach den richtigen Lösungen für vorgegebene Themen im Sinne der Effizienz ("die Dinge richtig tun"). Hier werden neben Größen wie Umsatz oder Gewinn typischerweise Kennzahlen bspw. in Form von Renditen oder zu struktur- und wachstumsrelevanten Aspekten des Unternehmens (bspw. Produktivität, Vermögens- und Kapitalstruktur) gebildet.

Die strategische Steuerung zielt dagegen auf das systematische Erkennen und Beachten zukünftiger Chancen und Risiken des in eine Branche eingebetteten Unternehmens, demnach auf die Erschließung von Erfolgspotenzialen als Steuerungsgröße ab. Hier steht die Problemstellung der überhaupt richtigen Dinge im Mittelpunkt. Zur Ableitung dieser Fragen wird eher auf qualitative Bewertungskriterien und auch umfeldorientierte Analysen zurückgegriffen. Typische Instrumente sind dabei bspw. die Stärken-Schwächen-Analyse (SWOT), die Marktanteils-Marktwachstums-Matrix zur Positionierung der Produkte und Geschäfte im Portfoliomanagement mit den zugrunde liegenden Analyseinstrumenten der Erfahrungs-kurve und des Produktlebenszyklus sowie die Branchenstrukturanalyse (vgl. bspw. VAHS/SCHÄFER-KUNZ (2012), S.358ff.)

Sofern die eher qualitativen Ausführungen in eine monetäre Zielgröße überführt werden, wird zur Abbildung der Zukunftschancen der Unter-nehmenswert herangezogen, einer Zielgröße, die insbesondere im Rah-men der wertorientierten Unternehmensführung eine zentrale Rolle spielt (vgl. bspw. BECK (2003), LANGGUTH (2008). Dieser entspricht den abge-zinsten zukünftigen erwarteten Erfolgen, welche auch als Bar- oder Ge-genwartswert genannt werden. Maßnahmen, die durchgeführt werden sollen, gilt es dahingehend zu prüfen, ob wertsteigernde Effekte im Sinne eines strategischen Wertbeitrags zu erwarten sind.

Die aufgezeigte kompakte Unterscheidung darf allerdings nicht den Blick auf die tiefgreifenden Zusammenhänge und das entsprechende (kreislauf-förmige) Zusammenspiel der einzelnen Steuerungsebenen verstellen (vgl. COENENBERG/GÜNTHER (2011), S.13). So muss zunächst genügen Liquidität erwirtschaftet worden sein, damit Aufbau von Erfolgspotenzialen durch eine Investitionspolitik möglich ist. Der Aufbau von Wettbewerbsvorteilen ermöglicht dann Erfolge, die jedoch in der Regel zunächst negative Aus-wirkungen auf den Erfolg haben, da der Nutzen bspw. von neuen Techno-logien erst später zu Umsatzwachstum führt. Der aus dem Erfolg (Umsatz-tätigkeit) realisierte Einzahlungsüberschuss, auch Cash Flow genannt, be-deutet dann wieder eine Zunahme von Liquidität.

Steuerungsgrößen von Wertschöpfungsprozessen

Wie bereits erwähnt, liegt ein Fokus der Steuerung auf der finanzwirt-schaftlichen Ebene in Form der Liquidität sowie in der Beachtung des un-ternehmerischen Erfolgsziels. Im Zusammenspiel ist gleichzeitig damit die Beurteilung der Einhaltung eines finanziellen Gleichgewichts verbunden (vgl. PERIDON/STEINER (2009), S.10f und 561ff).

Liquidität lässt sich dabei unter mehreren Gesichtspunkten analysieren (vgl. WIRTZ (2009), S.4). Zunächst geht es darum, die jederzeitige Zah-lungsfähigkeit sicherzustellen (dispositive Liquidität), welches sich aus der Sicherstellung des Unternehmenserhalts ergibt, da bei einer Zielverfehlung das Unternehmen insolvent wird. Ein- und Auszahlungen sind termin- und beitragsgenau abzustimmen sowie die Liquiditätswahrung und den Zahlungsmittelbestand auch unter Berücksichtigung einer Liquiditätsreserve zu überwachen. Dies geschieht vor allem durch Finanzplanungen, im Hinblick auf die operative Steuerung auch durch Analysen der Kapitalbindungsdauer (bspw. Umschlagshäufigkeit, Working Capital Management).

Darüber hinaus kann Liquidität auch unter strukturellen Aspekten mit dem Ziel einer gleichgewichtigen Kapitalstruktur bzw. Optimierung der Kapitalstruktur und der Verbesserung der Kreditwürdigkeit betrachtet werden. Zu diesem Zwecke lassen sich Finanzierungsregeln und Bilanzstrukturkennzahlen in horizontaler und vertikaler Form bspw. Verschuldungsgrad, Eigen- und Fremdkapitalquote oder Deckungsgrade des Anlagevermögens (Goldene Bilanzregel und goldene Finanzregel zur Fristenkongruenz einzelner Investitionen) ableiten.

In diesem Zusammenhang sind auch die Kennzahlen der Liquiditätsgrade zu nennen, die in einer Abstufung die liquidierbaren Mittel des Umlaufvermögens jeweils ins Verhältnis zu den kurzfristigen Verbindlichkeiten des Unternehmens setzen. Doch gerade hier ergeben sich gerade Verzerrungen bei der Aussagekraft. So findet die Ermittlung anhand von Bilanzzahlen immer nur auf der Basis einer Stichpunktbetrachtung statt, die keine Aussage über weitere Entwicklung zulässt. Darüber hinaus ist der Informationsgehalt zu aggregiert und allein nicht aussagefähig und bedarf weiterer Analysen (Struktur der Fälligkeiten der einzubeziehenden Forderungen/Verbindlichkeiten, Ausfallrisiko der Forderungen, (ungenutzte) Kreditfazilitäten/-linien (z.B. Kontokorrent), sicherungsübereignetes/verpfändetes Vermögen).

In Bezug auf die Erfolgsziele ist die Steigerung der Rentabilität eines der wichtigsten Handlungsziele vieler Unternehmen. Zur Liquidität besteht dahingehend ein Spannungsverhältnis, dass eine zu hohe Liquidität Rentabilitätseinbußen bewirkt. Renditen beinhalten eine Information über die Wirtschaftlichkeit bzw. Ertragsstärke des Unternehmens. Je nach Ausgestaltung können die Umsatzrendite sowie die Eigenkapital- und Gesamtkapitalrendite unterschieden werden. Während die Umsatzrendite eine Gewinnmarge ausdrückt, beantworten die Kaptialrenditen die Frage, in welcher Höhe sich das eingesetzte Kapital verzinst. Besondere Bedeutung hat das ROI-Kennzahlensystem erlangt, wobei der Return-on-Investment in seiner Definition der Gesamtkapitalrendite entspricht. Als Kennzahlenbaum dargestellt, verdeutlicht es die Einflüsse der Erträge und Aufwendungen (Erfolgsrechnung) sowie die des Vermögens und des investierten Kapitals (Bilanzpositionen) und gibt die Steuerungsmöglichkeiten durch die Verknüpfung von Umsatzrendite und Kapitalumschlag wieder.

Wird die Rendite des eingesetzten Eigenkapitals betrachtet, so kann sie durch den Jahresüberschuss im Verhältnis zum Eigenkapital berechnet werden. Bei dieser Kennzahl ist jedoch zu berücksichtigen, dass sich durch Aufnahme zusätzlichen Fremdkapitals das notwendige Eigenkapital reduziert und unter bestimmten Bedingungen eine höhere Rendite erzielt werden kann (positiver Leverage-Effekt).

Neben diesen traditionellen Steuerungsgrößen haben im Zuge der Priorisierung des Unternehmensziels Steigerung des Unternehmenswertes (Shareholder Value) wertorientierte Kennzahlen eine hohe Bedeutung erlangt (vgl. EWERT/WAGENHOFER (2000), S.7).

Als wesentliche Ursache für die Notwendigkeit von wertorientierten Steuerungskonzepten werden u. a. die Unzulänglichkeiten der traditionellen Form der Erfolgsmessung durch vergangenheitsorientierte Renditekennzahlen herangezogen (vgl. LANGGUTH (2008), S.137). Wertbeitragskennzahlen werden darüber hinaus vielfach durch Cash-Flow-Größen als weitere zentrale Kennzahl flankiert (vgl. BECKER (2000), S.10ff). Hierdurch wird das Innenfinanzierungspotenzial gemessen, das für wertsteigernde Investitionen, Kredittilgungen und Dividendenzahlungen zur Verfügung steht. Durch die Zuordnung des Kapitalflusses zu unterschiedlichen unternehmerischen Aktivitäten (operativen, Investitions- und Finanzierungsaktivitäten) erhöht sich gegenüber der Bilanz und Gewinn- und Verlustrechnung der liquiditätsorientierte Informationsgehalt.

Innerhalb des Gesamtcontrollings ergibt sich eine Ergänzung der Erfolgsmessung durch lang- und kurzfristige wertorientierte Konzepte, mittels derer die Wirkung wesentlicher einmaliger Entscheidungen anhand des Discounted-Cash-Flow-Verfahrens (DCF) sowie die laufende Planung und Kontrolle bspw. mittels des EVA™-Verfahrens bewertet werden (vgl. zur Übersicht bspw. BECK (2003), S.68; FRANZ et al. (2010), EVA™ ist eine eingetragene Marke von Stern und Stewart & Co.).

Im Zuge der DCF-Verfahren wird auf der Basis eines investitionstheoretischen Kalküls der ökonomische Wert von Investitionen durch Diskontierung von prognostizierten Cash Flows mittels eines Kapitalkostensatzes ermittelt. Über die Abzinsung sollen die Zeitpräferenzen der Investoren ebenso Berücksichtigung finden wie Risikogesichtspunkte. Der Wert einer Strategie wird dann aus der Differenz zwischen dem Eigentümerwert eines Unternehmens bei Durchführung der Strategie (Investitionsfall) und Beibehaltung des Ist-Zustandes abgeleitet. Die Ermittlung des DCF-Wertes ist relativ komplex und erscheint daher für die konkrete Steuerung eines Unternehmens nicht optimal geeignet. Darüber hinaus ist die Ausrichtung an Marktwertsteigerungen auch deshalb schwierig, weil sie begrenzt für die Steuerung einzelner Geschäftsbereiche geeignet ist und kaum als konkrete operative Steuerungsgröße dienen kann.

Um in regelmäßigen Abständen zu prüfen, ob das Ziel der Unternehmenswertsteigerung erreicht wurde, werden wertorientierte Performancemaße verwendet. Grundgedanke dieser Erfolgsmessung ist, dass eine Ergebnis- oder Cash-Flow-Größe dem eingesetzten Kapital gegenübergestellt wird (vgl. COENENBERG/FISCHER/GÜNTHER (2012), S.837ff). Das bekannteste Konzept ist das des Economic Value Added (EVA™). Gegenüber der traditionellen Betrachtung von Renditeentwicklungen handelt es sich hierbei um eine auf einem Residualkonzept beruhende Kennzahl, welche neben der erwirtschafteten Rendite auch die Kapitalkosten sowie das investierte Kapital berücksichtigt. Somit werden nicht nur die Fremdkapitalkosten durch Zinsen, sondern auch die Opportunitätskosten des eingesetzten Eigenkapitals berücksichtigt. Ein zusätzlicher Wert entsteht erst dann, wenn die Kosten des eingesetzten Kapitals überschritten werden. Der Übergewinn ist regelmäßig zu ermitteln, was über folgenden Weg erreicht werden kann:

EVA™ = Betriebsgewinn vor Zinsen und nach Steuern – Kapitalkosten (Fremdkapital + Eigenkapital)

Die Anwendung der wertorientierten Steuerung erlaubt neben der Planung und Kontrolle der Geschäftstätigkeiten auch die Optimierung des Geschäftsportfolios. Auf der Grundlage von ergänzten traditionellen Portfolioanalysen sowie Strategie-Wertbeitrags-Matrizen bzw. wertreiberorientierten Matrix-Darstellungen können dann beispielsweise Bereiche identifiziert werden, die nachhaltig die erwarteten Kapitalkosten nicht decken und somit im Rahmen einer optimierten Ressourcenallokation aufgelöst werden können (BAUM/COENENBERG/GÜNTHER (2013)). Dies gilt ebenso für eine Verknüpfung zur Cash-Flow-Generierung, so dass eine Einordnung der Förderungswürdigkeit auch in dieser Hinsicht erfolgen kann.

Literaturverzeichnis

BAUM, HEINZ-GEORG/ COENENBERG, ADOLF/GÜNTHER, THOMAS (2013): *Strategisches Controlling*, Stuttgart

BEA, FRANZ XAVER/HAAS, JÜRGEN (2012): *Strategisches Management*, München

BECK, RALF (2003): E*rfolg durch wertorientiertes Controlling*, Berlin

BECKER, WOLFGANG (2000): *Wertorientierte Unternehmensführung*, Bamberg

COENENBERG, ADOLF/GÜNTHER, THOMAS (2011): *Grundlagen der strategischen, operativen und finanzwirtschaftlichen Unternehmenssteuerung* in: Busse von Colbe/Coenenberg/Kajüter/Linnhoff/Pellens (Hrsg.): Betriebswirtschaft für Führungskräfte, Stuttgart, S.3-28.

COENENBERG, ADOLF/FISCHER, THOMAS/GÜNTHER, THOMAS (2012): *Kostenrechnung und Kostenanalyse*, Stuttgart

EISENFÜHR, FRANZ/THEUVSEN, LUDWIG (2004): *Einführung in die Betriebswirtschaftslehre*, Stuttgart

EWERT, RALF/WAGENHOFER, ALFRED (2000): *Rechnungslegung und Kennzahlen für das wertorientierte Management* in: Wagenhofer/Hrebicek: Wertorientiertes Management, Stuttgart, S.3-64.

FRANZ/KAISER/ECKHARDT/FRISCH/KAJÜTER/LASSMANN/PFAFF/PLASCHKE/RIEZLER/ SCHMITHAUSEN/TROSSMANN/ VELTHUIS/ WÄHRISCH/WINKLER (Arbeitskreis Internes Rechnungswesen der Schmalenbach Gesellschaft) (2010): *Vergleich von Praxiskonzepten zur wertorientierten Unternehmenssteuerung* in: Zeitschrift für Betriebswirtschaftliche Forschung, S.797-820.

GRAUMANN, MATTHIAS/FOIT, KRISTIAN (2012): *Vielfalt der Kontrolle* in: Der Aufsichtsrat, S.101-103.

HORVATH, PETER (2011): *Controlling*, Vahlen, München

KAJÜTER, PETER (2011): *Wertorientierte Unternehmensführung* in Busse von Colbe/Coenenberg/Kajüter/Linnhoff/Pellens (Hrsg.): Betriebswirtschaft für Führungskräfte, Stuttgart, S.3-28.

KÜPPER, HANS-PETER (2008): *Controlling*, Stuttgart

Langguth, Heike (2008): *Kapitalmarktorientiertes Wertmanagement*, München

Peemöller, Volker (2005): Controlling, Berlin

Perridon, Louis/Steiner, Manfred (2009): *Finanzwirtschaft der Unternehmung*, München

Porter, Michael (2010): *Wettbewerbsvorteile – Spitzenleistungen erreichen und behaupten*, Frankfurt

Rese, Mario/Kupp, Martin (2011): *Strategisches Management* in: Busse von Colbe/Coenenberg/Kajüter/Linnhoff/Pellens (Hrsg.): Betriebswirtschaft für Führungskräfte, Stuttgart, S.85-108.

Steinmann, Horst/Scheyögg, Georg (2005): *Management – Grundlagen der Unternehmensführung*, Wiesbaden

Vahs, Dietmar/Schäfer-Kunz, Jan (2012): *Einführung in die Betriebswirtschaftslehre*, Stuttgart

Wirtz, Harald (2009): *Finanzierung*, Münster

Reflexionsaufgaben zum gelesenen Thema
„Betriebswirtschaftlich-wertschöpfende Grundthemen"

1. Welchen Teil des Artikels fanden Sie besonders interessant und warum?
2. Welchen Teil des Artikels glauben Sie nicht verstanden zu haben – wen sprechen Sie an, um Ihnen beim Verstehen des Textteils zu helfen?
3. Mit welcher der fünf Führungsbedingungen hat der Textinhalt, nach Ihrer Überzeugung, besondere Berührungspunkte – und warum?
4. Mit welchen zwei der acht Grundeinsichten der Führung können Sie den Text im Besonderen verbinden – und warum?
5. Bei welchen der 14 Führungsaufgaben müssen Sie Ihr Wissen aus diesem Text auf jeden Fall in der Anwendung als Beeinflussungsimpuls bei Mit-Arbeitern berücksichtigen – und warum?
6. Welches konkrete Potenzial des Textes oder einiger Inhalte des Textes erkennen Sie für Ihre Wertschöpfung als Führungskraft durch die generelle Wahrnehmung der 14 Führungsaufgaben – und warum?
7. Wenn Sie das Thema Ihrem Mit-Arbeiter vermitteln wollen, wie werden Sie die Inhalte aufbereiten nach den Grundsätzen: Vom Bekannten zum Unbekannten, vom Einfachen zum Schwierigen, vom Allgemeinen zum Speziellen und vom Konkreten zum Abstrakten?
8. In der Vermittlung des Themas an den Mit-Arbeiter, was soll er faktisch kennen und behalten? In welchen seiner Aufgabensituationen soll er das neue Faktenwissen anwenden? Wie kann er die Anwendung des neuen Faktenwissens in diesen Situationen ganzheitlich (systemisch) reflektieren?
9. In welchen seiner anderen oder zukünftigen Arbeitssituationen erkennt der Mit-Arbeiter die Möglichkeit, sein Faktenwissen einzusetzen?

8.5 Volkswirtschafliches Grundlagenwissen für Führungskräfte
von Prof. Dr. Carsten Wesselmann

Zwar begegnet uns der Begriff Volkswirtschaftslehre nicht täglich, doch es vergeht kein Tag, an dem in den Medien nicht über volkswirtschaftliche Zusammenhänge berichtet wird. Welche Auswirkungen hat ein flächendeckender Mindestlohn? Wer ist davon betroffen, wenn die Notenbanken die Leitzinsen verändern? Welche Herausforderungen bringt die Globalisierung mit sich? Die Volkswirtschaftslehre versucht Antworten auf diese Fragen zu geben. Sie beschäftigt sich mit menschlichem Handeln unter ökonomischen/wirtschaftlichen Bedingungen. Wirtschaft bestimmt unser Leben und unseren Wohlstand.

In nahezu allen Bereichen menschlichen Wirkens sind die Handlungsmuster von wirtschaftlichen Fragestellungen geprägt. Das gilt für Unternehmen gleichermaßen. Wie können knappe Ressourcen – z. B. Arbeitskräfte, Werkstoffe, saubere Luft, aber auch Zeit und Geld – effizient genutzt und verteilt werden, damit die Wirtschaftsleistung möglichst groß ausfällt und den größtmöglichen Nutzen für den Einzelnen bringt? Das Verständnis volkswirtschaftlicher Grundzusammenhänge ist demzufolge Voraussetzung dafür, ein Unternehmen erfolgreich durch die heutigen Absatzmärkte zu steuern. Die folgenden sieben zentralen volkswirtschaftlichen Fragestellungen haben maßgeblichen Einfluss auf unternehmerische Entscheidungen und determinieren deren Erfolg.

1. Welchen Einfluss hat der Konjunkturzyklus auf das Unternehmen und wie ist der zukünftige Konjunkturverlauf zu prognostizieren?
2. Was ist Geld und ist es der richtige Maßstab für unternehmerische Entscheidungen?
3. Wie entsteht Geld und wer kann es produzieren?
4. Welchen Einfluss haben Zentralbanken auf das Wirtschaftsgeschehen?
5. Inwieweit determiniert Inflation unternehmerische Entscheidungen?
6. Ist produktivitätsorientierte Lohnpolitik gerecht und für das Unternehmen tatsächlich ohne negative Konsequenzen?
7. Ist der Internationale Handel Fluch oder Segen für den Unternehmenssektor.

Was ist Konjunktur und wie ist ihr Verlauf zu prognostizieren?

Betrachtet man typische unternehmerische Entscheidungen, wie z.B. Investitionsentscheidungen, Personaleinstellung oder Preissetzung, so fällt sofort auf, dass die Wahl der effizientesten Handlungsalternative entscheidend vom erwarteten Konjunkturverlauf abhängt. Unter Konjunktur werden die mehr oder weniger regelmäßig auftretenden Schwankungen der gesamtwirtschaftlichen Aktivität verstanden. Gemessen werden kann diese durch den Grad der Kapazitätsauslastung (Verhältnis der tatsächlich produzierten Gütermenge zur maximal mit den vorhandenen Produktionsfaktoren produzierbaren Mengen). So ist festzustellen, dass die Beanspruchung der Produktionskapazitäten der Unternehmen im Zeitablauf wie eine Sinuskurve zyklisch und wellenförmig um die sogenannte Normalauslastung schwankt. Der Sachverständigenrat zur Begutachtung der gesamtwirtschaftlichen Entwicklung sieht eine Normalauslastung dann als gegeben an, wenn die vorhandenen Produktionsfaktoren zu 96,75 % ausgelastet sind. Die Schwankungen um diese Normalauslastung manifestieren sich in der Regel in den Veränderungen des Bruttoinlandsproduktes (= Wert aller im Inland produzierten Güter und Dienstleistungen innerhalb eines bestimmten Zeitraums) und damit in der Wirtschaftsleistung einer Volkswirtschaft.

Der Konjunkturzyklus kann in vier Phasen unterteilt werden.

1. In der Aufschwungphase, die am Tiefpunkt eines Konjunkturzyklus beginnt, hellt sich die Stimmung der Konsumenten und Produzenten von einem sehr niedrigen Niveau auf und die Erwartungen bezüglich der weiteren wirtschaftlichen Entwicklung weirden optimistischer. Die Nachfrage nach Gütern und Dienstleistungen zieht kräftig an und die Unternehmen weiten ihre Produktion zunehmend aus.

2. Daran schließt sich die Boomphase an, die sich durch ein positives, jedoch verlangsamtes Wirtschaftswachstum auszeichnet. Die Wirtschaft nähert sich der Maximalauslastung. Mehr und mehr Unternehmen stoßen an ihre Kapazitätsgrenzen und die Wachstumsrate stagniert. Mit der deutlich steigenden Nachfrage kommt es sukzessive zu Engpässen auf dem Arbeitsmarkt und in der Folge ziehen die Löhne an. Da die Nachfrage das Angebot übersteigt, steigt das Preisniveau und es besteht die Gefahr einer Lohn-Preis-

Spirale (Wechselwirkung zwischen Lohn- und Preiserhöhungen in Form eines Aufschunkelungsprozesses aufgrund dauernder Anpassungsreaktionen von Haushalten und Unternehmen auf eine inflationäre Entwicklung).

3. In der dann folgenden Abschwungphase – auch Rezessionsphase genannt – gehen Investitionen und Produktion wieder zurück. Die Arbeitsmarktsituation trübt sich ein, viele Unternehmen schalten auf Kurzarbeit um und/oder sehen sich gezwungen, Arbeitskräfte freizusetzen. Die Löhne und Preise stagnieren oder sinken.

4. Der Zyklus endet mit der Depression. Die Auslastung der Produktionskapazitäten liegt unter der Normalauslastung. Der Produktionsausstoß geht weiter zurück, wenn auch langsamer als in der Abschwungphase. Ein sich selbst verstärkender Prozess von sinkender Gesamtnachfrage, sinkenden Preisen, schrumpfenden Unternehmensgewinnen und hoher Arbeitslosigkeit lässt die Wirtschaft in ein tiefes Konjunkturtal rutschen und vorerst dort verharren. Dies kommt allerdings nur selten in der Realität vor (vgl. Landesbank Hessen-Thüringen Girozentrale (2012): Helaba Handbuch – Wirtschaftsindikatoren unter der Lupe, Frankfurt am Main, S.6 f., abzurufen unter: http://www.lifepr.de/attachment/402324/Helaba+Handbuch.pdf).

Die Ursachen für die konjunkturellen Schwankungen sind vielfältig. Sie können auf das zyklische Investitionsverhalten der Unternehmen, wirtschaftspolitische Maßnahmen von Staaten und Zentralbanken oder aber auf Extremereignisse wie etwa einem Ölpreisschock, das Platzen einer Kapitalmarktblase oder aber die Insolvenz einer systemrelevanten Bank ausgelöst werden. Unabhängig von den Ursachen der Schwankungen der Wirtschaftsleistung um den langfristigen Trend (Auf- oder Abwärtsbewegung des Bruttoinlandsprodukts über einen längeren Zeitraum, in deren Verlauf immer neue Hoch- oder Tiefpunkte erreicht werden) entscheidet die aktuelle Position im Konjunkturzyklus und der zu erwartende zukünftige Konjunkturverlauf maßgeblich über die künftigen Gewinnaussichten, der Investitionstätigkeit der Unternehmen und den Spielraum für Lohnerhöhungen. Leider unterscheiden sich die Konjunkturzyklen hinsichtlich der Amplitude und Frequenz der Schwankungen deutlich. Ein durchschnittlicher Zyklus nimmt einen Zeitraum von rund fünf bis sieben Jahren in Anspruch (vgl. VAN SUNTUM, ULRICH (2013): Die unsichtbare Hand, Springer, Berlin u.a., S.117 f.). Doch darauf kann sich ein Unternehmer nicht verlassen. Der unternehmerische Planungsprozess fußt daher auf den Erwartungen an die zukünftige wirtschaftliche Entwicklung und somit auf Konjunkturprognosen.

Solche Prognosen basieren auf unterschiedlichen Methoden, die auf die verschiedensten statistischen und theoretischen Grundlagen zurückgreifen. Es handelt sich in der Regel um ein sehr komplexes Rechenwerk, sodass nur die wenigsten Unternehmer eigene Konjunkturprognosen aufstellen werden. Die Erstellung eigener Prognosen ist aber auch häufig gar nicht notwendig. Zahlreiche Wirtschaftsforschungsinstitute (z.B. das Deutsche Institut für Wirtschaftsforschung, ifo Institut für Wirtschaftsforschung, Institut für Weltwirtschaft, Institut für Wirtschaftsforschung Halle usw.), Banken, Handwerks-, Industrie- und Handelskammern, internationale Organisationen (Internationaler Währungsfonds, Weltbank, OECD usw.), der Sachverständigenrat zur Begutachtung der gesamtwirtschaftlichen Entwicklung usw. erstellen in regelmäßigen Abständen Konjunkturprognosen, die für jedermann frei zugänglich sind. Im Übrigen z.T. auch auf regionaler und auf Branchenebene, denn der Konjunkturverlauf ist von Region zu Region und von Branche zu Branche oft sehr unterschiedlich.

Zudem gibt es sogenannte konjunkturelle Frühindikatoren, die frühzeitig auf einen Wendepunkt der Wirtschaftsentwicklung hindeuten. Neben harten Daten wie z. B. den Auftragseingangszahlen, die monatlich vom Statistischen Bundesamt veröffentlicht werden und Prognosen über die zukünftige Produktionstätigkeit ermöglichen, nehmen hier die so genannten Stimmungsbarometer einen breiten Raum ein. Für die deutsche Volkswirtschaft sind in diesem Zusammenhang vor allem die ZEW-Konjunkturerwartungen und der ifo-Index zu nennen. Letztgenanntes Barometer basiert auf einer monatlichen Unternehmensbefragung in den Bereichen Bau, Handel und verarbeitendes Gewerbe zur aktuellen Geschäftslage und zu den Geschäftserwartungen in den nächsten sechs Monaten. Erfahrungswerte legen den Schluss nahe, dass ein dreimaliger Anstieg oder Fall des Geschäftsklimas eine nachhaltige Änderung der Konjunkturphase ankündigt. Wenn die ifo-Daten für Prognosezwecke verwendet werden, sollten die monatlichen Zahlen des Geschäftsklimas und der Geschäftserwartungen benutzt werden. Sie haben einen zeitlichen Vorlauf von einem bis zwei Quartalen gegenüber der Wachstumsrate des Bruttoinlandsproduktes (vgl. KUNKEL, A. (2003): Zur Prognosefähigkeit des ifo Geschäftsklimas und seiner Komponenten sowie die Überprüfung der „Dreimal-Regel", ifo-Diskussionsbeiträge Nr. 80, München, S.23, abzurufen unter: http://www.cesifo.org/pls/guest/download/ifo%20Diskussionsbeitraege/ifodpaper80.pdf).

Es wäre illusorisch anzunehmen, dass Konjunkturprognosen und Frühindikatoren immer eine treffsichere Vorhersage der zukünftigen Wirtschaftsentwicklung leisten können. Dafür existieren in der realen Welt zu viele Eventualitäten, die den Konjunkturverlauf durchaus auch kurzfristig beeinflussen können. Daher sollte es auch nicht erstaunen, dass sich die verschiedenen Konjunkturprognosen oft widersprechen. Zumeist beruhen diese auf unterschiedliche Annahmen. Dafür muss man wissen, dass eine logisch fundierte Aussage über die zukünftige Wirtschaftsentwicklung deduktiv aus allgemeinen Anwendungsgesetzen (volkswirtschaftlichen Modellen) und Anwendungsbedingungen (Annahmen) abgeleitet wird. Verschiedene Modelle und verschiedene Annahmen führen zu unterschiedlichen Ergebnissen.

Auch für Konjunkturprognosen gilt eben, dass Zukunft nicht prognostizierbar ist. Damit werden Prognosen der zukünftigen wirtschaftlichen Entwicklung aber nicht ad absurdum geführt. Auch wenn Zukunft nicht vorhersagbar ist, so ist sie aber auf Grundlage fundierter Prognosen planbar. Unternehmerische Entscheidungen werden zwar stets unter Unsicherheit getroffen, der „Blick in die Glaskugel" kann aber aktiv zur Verringerung der Unsicherheit beitragen. Ändern sich die wirtschaftlichen Rahmenbedingungen, ist der Plan an die geänderte Konjunkturprognose anzupassen.

Neben den Frühindikatoren, die einen Vorlaufcharakter gegenüber der Realwirtschaft aufweisen und Hinweise auf die zukünftige Entwicklung der Wirtschaftslage geben, sollte zur Beurteilung des aktuellen konjunkturellen Zustandes und zur Ableitung von Wendepunkten der Wirtschaftsentwicklung ein Blick auf die sogenannten gleich- und nachlaufenden Konjunkturindikatoren gelegt werden. Während zuerst genannte das aktuelle Konjunkturbild zeigen, spiegeln zuletzt genannte die Spätfolgen einer konjunkturellen Entwicklung wider. Nachfolgende Abbildung verschafft einen Überblick über die Entwicklung der wichtigsten Konjunkturindikatoren im Kontext eines idealtypischen Konjunkturzyklus.

Reales Bruttoinlandsprodukt Veränd. ggü. Vj.

Normalauslastung Wachstumstrend

konjunkturelle Schwankungen

Zeit

Konjunkturindikatoren	Aufschwung	Boom/ Hochkonjunktur	Abschwung/ Rezession	Depression
vorlaufende				
• Auftragseingänge	• nehmen stark zu	• nehmen nur noch gering zu	• nehmen ab	• durchschreiten Tiefpunkt
• Investitionsbereitschaft	• hoch	• nimmt ab	• nimmt deutlich ab	• erreicht Minimum
• Aktienindizes	• steigende Kurse	• sinkende Kurse	• fallende Kurse	• Baisse erreicht Tiefpunkt
• Konjunkturerwartungen	• hellen sich auf	• beginnen sich einzutrüben	• negativ	• durchschreiten Tiefpunkt
gleichlaufende				
• Produktion	• nimmt zu	• hoch	• nimmt ab	• nimmt ab
• Kapazitätsauslastung	• nimmt zu	• hoch	• nimmt ab	• gering
• Konsumtätigkeit	• nimmt stark zu	• erreichen Maximum	• nimmt ab	• gering
• Gewinne	• nehmen stark zu		• sinken	• gering
nachlaufende				
• Inflation	• nimmt ab	• steigt stark	• beginnt zu sinken	• niedrig
• Arbeitslosenquote	• nimmt ab	• nimmt stark ab	• nimmt allmählich zu	• hoch
• Zinsen	• niedrig, steigende Tendenz	• steigen stark	• beginnen zu sinken	• niedrig
• Lohnabschlüsse	• nehmen zu	• deutliche Lohnsteigerungen	• sinken	• niedrig

Was unterscheidet Einkommen und Geld?

Erstaunlich, dass die bisherigen Ausführungen ohne den Begriff Geld aus-
gekommen sind. Dabei werden doch die meisten unternehmerischen Entscheidungen auf Grundlage eben dieser Größe getroffen, oder? Diese Ein-
schätzung ist ein fataler Fehler. Geld ist zumeist nichts anderes als ein
Schleier über dem realwirtschaftlichen Bereich (das, was in Mengenein-
heiten an Gütern und Dienstleistungen im Rahmen des Produktionspro-
zesses erstellt und nachgefragt wird). Geld selbst hat nur wenig Einfluss
auf das reale Wirtschaftsgeschehen. Die weltweit im Umlauf befindliche
Zentralbankgeldmenge wurde bspw. seit Ausbruch der Finanzkrise mehr
als verdoppelt, die wirtschaftliche Entwicklung selbst ist hingegen unverändert als schleppend zu bezeichnen.

Im Zentrum unternehmerischer Entscheidungen steht zumeist der reale
Produktionsaustausch. Es gibt wohl kein Medium, das mit soviel
Verständnisproblemen innerhalb der Volkswirtschaftslehre behaftet ist,
wie Geld. Wie oft ist zu lesen, dass Geld die Welt regiert. Gemeint ist jedoch etwas ganz anderes. Hier wird Geld mit Einkommen und seinen
Komponenten wie Konsum, Ersparnisse, Investitionen usw. verwechselt.
Diese Verwechselung beruht im Wesentlichen darauf, dass in unserem
marktwirtschaftlichen System zumeist alle Einkommensvorgänge in Geld
abgewickelt werden, sei es bei der Entstehung in Form von Löhnen, Ge-
hältern, Mieten, Dividenden und Zinsen oder aber bei der Verwendung
für Konsum, Ersparnisse, Investitionen, Staatskonsum, Importe und Expor-
te (vgl. FUNK, L., VOGGENREITER, D., WESSELMANN, C. (2008): Makroökonomik, Lucius & Lucius: Stuttgart, S.16).

Das Verständnis ökonomischer Grundzusammenhänge setzt eine strikte
Unterscheidung von Geld und Einkommen voraus. Während Einkommen
alleine durch den Einsatz von Produktionsfaktoren (Arbeitskraft, natürliche Ressourcen und Produktionsmittel) entsteht, hat Geld – einmal abgesehen vom rein technischen Prozess des Druckens von Banknoten –
nichts mit dem Einsatz von Produktionsfaktoren zu tun. Geld entsteht einzig dadurch, dass Wirtschaftssubjekte (öffentliche und private Haushalte
sowie Unternehmen) nicht inländisches Geld darstellende Vermögenstitel
wie z. B. Wertpapiere, Edelmetalle, Kreditverträge oder Devisen an Banken übereignen und dafür Vermögenstitel in Form von Bargeld oder Sichteinlagen auf Girokonten erhalten. Zudem handelt es sich bei Einkommen

eine Stromgröße mit der Dimension „Euro in einem Zeitraum". Dabei ist jede Einkommenseinheit nur einmal einsetzbar. Wurde Einkommen einmal verteilt und verwendet, ist eine neuerliche Verteilung und Verwendung nicht möglich, es sei denn, es wird neues Einkommen durch eine weitere Güter- und Dienstleistungsproduktion geschaffen.

Geld stellt hingegen eine Bestandsgröße („Euro zu einem Zeitpunkt") dar. Es kann unendlich oft eingesetzt werden (wenn man einmal vom physischen Verschleiß abstrahiert). Wird Geld bspw. im Zuge der Einkommensverwendung eingesetzt, wechselt es lediglich von einer Geldbörse in die andere bzw. von einem Konto auf ein anderes. Der Geldmengenbestand ändert sich hingegen nicht. Ferner erfüllen Einkommen und Geld ganz unterschiedliche Funktionen bzw. haben ganz unterschiedliche Zweckbestimmungen. Während Einkommen der Befriedigung von Konsumbedürfnissen und der Vermögensbildung durch Ersparnisse dient, deckt Geld den Liquiditätsbedarf der Wirtschaftssubjekte, der aus Transaktions- und/ oder Vermögenshaltungsmotiven resultiert (vgl. WESSELMANN, C. (2007): Geld und Einkommen, in WISU – Das Wirtschaftsstudium, Jg. 36, S.197.)

Alles in allem dürfte damit klar sein, dass eine florierende Wirtschaft nicht allein durch die „Produktion" von Geld zu schaffen ist, sondern in erster Linie durch die Schaffung von Einkommen über die Produktion von Gütern und Dienstleistungen. Vor diesem Hintergrund ist auch verständlich, dass volkswirtschaftliche Überlegungen zumeist auf Realgrößen fußen, also Mengengrößen und weniger Wertgrößen (so genannte Nominalgrößen = Gütergrößen, bewertet zu ihren jeweiligen Preisen).

Auch unternehmerische Entscheidungen fußen zumeist auf Realgrößen, auch wenn Unternehmer durchaus in Nominalgrößen denken. So hat der Unternehmer bei Produktions-, Investitions- und Kapazitätsentscheidungen zunächst darüber nachzudenken, wie sich die Güternachfragemenge entwickelt und weniger die in Geldeinheiten bewertete Gütermenge. Volkswirte sprechen in diesem Zusammenhang von der sogenannten Realplanung. Auch die Konsumgüternachfrage der privaten Haushalte baut auf diesen Planungsansatz auf. Sie legen die Konsumgütermenge in Abhängigkeit von ihrem verfügbaren Realeinkommen (Gütermenge, die mit dem in Geld bewerteten und in Währungseinheiten ausgedrückten Einkommen erworben werden kann) fest. Das Güterpreisniveau selbst ist dagegen kein Bestimmungsfaktor der Konsumgüternachfrage (WOLTMANN,

H.-W. (2005): Grundzüge der makroökonomischen Theorie, 4. Aufl., Odenbourg, München, S.24 f.).

Das Wesen des Geldes ist schon sehr absonderlich: „Es verkörpert einen Wert, obwohl es von seinem Stoffgehalt her oft völlig wertlos ist. Einen Geldschein kann man offenbar weder essen noch sonst wie sinnvoll verwenden, außer vielleicht als Brennmaterial." (van Suntum, Ulrich (2013): Die unsichtbare Hand, Springer: Berlin u. a., S.91) Über die genaue Abgrenzung dessen, was Geld ist, besteht bis heute in der Volkswirtschaftslehre keine einhellige Meinung. „Geld ist, was als Geld gilt". So trivial diese Antwort im ersten Augenblick auch erscheint, sie umschreibt den wesentlichen Charakter von Geld recht passend, denn was als Geld gilt, wird durch die Zahlungssitten der Wirtschaftssubjekte und/oder die Rechtsordnung einer Volkswirtschaft bestimmt. Diese Überlegung führt zu den Geldfunktionen und damit zu der am häufigsten zu findenden Definition von Geld. Als Geld gilt das, was die Geldfunktionen erfüllt. Dies sind in der Regel drei: Zahlungs- bzw. Tauschmittelfunktion, Recheneinheitsfunktion und Wertaufbewahrungs- einschließlich Wertübertragungsfunktion. Demzufolge ist Geld als Medium zu verstehen, dass sowohl der Tauschabwicklung als auch der Wertaufbewahrung dient und zugleich die Rolle eines abstrakten Wertmaßstabs übernimmt (vgl. Wesselmann, C. (2007): Geld und Einkommen, in WISU – Das Wirtschaftsstudium, Jg. 36, S.196). Auch wenn in der Rechtsordnung einer Volkswirtschaft zumeist festgelegt ist, was als Geld zu gelten hat, können die Wirtschaftssubjekte auch andere Geldarten verwenden als die vom Gesetzgeber erwünschten. So ist es zu erklären, dass in vielen Volkswirtschaften Parallelwährungen bspw. in Form des US-Dollar oder Gütern (z.B. Zigaretten) zu der nationalen Währung hinzutreten (vgl. van Suntum, Ulrich (2013): Die unsichtbare Hand, Springe: Berlin u. a., S.91).

Wie entsteht Geld?

Da der Euro als „harte Währung" akzeptiert ist, soll im Folgenden von solchen Parallelwährungen abstrahiert werden. Bleibt noch die Frage zu beantworten, wer Geld „produzieren" kann. Im Prinzip gibt es zwei Schöpfer von Geld: die Zentralbank einer Volkswirtshaft (Institut, das vom Staat alleine zur Ausgabe von gesetzlichen Zahlungsmitteln (Banknoten) ausgestattet ist) und die Geschäftsbanken (Institute, die entgeltliche Dienstleistungen für den Zahlungs-, Kredit und Kapitalverkehr anbieten).

Zentralbanken können sogenanntes Zentralbankgeld in Form von Sichtguthaben anderer Wirtschaftssubjekte bei der Zentralbank oder als Bargeld in Form von Banknoten und Münzen schaffen. Geschäftsbanken können hingegen nur Giralgeld – auch Buchgeld genannt – schaffen. Hierbei handelt es sich um eine Forderung auf Bargeld. Es ist ein Zahlungsmittel, das zwischen Geschäftsbanken durch elektronische Übertragung von Girokonto zu Girokonto mittels Buchungen genutzt werden kann. Es entsteht durch die Kreditvergabe, d. h. die Einräumung von Sichtguthaben auf Girokonten der Nichtbanken aufgrund individuell vereinbarter Forderungen aus Kreditverträgen zwischen Kreditinstituten und Nicht-Banken (vgl. FUNK, L., VOGGENREITER, D., WESSELMANN (2008): Makroökonomik, Lucius & Lucius: Stuttgart, S.195 ff.). Nimmt Unternehmer A einen Kredit bei der Bank X zum Kauf einer Maschine bei B auf und schreibt X den Kreditbetrag dem Girokonto von A gut, ist neues Geld entstanden. Daran ändert sich auch nichts, wenn A das Geld an B überweist (Fall 1). In diesem Fall sinken zwar die Einlagen von A bei X, gleichzeitig steigen aber die Einlagen von B bei seiner Bank. Hebt A den Betrag von seinem Konto ab und zahlt bar (Fall 2), steigt ebenfalls die Geldmenge. Die Einlagen von X sinken, jedoch ist der Bargeldbestand der Nichtbanken gestiegen (vgl. MILBRAND, G. u. a. (2011): Der ifo Wirtschaftskompass, Hanser: München, S.218).

Unabhängig vom Geldproduzenten (Zentralbank oder Geschäftsbank) entsteht Geld durch die Monetisierung von Aktiva, die selbst kein Geld darstellen (i. d. R. in Form von primären Aktiva wie etwas Devisen, Gold und Wertpapieren oder sekundärer Aktiva wie z. B. Forderungsrechten in Form von Krediten oder Wertpapieren). Geld stellt einen aktivischen Vermögensposten der Nichtbanken dar und gleichzeitig einen Passivposten in den Bilanzen entweder der Zentralbank in Form von Bargeld oder der Geschäftsbanken in Form von Sichteinlangen von Nicht-Banken. Nun könnte schnell der Eindruck entstehen, dass gerade die Giralgeldschöpfung der Kreditinstitute bei frei vereinbarten Kreditverträgen zu einer unkontrollierten Ausweitung der Geldmenge führen muss (vgl. FUNK, L., VOGGENREITER, D., WESSELMANN (2008): Makroökonomik, Lucius & Lucius: Stuttgart, S.197). Dem ist jedoch entgegenzuhalten, dass sich die Geschäftsbanken bei der Kreditvergabe bei der Zentralbank refinanzieren müssen. Im ersten Fall (bargeldlose Zahlung) müssen die Geschäftsbanken einen bestimmten Prozentsatz der neu entstandenen Sichteinlagen als sog. Mindestreserve als nicht disponible Guthaben bei der Zentralbank unterhalten. Im zweiten Fall (Barauszahlung) müssen sich die Kreditinstitute von der Zentralbank Bargeld beschaffen. In beiden Fällen müssen die Geschäftsbanken einen Kredit bei der Zentralbank gegen die Stellung von Sicherheiten aufnehmen. Das Geldschöpfungspotenzial der Geschäftsbanken ist also begrenzt (vgl. MILBRAND, G. u.a. (2011): Der ifo Wirtschaftskompass, Hanser: München, S.218).

Welchen Einfluss haben die Zentralbanken auf das Wirtschaftsgeschehen?

Die vorherigen Ausführungen dürften gezeigt haben, dass eine Zentralbank mit ihrem Ausgabemonopol von Banknoten eine wichtige Funktion innerhalb einer Volkswirtschaft hat. Das von ihr im Zuge der Geldpolitik geschaffene Zentralbankgeld in Form von Banknoten oder Guthaben der Geschäftsbanken auf den Konten bei der Zentralbank hat jedoch nur wenig mit dem zu tun, was private Wirtschaftssubjekte des Nicht-Bankensektors im klassischen Sinne unter Geld verstehen. Erst wenn das Geld vom Bankensektor in den Nichtbankensektor übertragen wurde, gewinnt Geld seine volkswirtschaftliche Qualität im ökonomischen Sinne. (vgl. FUNK, L., VOGGENREITER, D., WESSELMANN (2008): Makroökonomik, Lucius & Lucius: Stuttgart, S.200 ff.). In den meisten etablierten Volkswirtschaften existieren daher zwei Geldkreisläufe nebeneinander – einen zwischen Notenbanken und Geschäftsbanken, der der Geldversorgung der Wirtschaft dient und einen zweiten zwischen Geschäftsbanken und Nichtbanken, der der Kreditversorgung dient. Im ersten Fall geht es also vor allem um die Ausgabe von Geld durch die Notenbanken, im zweiten um seine Weitergabe über Ersparnisse und Bankkredite.

Erst wenn Geld also die Demarkationslinie zwischen Bankensystem und Nicht-Bankensektor überschritten hat, erfüllt es die Geldfunktion und kann nachfragewirksam am Güter- und Kapitalmarkt als Tauschmittel eingesetzt werden. Damit stellt sich zwangsläufig die Frage, ob denn die Geldpolitik überhaupt einen Einfluss auf das Wirtschaftsgeschehen hat, wenn Zentralbankgeld nicht direkt an die Wirtschaft weitergereicht werden kann? Die Antwort auf diese Frage ist nicht eindeutig. Sie hängt von der Funktionsweise des so genannten geldpolitischen Transmissionsmechanismus ab. Er beschreibt, wie sich geldpolitische Impulse vonseiten der Zentralbank auf ökonomische Variablen wie z. B. das Preisniveau oder die Beschäftigung übertragen.

Letztlich versucht die Notenbank mittels ihres geldpolitischen Instrumentenkastens Einfluss auf die Zentralbankgeldmenge in Händen der Geschäftsbanken zu nehmen. Gesteuert wird diese Geldmenge im Regelfall mittels der so genannten Leitzinsen. Sie stellen den Preis für die Geldaufnahme bzw. Geldanlage der Geschäftsbanken bei der Zentralbank dar. Senkt die Zentralbank die Leitzinsen, wird es für die Geschäftsbanken günstiger, sich zu refinanzieren. Die Bereitschaft, sich Geld bei der Zentralbank zu leihen, steigt und die, bei der Zentralbank Geld anzulegen, sinkt. Im Geschäftsbankensektor steigt die Zentralbankgeldmenge und damit die Möglichkeit, die Kreditvergabe an den privaten Nichtbankensektor zu erhöhen. In der Folge steigt das Kreditangebot. Zudem sinkt bei einer Zinssenkung das Risiko, dass Kredite nicht ordnungsgemäß zurückbezahlt werden, da die Kapitalkosten der Kreditnehmer sinken. Auch dies sollte sich positiv auf das Kreditangebot niederschlagen. Die Zentralbankpolitik wirkt in diesem Zusammenhang über den so genannten Kreditkanal (vgl. Deutsche Bundesbank (o. J.): Transmissionsmechanismus, abzurufen unter: http://www.bundesbank.de/Redaktion/DE/Glossareintraege/T/transmissionsmechanismus.html).

Eng mit dem Kreditkanal verbunden ist der Zinskanal. Geben die Geschäftsbanken ihre niedrigeren Refinanzierungskosten durch die Senkung der nominalen Kreditzinsen an die Nichtbanken weiter, sinken die Kapitalkosten für die Nichtbanken. Zudem dürfte angesichts des niedrigen Zinssatzes die Spartätigkeit zurückgehen und der Konsum anspringen. Alles in allem sollte die kreditfinanzierte Nachfrage vor allem nach Investitionsgütern der Unternehmen und langlebigen Konsumgütern sowie Wohnungsbauten der privaten Haushalte vor dem Hintergrund der geringeren Finanzierungskosten steigen. Die Güternachfrage steigt bei noch zunächst konstantem Güterangebot. Damit nimmt der Aufwärtsdruck auf die Preise zu. Darüber hinaus kann sich eine steigende Binnennachfrage in einer Verschärfung der Lage am Arbeits- und Vorleistungsgütermarkt niederschlagen, was wiederum die Preis- und Lohnbildung am jeweiligen Markt beeinflusst (vgl. ebenda).

Des Weiteren hat Geldpolitik einen Einfluss auf die Preise von Vermögenswerten wie z. B. Aktienkurse und Immobilienpreise. Man gelangt so zum Vermögenskanal. Sinken die Leitzinsen, gewinnen Aktien im Vergleich zu Anleihen an Attraktivität, da sie nach der Zinsanpassung angesichts der sich aufhellenden Gewinnperspektiven der Unternehmen einen höheren Ertrag versprechen. Der damit einhergehende Anstieg der Aktiennachfrage hat steigende Aktienkurse zur Folge. Andererseits senkt die Leitzinsreduktion die Finanzierungskosten von Wohnungen und erhöht damit die Nachfrage nach Wohnraum, was mit steigenden Immobilienpreisen einhergeht. Beides sorgt dafür, dass das Vermögen und damit die Ressourcen der privaten Haushalte steigen. Die wiederum geht mit einer anziehenden Konsumtätigkeit und damit einer höheren gesamtwirtschaftlichen Nachfrage einher. Darüber hinaus lassen die gestiegenen Aktienkurse die Kapitalbeschaffungskosten der Unternehmen sinken, schließlich muss dem Unternehmen pro Aktie mehr gezahlt werden. Sinkende Kapitalkosten sollten zu steigenden Investitionsausgaben und damit einer steigenden Güternachfrage führen (vgl. ebenda).

Die Änderung der Vermögenswerte strahlt über den sogenannten Bilanzkanal ein weiteres Mal positiv auf die gesamtwirtschaftliche Nachfrage aus. Steigen die Vermögenswerte, erhöht sich das Reinvermögen und damit der Wert der Sicherheiten, die für Kredite an private Haushalte und Nichtbanken hinterlegt werden können. Dies geht mit einer steigenden Kreditvergabe und höheren Investitions- und Konsumausgaben und damit höheren gesamtwirtschaftlichen Nachfrage einher (vgl. ebenda).

Als letzter Übertragungsmechanismus ist der Wechselkurskanal zu nennen. Sinkende Zinsen im Inland machen bei konstanten Zinsen im Ausland Kapitalanlagen im Ausland vergleichsweise attraktiver. In der Folge wird die Nachfrage nach der Auslandswährung steigen, die nach der Inlandswährung sinken. Dies führt zu einer Abwertung der heimischen Währung. Dieser Wechselkurseffekt verändert die Preise handelbarer Güter. Aufgrund der Abwertung der Inlandswährung werden inländische Güter günstiger als importierte Güter. Folglich sollte die Wechselkursänderung mit einem Anstieg der Nachfrage nach inländischen Gütern sowie Dienstleistungen einhergehen. Darüber hinaus wirkt der Wechselkurseffekt auf die Inflation. Eine Abwertung der heimischen Währung bedeutet, dass importierte Güter teurer werden, was die Inflation antreibt (vgl. ebenda).

Die voranstehenden Ausführungen sollten verdeutlicht haben, dass die Zentralbanken im Idealfall über geldpolitische Impulse über verschiedene Wirkungskanäle Einfluss auf das Wirtschaftsgeschehen haben können. Im hier dargestellten Fall einer expansiven Geldpolitik werden durch eine

Senkung der Leitzinsen Kredite verbilligt und so durch eine expansive Kreditvergabepolitik der Geschäftsbanken die Geldmenge erhöhen. Dies stimuliert die gesamtwirtschaftliche Nachfrage. Kehrseite einer konsumfördernden expansiven Geldpolitik ist allerdings der Anstieg der Inflation. Auf der anderen Seite kann sie über eine restriktive Geldpolitik – bspw. in Form einer Erhöhung der Leitzinsen – die Kreditaufnahme verteuern und die Geldmenge verknappen. In der Folge sinkt die gesamtwirtschaftliche Nachfrage und die Inflation wird gedämpft.

Zentralbanken scheinen damit bestens in der Lage, den Konjunkturzyklus über ihre Geldpolitik zu glätten und die wirtschaftliche Entwicklung zu verstetigen. Das konjunkturelle Auf und Ab kann dann gemildert werden, wenn eine rechtzeitige Steuerung der gesamtwirtschaftlichen Nachfrage durch eine sogenannte antizyklische Geldpolitik erfolgt. Die geldpolitischen Instrumente sind dabei entgegengesetzt zum Konjunkturverlauf einzusetzen. In Rezessionsphasen muss die Zentralbank durch eine expansive Geldpolitik in Form von Leitzinssenkungen die Investitionsbereitschaft der Unternehmen und den privaten Konsum der privaten Haushalte stimulieren. In Boomphasen muss sie hingegen mit einer restriktiven Geldpolitik die gesamtwirtschaftliche Nachfrage dämpfen.

Das Ganze klingt so simpel, dass man sich schon fast die Frage stellt, wofür die Notenbanker rund um den Globus überhaupt bezahlt werden, zumal kaum zu bezweifeln ist, dass die Wirtschaftsentwicklung in den vergangenen Jahrzehnten von ausgeprägten Konjunkturzyklen geprägt war und alles andere als stetig verlief. Haben die Zentralbanker einen so schlechten Job gemacht? Wohl kaum. In der Praxis leidet eine solche „antizyklische" Politik unter einer Vielzahl von Wirkungshemmnissen und Problemen. So steigen in einer Boomphase mit steigendem Zinsniveau infolge einer restriktiven Geldpolitik auch die Kapitalimporte aus dem Ausland. Der damit einhergehende Anstieg der Geldmenge führt zu sinkenden Zinsen, was den restriktiven Impuls konterkariert. Zudem ist keinesfalls gesagt, dass bei steigenden Zinsen tatsächlich die Investitionsgüternachfrage sinkt. Ein gewinnmaximierender Unternehmer wird solange das Investitionsvolumen erhöhen, wie die Gesamtkapitalrentabilität des eingesetzten Kapitals die dafür aufzubringenden Fremdkapitalzinsen übersteigen (Stichwort Leverage-Effekt). Zudem haben in der Aufschwung- und Boomphase die Gewinne der Unternehmer kräftig zugelegt, sodass das Selbstfinanzierungspotenzial aus thesaurierten Gewinnen (eingehaltene Gewinne, oft auch als Selbstfinanzierung bezeichnet) gestiegen ist. Ferner ist bei den Konsumentscheidungen der privaten Haushalte zu erwarten, dass sie zukünftig mit weiter steigenden Preisen rechnen und so die Konsumausgaben vorziehen. Vergleichbare Wirkungshemmnisse gibt es in Rezessionsphasen. Das fallende Zinsniveau infolge der antizyklischen expansiven Geldpolitik geht mit steigenden Kapitalexporten und damit einer sinkenden Geldmenge einher. Zudem verfügen die Unternehmen über reichlich freie Kapazitäten. Eine Zinssenkung allein dürfte sie kaum motivieren, ihre Investitionstätigkeit auszuweiten. Dies gilt vor allem auch vor dem Hintergrund pessimistischer Gewinnerwartungen der Unternehmen. Vonseiten der privaten Haushalte könnte Angstsparen in Erwartung geringerer Einkommen die gesamtwirtschaftliche Nachfrage trotz Zinssenkungen hemmen. Neben diesen Wirkungshemmnissen sind allgemeine Probleme mit der antizyklischen Geldpolitik verbunden. Sie erfordert die richtige Voraussage des Konjunkturverlaufs, die richtige Dosierung der Maßnahmen und sie hat mit Zeitverzögerungen zu kämpfen, bis die Maßnahmen wirken. Erfolgreiche Geldpolitik erweist sich vor diesem Hintergrund als wahre Kunst, die hoch zu schätzen ist, denn sie garantiert ein inflationsfreies, stetiges Wirtschaftswachstum.

Welchen Einfluss hat Inflation auf unternehmerische Entscheidungen?

Die Geldpolitik kann also nur bedingt Einfluss auf das Wirtschaftsgeschehen nehmen. Doch über ihre Fähigkeit, Geld zu schaffen haben Zentralbanken einen unbestritten Einfluss auf die Inflationsentwicklung. Inflation bezeichnet einen anhaltenden, signifikanten Anstieg des Preisniveaus. Sie entsteht, wenn ein Missverhältnis zwischen der in einer Volkswirtschaft vorhandenen Geldmenge und dem Güter- und Dienstleistungsangebot herrscht. Entspricht das Güter- und Dienstleistungsangebot zu einem bestimmten Preisniveau der nachfragewirksamen Geldmenge, stimmen Angebot und Nachfrage überein und die Preise bleiben stabil. Steigt die Geldmenge jedoch stärker als die Menge der verfügbaren Güter, so entfallen rechnerisch mehr Geldeinheiten auf jedes Gut. In der Folge steigen die in Geld gemessenen Güterpreise, bis das Gleichgewicht auf beiden Seiten wieder hergestellt ist. Inflation ist damit immer ein monetäres Phänomen, auch wenn gemeinhin bei den Ursachen der Inflation zwischen der sogenannten Nachfrage- und Angebotsinflation unterschieden wird. Die Nachfrageinflation resultiert aus einem Anstieg der gesamtwirtschaftlichen Nachfrage, der größer ist als die Zunahme des realen Güterangebots. Da die Anbieter nicht in der Lage sind, die Nachfrage zu befriedigen, entscheiden sie sich, die Preise zu erhöhen, getreu dem Motto: „Wer bereit ist, den höheren Preis zu zahlen, bekommt das Gut". Die Angebotsinflation kann unterschieden werden nach Kosten- und Gewinndruckinflation. Im ersten Fall werden gestiegene Kosten, die über die Einsparungsmöglichkeiten im Zuge eines Produktivitätsfortschritts hinausgehen, an den Nachfrager weitergegeben. Im zweiten Fall resultiert der Inflationsimpuls aus der Marktmacht des Unternehmers. Diese ermöglicht es ihm, Preise von seinen Kunden zu verlangen, die über den Kosten (inkl. des kalkulatorischen Unternehmerlohns sowie weiterer kalkulatorischer Zusatzkosten) liegen. Über das unternehmenspolitische Instrument der Preiserhöhung realisiert der Unternehmer einen höheren Gewinn (vgl. FUNK, L., VOGGENREITER, D., WESSELMANN C. (2011): Grundlagen der Makroökonomie, in: WISU – Das Wirtschaftsstudium, Jg. 40, S.1467). Unabhängig davon, ob der Inflationsimpuls von der Angebots- oder von der Nachfrageseite ausgeht, liegt sein Ursprung darin, dass die Geldmenge in einer Volkswirtschaft schneller steigt, als die Produktion in dieser Volkswirtschaft wächst. Während bei der Nachfrageinflation die Vermehrung der Geldmenge als Inflationsursache am Anfang des Prozesses steht, ist bei der Angebotsinflation genau andersherum zu argumentieren. Zuerst entstehen Kosten- oder Gewinnerhöhungen und die Ausdehnung der Geldmenge ist erst als die Konsequenz dieses Inflationsimpulses zu betrachten (vgl. ISSING, O. (2001): Einführung in die Geldtheorie, 12. Aufl. Vahlen: München, S.210 f.).

Doch welchen Einfluss hat Inflation auf unternehmerische Entscheidungen, was bedeutet es, wenn Zentralbanken die Geldmenge erhöhen und damit die Saat für einen Inflationsprozess legen? Dafür müssen wir uns zunächst vor Augen führen, welche Präferenzannahmen in der Volkswirtschaftslehre hinsichtlich der Verhaltensweise eines Unternehmens getroffen werden. Gemeinhin wird davon ausgegangen, dass Unternehmer individuelle Gewinnmaximierer sind. Das mag im ersten Moment nicht für jeden Unternehmer zutreffen, was jedoch nicht bedeuten muss, dass diese Annahme falsch ist. Verliert ein Unternehmer bspw. seine Kosten- und Erlössituation ernsthaft aus den Augen, büßt er dauerhaft an Wettbewerbsfähigkeit gegenüber seinen Konkurrenten ein und dürfte über kurz oder lang vom Markt verdrängt werden. Bei volkswirtschaftlichen Überlegungen stehen also nicht die konkreten Handlungsmuster von Individuen im Fokus, vielmehr geben die Präferenzannahmen Auskunft über die dem Modell zugrundeliegende Logik individuellen Handelns (vgl. HEINE, M., HERR, H. (2013): Volkswirtschaftslehre – Paradigmenorientierte Einführung in die Mikro- und Makroökonomie, Oldenbourg: München, S.4 f.).

Demzufolge steht dem Gewinnmaximierungskalkül auch nicht entgegen, dass ein Unternehmer in der Regel nicht ein einzelnes Ziel verfolgt, sondern ein ganzes Zielbündel. Welche Ziele ein Unternehmer auch immer erreichen will (seien es Umsatz- oder Gewinnziele, soziale und/oder ethische Ziele), dauerhaft sind sie nur realisierbar, wenn der Unternehmer den Substanzerhalt seiner wirtschaftlich selbstständigen Organisationseinheit sicherstellt. Dafür muss er Rentabilität (Fähigkeit mithilfe des eingesetzten Kapitels einen Ertrag zu realisieren), Liquidität (Fähigkeit, seinen Zahlungsverpflichtungen fristgerecht nachkommen zu können) und Wachstum (Zunahme der wesentlichen Erfolgs- und Leistungskennziffern im Zeitablauf) sicherstellen. Diese Existenzbedingungen werden maßgeblich von der Inflationsentwicklung determiniert. Ein anhaltender Anstieg des Preisniveaus verringert die reale Unternehmenssubstanz. Steigen auf der Beschaffungsseite die Anschaffungskosten, sind zwecks Substanzerhaltung bei der Preiskalkulation diese Preissteigerungen zu berücksichtigen. Das allein reicht aber zur reproduktiven Substanzerhaltung nicht aus. Unser Steuersystem ist auf eine nominale Substanzerhaltung ausgerichtet, was allein schon darin zum Ausdruck kommt, dass als Anschaffungskosten höchstens die Aufwendungen, die bei Erwerb und Inbetriebsetzung eines Vermögensgegenstandes aufgewendet wurden, steuermindernd berücksichtigt werden dürften. Zu den Wiederbeschaffungskosten sind demzufolge zur realen Substanzerhaltung mindestens noch die Steuern auf die Scheingewinne (Differenzbetrag zwischen dem nominellen Gewinn und dem realen inflationsbereinigten Gewinn) zu erzielen. Dies sei an einem kleinen Beispiel erörtert: Die historischen Anschaffungskosten einer Handelsware mögen sich auf € 500,00, die Wiederbeschaffungskosten auf € 600,00 belaufen. Es sei vereinfachend ein Ertragssteuersatz von 50 % unterstellt. Als Mindestpreis (Preis ohne Gewinn) hat der Unternehmer für die Ware € 700,00 anzusetzen, um eine reproduktive Substanzerhaltung zu gewährleisten, denn neben den Wiederbeschaffungskosten von € 600,00 hat der Unternehmer die Steuer von € 100,00 (= (700 – 500) x 0,5) auf den Scheingewinn zu verdienen (vgl. JACOBS, O. (1974): Auswirkungen der Inflation auf unternehmerische und gesetzgeberische Entscheidungen, in: Der Betrieb, S.1026 f.).

Die Auswirkungen der Inflation auf der Ertragsseite des Unternehmens sind vor allem dann gravierend, wenn die Preiserhöhungen zwecks der Substanzerhaltung am Markt nicht durchsetzbar sind. In dem Fall bleibt dem Unternehmer nichts anderes übrig, als über eine Aufwandsreduktion bspw. im Zuge von Rationalisierungsmaßnahmen der Inflation gegenzusteuern. Solche Maßnahmen kosten jedoch in der Regel Geld, sodass hier die Finanzierungs- und Liquiditätslage des Unternehmens ebenfalls von der Inflation betroffen ist. Normalerweise wandelt sich der Inflationsursprung im Konjunkturzyklus von einer Nachfrageinflation im Zuge eines konjunkturellen Aufschwungs in eine Angebotsinflation, dergestalt, dass die Unternehmen den Kostendruck über steigende Löhne und Vorleistungsgüter sowie Rohstoffe an die Nachfrager weitergeben. Erfahrungen legen nahe, dass Unternehmen den sich in der Aufschwungphase aufbauenden Nachfrageüberhang überschätzen, was zu betriebswirtschaftlichen Fehlentscheidungen führt. Eine das Angebot überschreitende Nachfrage verleitet häufig dazu, Wachstums- und Rentabilitätsziele zu Lasten von Sicherheitszielen zu präferieren. In einer solchen Situation wird die Steuerung des betrieblichen Systems von der Absatzseite dominiert, was eine übermäßige Expansion der Investitions- und Produktionstätigkeit nach sich ziehen kann und das zumeist auf Kosten einer ausgewogenen Finanzierung, da die kurzfristige Fremdfinanzierung überhand gewinnt. Gewinnt nun die Kostendruckinflation an Dominanz und gelingt es dem Unternehmer nicht, die Kostensteigerung an den Abnehmer weiterzugeben, gerät er angesichts der steigenden Zins- und Amortisationslasten zunehmend in Liquiditätsschwierigkeiten (vgl. ebenda, S.1029 f.). Zudem bleibt zu berücksichtigen, dass die Zentralbanken um der Inflation entgegenzuwirken und die binnenwirtschaftliche Nachfrage zu dämpfen, auf Zinserhöhungskurs gehen. Die höheren Kosten der Kapitalbeschaffung und Produktion lasten auf den Unternehmensgewinnen, sodass Aktien in der Regel unter Druck geraten. Die Refinanzierung der Unternehmen wird dadurch zusätzlich erschwert.

Was ist ein gerechtes Lohnniveau?

Das Thema Inflation steht im engen Zusammenhang mit der bereits erwähnten Lohn-Preis-Spirale. In diesem Zusammenhang taucht auch immer wieder die Frage nach einem gerechten Lohnsatz und damit einer gerechten Verteilung des Produktionsertrages auf die Einsatzfaktoren Kapital auf der einen Seite und Arbeit auf der anderen Seite auf. In diesem Zusammenhang wird immer wieder auf das vom Sachverständigenrat zur Begutachtung der gesamtwirtschaftlichen Entwicklung entwickelte Konzept der produktivitätsorientierten Lohnpolitik verwiesen. Dieses Konzept sieht vor, dass die Löhne in dem Ausmaß steigen, in dem die Arbeitsproduktivität ausgeweitet wurde. Der Vorteil wird darin gesehen, dass bei einem solchen Vorgehen das Verhältnis, mit dem sich die Wertschöpfung der Unternehmen auf Löhne und Gewinne aufteilt, konstant bleibt. Arbeitnehmer erhalten einen konstanten Anteil an der Produktivitätssteigerung und an der Produktion bzw. dem Einkommen insgesamt.

So bestechend dieses Modell im ersten Moment auch erscheint, zeigt die Realität, dass es nicht unbedingt mit einer gerechten Verteilungswirkung einhergehen muss. Zunächst einmal bleibt kritisch anzumerken, dass dieses Modell nur bei Vollbeschäftigung Anwendung finden kann. Herrscht hingegen Arbeitslosigkeit,ist der Preis für die Arbeitsleistung unter den gegebenen Umständen zu hoch. Steigt die Produktivität und wird dies in Form von Lohnerhöhungen an die Arbeitnehmer weitergegeben, bleibt die Diskrepanz zwischen Arbeitsangebot und -nachfrage bestehen. Zum Abbau der Arbeitslosigkeit müsste der Lohnsatz konstant bleiben. Bei Inflation dürfte er höchstens im Ausmaß der Preissteigerungsrate zulegen. Alles was darüber hinausgeht, verteuert den Faktor Arbeit für den Unternehmer weiter und dämpft daher die Arbeitsnachfrage (vgl. VAN SUNTUM, ULRICH (2013): Die unsichtbare Hand, Springer: Berlin u.a., S.74).

Aber selbst bei Vollbeschäftigung führt eine produktivitätsorientierte Lohnpolitik zu einer nachteiligen Entwicklung am Arbeitsmarkt. Was ist ein Unternehmer bereit für die Arbeitsleistung seiner Mitarbeiter zu bezahlen? Ein gewinnmaximierender Unternehmer würde bei der Beantwortung der Frage das sogenannte ökonomische Prinzip anwenden. Es bezeichnet die Grundannahme, dass Unternehmer aufgrund der Knappheit von Produktionsfaktoren bei ihrem Handel die eingesetzten Mittel mit dem Ergebnis ins Verhältnis setzen. Er ist bestrebt, ein optimiertes Verhältnis zwischen dem in Geld bewerteten Produktionsfaktoreinsatz (Input) und den sich daraus ergebenden Erträgen (Output) zu realisieren. Bezogen auf den Arbeitseinsatz bedeutet das, dass der Unternehmer so lange Arbeit nachfragt, wie der zu entrichtende Lohnsatz geringer ist als der monetäre Wert des zusätzlichen Ertrags beim Einsatz einer zusätzlichen Arbeitseinheit (Wertgrenzproduktivität der Arbeit). So lange der Lohnsatz geringer ist als die Wertgrenzproduktivität der Arbeit, kann er durch den zusätzlichen Arbeitseinsatz seinen Gewinn erhöhen. Übersteigt der Lohnsatz die Wertgrenzproduktivität der Arbeit, würde er durch den zusätzlichen Arbeitseinsatz seinen Gewinn schmälern. Sein Gewinnmaximum hat er erreicht, wenn sich Lohnsatz und Wertgrenzproduktivität entsprechen.

Ein Produktivitätsfortschritt hat zur Folge, dass die Arbeitnehmer effizienter arbeiten und mit gleichem Arbeitseinsatz die Ausbringungsmenge erhöht werden kann. Wird von konstanten Preisen ausgegangen, sorgt der Produktivitätszuwachs also für einen Anstieg der Wertgrenzproduktivität der Arbeit, sodass ein gewinnmaximierender Unternehmer bei noch konstantem Lohnniveau vermehrt Arbeit nachfragt. Zudem steigt aufgrund der Produktivitätsverbesserung und des Beschäftigungsanstiegs am Gütermarkt das Güterangebot. Dieses erhöhte Güterangebot trifft auf eine gleichbleibende Güternachfrage, sodass das Preisniveau sinkt. Produktivitäts- und Beschäftigungserhöhungen bewirken also eine Ausweitung des Realeinkommens und des Güterangebots. Diese realen Vorteilswirkungen des Produktivitätswachstums werden dabei am Gütermarkt durch niedrigere Güterpreise an sämtliche Wirtschaftssubjekte verteilt (vgl. FUNK, L., VOGGENREITER, D., WESSELMANN (2008): Makroökonomik, Lucius & Lucius: Stuttgart, S.308 ff.).

Anders verhält sich hingegen die Entwicklung, wenn der Produktivitätsfortschritt nicht zur Ausdehnung der Beschäftigung und zur preisgünstigeren Belieferung der Absatzmärkte genutzt wird, sondern zur Erhöhung der Einkommen der am Produktionsprozess beteiligten Arbeitnehmer. In diesem Fall steigt das Lohnniveau um die Produktivitätsfortschrittsrate, sodass sich das Arbeitsangebot nicht erhöht, da die Wertgrenzproduktivität der Arbeit im gleichen Maße steigt wie der Lohnsatz. Das Güterangebot steigt demzufolge nur noch durch den Produktivitätsfortschritt und nicht mehr durch den Beschäftigungseffekt wie im Fall zuvor. Abgesehen davon, dass die Ausweitung des Güterangebots geringer ausfällt, ergibt sich für den Unternehmer ein weiteres Problem. Im Fall des reinen Produktivitätswachstums ergaben sich für ihn Spielräume auf der Kostenseite, die er für Preissenkungen zur Stimulierung des Absatzes der größeren Gütermenge nutzen konnte, ohne dass sich dessen Einkommenssituation verschlechterte. Dies ist im Fall der produktivitätsorientierten Lohnpolitik anders. Zwar kann der Unternehmer durch den Produktivitätsfortschritt bei gleichem Arbeitseinsatz eine größere Gütermenge produzieren, diese fortschrittsbedingte Kostensenkung beim „Mengengerüst" wird jedoch vollständig durch die gleichzeitig stattfindende Erhöhung der Kosten für den Faktor Arbeit kompensiert. Insgesamt bleiben die Kosten pro Produktionseinheit also unverändert und die notwendigen Preissenkungsspielräume, die notwendig wären, um das erhöhte Angebot am Absatzmarkt unterzubringen, fehlen. Sind diese Preissenkungen aber notwendig, um die Nachfrage zu stimulieren, sind Verschlechterungen der Einkommenssituation der Unternehmen unausweichlich, denn die Preissenkungen zur Ankurbelung des Absatzes müssen nun ausschließlich aus den Einkommensanteilen der Unternehmer (einschließlich Kapitalgeber) kommen. Es ist kaum davon auszugehen, dass dies ein gewinnmaximierender Unternehmer akzeptieren wird. Er wird vielmehr die Güterproduktion verringern und die Arbeitsnachfrage senken. Produktivitätsorientierte Lohnpolitik führt also in diesem Fall zu Arbeitslosigkeit (vgl. ebenda, S.308 ff.).

Internationaler Handel, Fluch oder Segen?

Wenden wir uns der letzten Frage zu. Bringt internationaler Handel Vor- oder Nachteile für Unternehmer? Häufig wird die Meinung vertreten, dass der liberalisierte Güterverkehr auf internationaler Ebene zu verstärktem Wettbewerbsdruck führt, dem so manches deutsche Unternehmen nicht standhalten kann. Als ein Argument wird angeführt, dass die Produktionsfaktoren (allen voran der Faktor Arbeit) in Deutschland im internationalen Vergleich zu teuer seien und deutsche Unternehmen daher nicht wettbewerbsfähig seien. Doch diese Betrachtungsweise greift zu kurz. Alles in allem führt die Globalisierung zu einem effizienteren Einsatz knapper Ressourcen und dies ist kein einseitiger Prozess, bei dem sich ein Land an einem anderen bereichert. Volkswirtschaften zeichnen sich durch eine unterschiedliche Faktorausstattung und technologische Entwicklungsstände aus. Jedes Land kann sich daher auf seine Stärken fokussieren (für Deutschland sind dies bspw. ein hoher Ausbildungsstand, eine gut ausgebaute Infrastruktur, ein hohes Maß an rechtlicher und politischer Sicherheit, um nur einige Aspekte zu nennen), was in der Summe zu Wohlstandsmehrungen durch Größenersparnisse in Form von Marktausweitungen führt. Niedrige Preise, größere Produktvielfalt und höhere Einkommen sind die Folge. (vgl. MILBRAND, G. u.a. (2011): Der ifo Wirtschaftskompass, Hanser: München, S.240).

Dabei ist es gar nicht erforderlich, dass ein Land absolute Kostenvorteile bei der Produktion eines bestimmten Gutes im Vergleich zur internationalen Konkurrenz aufweist. Es reichen bereits sogenannte relative (komparative) Kostenvorteile. Dies sei an einem kleinen Beispiel erörtert. Deutschland möge in der Lage sein, ein Kilo Käse in sechs Stunden und einen Liter Wein in drei Stunden zu produzieren. Frankreich benötigt hingegen für ein Kilo Käse eine und für einen Liter Wein zwei Stunden. Frankreich ist sowohl bei der Käse- als auch bei der Weinproduktion gegenüber Deutschland absolut im Vorteil. Trotzdem lohnt sich der internationale Handel für Deutschland mit Frankreich, denn Deutschland besitzt bei der Wein- und Frankreich bei der Käseproduktion einen komparativen Vorteil. Unterstellen wir für die Begründung dieser Behauptung vereinfachend, dass der Weltmarktpreis 1 zu 1 beträgt. Das heißt, ein Kilogramm Käse kostet einen Liter Wein. Demzufolge kostet in Frankreich 1 kg Käse 0,5 l Wein und 1 l Wein 2 kg Käse. In Deutschland kostet 1 kg Käse hingegen 2 l Wein und 1 l Wein kostet 0,5 kg Käse. In dieser Situation sollte sich bei einem Weltmarktpreis von 1 kg Käse zu 1 l Wein Frankreich auf die Käse- und Deutschland auf die Weinproduktion spezialisieren, denn Frankreich erhält je kg Käse dann 1 l Wein anstatt 0,5 l im Binnenhandel und Deutschland erhält für 1 l Wein 1 kg Käse anstatt nur 0,5 kg im Binnenhandel. Beide Länder würden sich besser stellen, wenn sie sich auf internationalen Handel einließen, und sich auf die Produktion des Gutes konzentrieren, bei dem sie am wettbewerbsfähigsten sind anstatt reinen Binnenhandel zu betreiben.

Dieses Modell ist natürlich sehr vereinfacht, zeigt aber sehr wohl, dass internationaler Handel sinnvoll ist. Allerdings bedeutet die Spezialisierung auf ein bestimmtes Gut, dass andere international nicht wettbewerbsfähige Industriezweige verdrängt werden. Damit sinkt in diesen Branchen aber auch die Nachfrage nach Ressourcen, vor allem auch nach Arbeitskräften. Für das Hochtechnologieland Deutschland hat der internationale Handel in den vergangenen Jahrzehnten eine Verlagerung der Nachfrage nach hoch qualifizierten Arbeitskräften zur Folge, während weniger qualifiziertes Personal zunehmend in Bedrängnis geriet und auch immer noch gerät. Die These, dass Globalisierung generell Arbeitsplätze gefährdet, ist dabei keinesfalls haltbar. So stehen deutsche Arbeitskräfte zwar über den internationalen Handel in Konkurrenz zu den Arbeitskräften aus Niedriglohnländern, sie profitieren aber von der besseren Ausbildung, weil sie international knapp sind. Die schlechter ausgebildeten Arbeitskräfte verlieren hingegen, weil sie in den anderen Ländern reichlich vorhanden sind. Dies belegen auch zahlreiche Studien. Überschlagsmäßig lässt sich feststellen, dass eine Erhöhung des Offenheitsgrades einer Volkswirtschaft um 10 Prozentpunkte zu einer Reduktion der Arbeitslosenquote von etwa einem Prozentpunkt führt. Dieser Rückgang fußt jedoch im Wesentlichen auf einer Reduktion der Arbeitslosenquote hoch qualifizierter Arbeitskräfte (vgl. ebenda, S.240 ff.).

Reflexionsaufgaben zum gelesenen Thema
„Volkswirtschaftliches Grundlagenwissen für Führungskräfte"

1. Welchen Teil des Artikels fanden Sie besonders interessant und warum?
2. Welchen Teil des Artikels glauben Sie nicht verstanden zu haben – wen sprechen Sie an, um Ihnen beim Verstehen des Textteils zu helfen?
3. Mit welcher der fünf Führungsbedingungen hat der Textinhalt, nach Ihrer Überzeugung, besondere Berührungspunkte – und warum?
4. Mit welchen zwei der acht Grundeinsichten der Führung können Sie den Text im Besonderen verbinden – und warum?
5. Bei welchen der 14 Führungsaufgaben müssen Sie Ihr Wissen aus diesem Text auf jeden Fall in der Anwendung als Beeinflussungsimpuls bei Mit-Arbeitern berücksichtigen – und warum?
6. Welches konkrete Potenzial des Textes oder einiger Inhalte des Textes erkennen Sie für Ihre Wertschöpfung als Führungskraft durch die generelle Wahrnehmung der 14 Führungsaufgaben – und warum?
7. Wenn Sie das Thema Ihrem Mit-Arbeiter vermitteln wollen, wie werden Sie die Inhalte aufbereiten nach den Grundsätzen: Vom Bekannten zum Unbekannten, vom Einfachen zum Schwierigen, vom Allgemeinen zum Speziellen und vom Konkreten zum Abstrakten?
8. In der Vermittlung des Themas an den Mit-Arbeiter, was soll er faktisch kennen und behalten? In welchen seiner Aufgabensituationen soll er das neue Faktenwissen anwenden? Wie kann er die Anwendung des neuen Faktenwissens in diesen Situationen ganzheitlich (systemisch) reflektieren?
9. In welchen seiner anderen oder zukünftigen Arbeitssituationen erkennt der Mit-Arbeiter die Möglichkeit, sein Faktenwissen einzusetzen?

8.6 Marketing und Markenmanagement
von Prof. em. Dr. Horst Seider

Ursprung und Anfänge des Marketing

Eine im Mittelalter beginnende Spezialisierung, bestimmte Produkte und Dienstleistungen besser produzieren zu können als andere Personen, förderte stark die Notwendigkeit, die erstellten Produkte/Dienstleistungen untereinander auszutauschen. Der Austausch erfolgte i.a.R. mittels Geld. Der Anbieter verkaufte sein Produkt nur dann, wenn der erzielbare Preis einen für ihn höheren Nutzen hatte als das Produkt selbst. Das gleiche Prinzip galt für den Käufer, auch er wollte durch den Einkauf einen höheren persönlichen Nutzen erzielen, als der herzugebende Geldbetrag = Preis für ihn hatte.

Die aktive Suche des Anbieters nach einem potenziellen Nachfrager für sein Angebot kann als Beginn von Marketing verstanden werden. Marketing sollte also von Beginn an den angestrebten Austauschprozess zum eigenen Vorteil = Erreichung der eigenen Ziele fördern und ermöglichen.

Entwicklung von Marketing

Waren es im Mittelalter zunächst noch Austauschprozesse zwischen Personen, die sich persönlich kannten, änderte sich mit Beginn der Industrialisierung der Charakter der Austauschbeziehungen. Produzenten von Massenartikeln, z.B. von Textilien, suchten jetzt viele anonyme Kunden für ihre Angebote. *Generell bestanden die Angebote aus realen Produkten, Dienstleistungen spielten eine untergeordnete Rolle.* Daher konzentrierte sich Marketing in dieser Phase auf die Produktion werthaltiger Produkte und deren Distribution zu den vielen Kunden. Kunden wurden primär über Produkte angesprochen = Dominanz der Produktion. *Ziel war, eine Transaktion „Produkt gegen Geld" zu fördern = Transaktionsmarketing. Es gab prinzipiell mehr Nachfrage als Produktangebote.* Diese Marketingphase dauerte in der Bundesrepublik Deutschland ca. bis in die Mitte der Sechziger Jahre des 20. Jahrhunderts.

Danach gab es prinzipiell mehr Angebot als Nachfrage. Dienstleistungen wurden wichtiger.

Als Reaktion hierauf begann mit der Konsumentenorientierung eine neue Entwicklung im Marketing. Marketing erhielt jetzt die Aufgabe, die Konsumentenbedürfnisse und die Konsumentenwünsche zu erforschen und durch eine Marketingplanung im eigenen Unternehmen dazu beizutragen, dass das eigene Produktangebot möglichst gut die Kundenbedürfnisse befriedigte und den Nutzenerwartungen der Kunden entsprach (PHILIP KOTLER). Hierbei wurde zunehmend auf die dauerhafte Befriedigung der Kundenbedürfnisse abgestellt (HERIBERT MEFFERT). Intern wurde Marketing als Unternehmensfunktion wichtiger.

Mehr und mehr wurde nicht die Produktion, sondern die Vermarktung von Produkten bei zunehmendem Wettbewerb zum Engpassfaktor.

Dieser Tatbestand führte dazu, dass ca. ab 1980 der Marketingansatz um den Wettbewerbsaspekt erweitert werden musste. Die Unternehmen konzentrierten sich verstärkt auf engere Zielmärkte. Die Befriedigung der Kundenbedürfnisse sollte mit spezielleren Produkten *einschließlich produktbegleitender Dienstleistungen* und einem effektiveren Marketing erfolgen. *Die Erreichung von Wettbewerbsvorteilen wurde ein weiterer Teil des Marketingzielbündels* (PHILIP KOTLER).

Ab Mitte der Achtzigerjahre wurde der wettbewerbsorientierte Ansatz dahingehend erweitert, dass man Marketing als permanenten Prozess = Marketingmanagement = Management von Austauschbeziehungen auffasste, um so die Unternehmensziele besser erreichen zu können. Der zentrale Bereich dieses Marketingprozesses bestand zunächst in der Entwicklung und Führung von Marken. Marke ist ein in der Psyche verankertes unverwechselbares Vorstellungsbild von einem Produkt oder einer Dienstleistung (mehr hierzu siehe Markenstrategie im Absatz C). Ab Mitte der Neunzigerjahre bis heute wurde die Gestaltung von langfristigen Kundenbeziehungen und der Aufbau von Kundenbindung immer stärker betont und mit dem Markenmanagement verknüpft. Kundenbeziehungsmanagement = Customer Relationship Management (CRM) rückte in den Mittelpunkt von Marketing. Gleichzeitig wurde es darüber hinaus zur Marketingaufgabe, die Unternehmensziele fördernden Beziehungen zu

Lieferanten und weiteren Stakeholdern (z.B. Banken, eigenen Mitarbeitern, gesellschaftlichen Anspruchsgruppen wie Politikern und Journalisten) aufzubauen und zu pflegen = *Beziehungsmarketing*.

Customer Relationship Management blieb die zentrale Marketingaufgabe, wurde aber zunehmend eingeordnet gesehen in das externe Beziehungsmarketing. Ziel des externen Beziehungsmarketing ist es, ein Netzwerk zu allen Personen und Organisationen außerhalb des eigenen Unternehmens aufzubauen, die direkt oder indirekt Einfluss nehmen auf den Erfolg des Unternehmens. Beim internen Beziehungsmarketing geht es darum, dass alle Mitarbeiter und Abteilungen Marketing als die Leitphilosophie anerkennen und leben, also bei Aktivitäten, selbst wenn sie auf den ersten Blick kundenfern erscheinen, im Interesse der Kunden zu wirken und sie zufriedenzustellen.

Zusammengefasst zeigt sich, dass sich Marketing kontinuierlich auf immer mehr Aspekte des Marktgeschehens *und der Unternehmenspolitik* erweitert hat. Dies spiegelt sich in den heute vorherrschenden Definitionen von Marketing wider. Marketing wird heute verstanden als ein umfassender Prozess im Wirtschafts- und Sozialgefüge, durch den Einzelpersonen und Gruppen ihre Bedürfnisse und Wünsche befriedigen, indem sie Produkte und andere Austauschobjekte von Wert erzeugen, anbieten und miteinander tauschen. *In einem engeren Sinn gilt:* A marketing concept: that is, that companies achieve their profit and other objectives by satisfying customers by doing better than the competition.

Wichtige Theoreme im Marketing

Das Haupttheorem lautet:
- Unternehmensziele können dauerhaft nur erreicht werden, indem man besser als die Wettbewerber die Bedürfnisse seiner Kunden erfüllt.

Aus diesem Haupttheorem leiten sich speziellere Marketingtheoreme ab:
- Kundenbedürfnisse sind stets subjektiv. Die Bedürfnisse des Einzelnen ergeben sich aus vielen Einflussfaktoren, die sowohl in der einzelnen Person angelegt sind, als auch in einem erheblichen Ausmaß durch die Wertvorstellungen Dritter, wie Familienangehörige,

Freunde, Peergroups, sozialem Milieu, Gesellschaft als Ganzes, beeinflusst sind.

• Befriedigte Kundenbedürfnisse schaffen Kundenzufriedenheit, Kundenzufriedenheit schafft Kundenbindung.

• Kundenzufriedenheit muss stets erneut erarbeitet werden. Hierbei spielen Innovationen eine wichtige Rolle, um sich erfolgreich an sich im Zeitablauf ändernde Kundenbedürfnisse anzupassen.

• Kundenzufriedenheit kann nur durch einen integrierten Ansatz dauerhaft erzielt werden. Das heißt, alle Mitarbeiter des Unternehmens müssen Kundenzufriedenheit auch als ihre eigene Aufgabe ansehen, die nicht an die Marketingabteilung delegiert werden kann = internes Marketing (GEORGE GRÖNROOS).

• Auf gesättigten Märkten ist Marketing die einzig erfolgversprechende Unternehmensphilosophie = Marketing Driven Companies.

Fragestellungen und Strategien im Marketing

Grob lassen sich Fragestellungen drei großen Bereichen zuordnen.

Marketinganalyse = Analyse von Wertchancen

Welche Chancen gibt es für mich, um nachhaltig Gewinne zu erzielen und so die Existenz des Unternehmens zu sichern? Im Einzelnen:

• Was sind meine Märkte unter geografischen Aspekten (regional, national, international)?

• Was sind die Charakteristika meines Marketingumfeldes (Marktgröße, Marktstruktur, Marktwachstum)?

• Welche volkswirtschaftlichen, technologischen und politisch-rechtlichen Aspekte sind für mein Unternehmen von Bedeutung?

• Wer sind meine Kunden und wie lässt sich ihr Kaufverhalten erfassen? Hierbei unterscheidet sich das Kaufverhalten von Privatpersonen (Consumer), Firmen (Business-to-Business), Händlern und der öffentlichen Hand deutlich.

• Fragestellungen auf Konsumgütermärkten betreffen im Wesentlichen sozioökonomische Merkmale der Kunden, Kaufobjekte, Kaufprozesse und Kaufstättenwahl.

• Wer sind meine Hauptwettbewerber und welche Markenpolitik verfolgen sie?

Alle Fragen zur Marktanalyse sollten nicht nur die Gegenwart betreffen (= Ist-Analyse), sondern sich auch auf die erwartete Zukunft (= Prognose) beziehen. Die Marktforschung liefert die erforderlichen Instrumente zur Marktanalyse.

Fragestellungen zur Marketingstrategie

- Zielt mein Angebot auf den Gesamtmarkt oder biete ich differenzierte Produkte in ausgewählten Marktsegmenten an? Differenzierungsstrategien sind heute der Normalfall.
- Wie wähle ich aus dem Gesamtmarkt die für mein Unternehmen Erfolg versprechenden Teilmärkte aus (= Segmentierung)? Hierbei ist das wichtigste Segmentierungskriterium die Kundengruppe.
- Wie gestalte ich innerhalb des Marktsegmentes die Wahrnehmung meines Angebots durch die Zielgruppe (= Positionierung)?
- Wie grenze ich mich positiv gegen Wettbewerbsangebote ab (Differential Advantage)?
- Wähle ich eine Präferenz- oder eine Niedrigpreisstrategie?

Der heute dominierende Ansatz einer Präferenzstrategie ist die Markenstrategie. Wesentliche Merkmale einer Markenstrategie sind Langfristigkeit, Schaffung von Präferenzen über eine hohe Produkt- und Servicequalität, Innovationskraft, hoher Kommunikationsaufwand insbesondere durch Werbung, hoher Preis.

- Was soll meine Marke unverwechselbar machen (engerer und weiterer Markenkern = Nutzenversprechen, Markenname, Markenzeichen)?
- Wie erhalte ich meinen Markenkern im Zeitablauf bei sich verändernden Märkten (= Markenführung)?

Fragestellungen zum operativen Marketingstrategie

Das operative Marketing besteht aus einer Vielzahl von Aktivitäten/Maßnahmen, die so zu gestalten sind, dass die strategischen Marketingziele gefördert werden. Die folgenden Ausführungen beziehen sich zunächst auf das Konsumgütermarketing. Es lassen sich vier Bereiche des operativen Marketings unterscheiden. Diese vier Bereiche werden als Marketing-

Mix bezeichnet, da die Marketingpolitik stets Entscheidungen aus allen vier Bereichen betrifft.

Der Marketing-Mix besteht aus den so genannten vier Ps :

product	=	Produktpolitik
price	=	Preispolitik
promotion	=	Kommunikationspolitik
place	=	Distributionspolitik

Wichtige Entscheidungen zu *product*:

- Welche Produktmerkmale bei welchem Qualitätsniveau soll mein Produkt haben?
- Wie lang soll der geplante Produktlebenszyklus sein/wann kommt das Nachfolgeprodukt?
- Wie viele Produktvarianten soll es geben?
- Wie soll die Verpackung gestaltet werden?
- Wie viel Forschungs- und Entwicklungsaufwand sind nötig?

Markenprodukte haben i.a.R. eine hohe Qualität, sind stark differenziert = bieten verschiedene Zusatznutzen an, sind innovativ und benötigen einen hohen Kommunikationsaufwand.

Wichtige Entscheidungen zu *price*:

- Preishöhe, absolut und relativ zu den Preisen der Wettbewerber
- Preisdifferenzierung nach Teilmärkten (= Kundengruppen, Regionen, international)
- Preisaktionen/Rabatte, die nicht meine langfristige Preisposition aushöhlen
- Durchsetzung meiner Preisforderung, insbesondere bei hoher Einkaufsmacht meiner Kunden (z.B. bei Lebensmittel- und Handelskonzernen)

Eine Niedrigpreisstrategie verlangt zusätzlich wichtige kostenrelevante Entscheidungen beim Einkauf (Global Sourcing) und der Produktion (Outsourcing).

Wichtige Entscheidungen zu *promotion*:

- Höhe und Mix des Promotionbudgets (Werbung, Verkaufsförderung, Direktmarketing/Internet, Public Relations, Sponsoring, Event)
- Gestaltungsentscheidungen zur Werbung (Inhalt, Form, Medienwahl)
- Gestaltungsentscheidungen zur Verkaufsförderung (Dauer, Inhalt und Form, Einbindung des Vertriebs)
- Entscheidungen zur Art und Form des sonstigen Promotion-Mix

Wichtige Entscheidungen zu *place*:

- Direkter Vertrieb/Internet und/oder Distribution über Absatzmittler, insbesondere Handelsunternehmen
- intensive, selektive oder exklusive Distribution
- Management des Distributionskanals (Auswahl der Distributionspartner, Informationssysteme innerhalb des Distributionskanals)
- physische Distribution (eigene Logistikfunktion oder Outsourcing an Spezialisten, Wahl der Transportmittel, Kostenminimierung, Einsatz von Informationssystemen)

Auf *Industriegütermärkten* (= Business-to-Business) gilt ebenfalls der Marketing-Mix, jedoch ändert sich im Detail die Bedeutung der vier Ps:

- Produktqualität und Innovation werden professionell beurteilt und gefordert, die Produkte sind kundenspezifischer und werden häufig in enger Kooperation mit den Kunden entwickelt.
- Die Preishöhe ist relativ weniger wichtig, im Anlagengeschäft sind Finanzierungsfragen häufig entscheidend (z.B. beim Export des deutschen Maschinen- und Anlagenbaus).
- Persönliche Kommunikation/Vertrauen sind im Rahmen von Dauergeschäftsbeziehungen sehr wichtig.
- Wenig Werbung und Verkaufsförderung mit Ausnahme von Industriemessen
- Große Bedeutung von einzuhaltenden Lieferfristen

Dienstleistungen sind, anders als reale Produkte, immateriell, ihre Erstellung und Nutzung erfolgt häufig „uno actu" und die Beteiligung des Kunden am „Produktionsprozess" ist häufig ein wichtiger Erfolgsfaktor = Integravität (z.B. gegebene Information seitens des Kunden), sie unterliegen Qualitätsschwankungen und sind schwierig/gar nicht zu standardisieren. Daher wurde im *Dienstleistungsmarketing* der Marketing-Mix (vier Ps) um drei weitere Ps ergänzt:

people
> Die meisten Dienstleistungen werden von Menschen erbracht. Die Qualität der Mitarbeiter entscheidet maßgeblich über die Qualität der Dienstleistung. Daher werden die Auswahl, Schulung und die Führung/Motivationssteuerung der Mitarbeiter zu wichtigen Marketinginstrumenten (= internes Marketing).

physical evidence
> Durch physische Signale versucht man die Dienstleistungsqualität zu demonstrieren (z.B. im Hotel durch Ausstattung, Sauberkeit, Kleidung der Mitarbeiter).

process
> Die Dienstleistung ist fast immer das Ergebnis von zu gestaltenden Prozessen. Dabei handelt es sich sowohl um interne, für den Kunden nicht sichtbare Prozesse als auch um externen Prozesse zwischen Mitarbeiter und Kunde (= interaktives Marketing).

Anwendungsfelder von Marketing

Marketingstrategie und Marketinginstrumente können überall dort angewendet werden, wo eine Leistung/Produkt Dritten = Kunden angeboten wird. Hierbei ist die Einsatzmöglichkeit universell gegeben, unabhängig von der Art des Angebotes (Produkt oder Dienstleistung), des Anbieters (Unternehmen, öffentliche oder private Institutionen) und des Kundentyps (Konsumenten, Unternehmen, öffentliche Institutionen). Die Universalität der Einsatzmöglichkeiten von Marketing ist heute weitgehend anerkannt und wesenbestimmend für Marketing geworden.

Kritik an Marketing

- Der typische Marketingansatz, den Kunden und seine Bedürfnisse zur Basis aller Unternehmensaktivitäten zu machen, ist ideologisch geworden und geht zulasten anderer Unternehmensanforderungen

wie z.B. Mitarbeiterinteressen zu berücksichtigen oder gesellschaft-
licher Verantwortung gerecht zu werden = Corporate social Res-
ponsibility..

- Durch die Konzentration auf die individuelle Bedürfnisbefriedigung
werden gesellschaftliche Interessen der Kunden ausgeblendet/nicht
bedient. Der Mensch ist mehr als ein Konsument.
- Der professionelle Einsatz von Marketing führt zu immer ähnliche-
ren Produkten/Angeboten und somit letztlich zu mehr Langeweile
(z.B. beim Warenangebot in Innenstadtlagen).
- Bahnbrechende Innovationen können nicht aus der Analyse aktuel-
ler Kundenbedürfnisse kommen, sondern nur aus der Wissenschaft,
insbesondere der Grundlagenforschung." (2: 2. 449-454)

Literatur

Meffert, Heribert. *Marketing*

Jobber, David. *Principles and Practice of Marketing*

Kotler, Philip/Kellner, Kevin. *Marketing-Management*

Reflexionsaufgaben zum gelesenen Thema
„Marketing und Markenmanagement"

1. Welchen Teil des Artikels fanden Sie besonders interessant und warum?
2. Welchen Teil des Artikels glauben Sie nicht verstanden zu haben – wen sprechen Sie an, um Ihnen beim Verstehen des Textteils zu helfen?
3. Mit welcher der fünf Führungsbedingungen hat der Textinhalt, nach Ihrer Überzeugung, besondere Berührungspunkte – und warum?
4. Mit welchen zwei der acht Grundeinsichten der Führung können Sie den Text im Besonderen verbinden – und warum?
5. Bei welchen der 14 Führungsaufgaben müssen Sie Ihr Wissen aus diesem Text auf jeden Fall in der Anwendung als Beeinflussungsimpuls bei Mit-Arbeitern berücksichtigen – und warum?
6. Welches konkrete Potenzial des Textes oder einiger Inhalte des Textes erkennen Sie für Ihre Wertschöpfung als Führungskraft durch die generelle Wahrnehmung der 14 Führungsaufgaben – und warum?
7. Wenn Sie das Thema Ihrem Mit-Arbeiter vermitteln wollen, wie werden Sie die Inhalte aufbereiten nach den Grundsätzen: Vom Bekannten zum Unbekannten, vom Einfachen zum Schwierigen, vom Allgemeinen zum Speziellen und vom Konkreten zum Abstrakten?
8. In der Vermittlung des Themas an den Mit-Arbeiter, was soll er faktisch kennen und behalten? In welchen seiner Aufgabensituationen soll er das neue Faktenwissen anwenden? Wie kann er die Anwendung des neuen Faktenwissens in diesen Situationen ganzheitlich (systemisch) reflektieren?
9. In welchen seiner anderen oder zukünftigen Arbeitssituationen erkennt der Mit-Arbeiter die Möglichkeit, sein Faktenwissen einzusetzen?

8.7 Werte – Handlungsorientierung für Mensch und Unternehmen
von Bernd A. Wilken

Werte als Teil des Ethos sind und waren immer Leuchtturm und Fata Morgana zugleich. Jede Generation beklagt zuverlässig den Verlust der Werte durch die nächste Generation. Der Wertekanon von Unternehmen diffundiert in schwierigen Zeiten oft zum allgemein Wünschbaren und fordert nicht mehr auf zu praktischem, werteorientiertem Handeln. Sind Werte universal oder spezifisch, und wer hat die Deutungshoheit? Dem Studenten, der als Studienfach „Wirtschaftsethik" nannte, entgegnete der geistvolle Spötter KARL KRAUS: „Sie werden sich schon entscheiden müssen."

Was sind Werte?

Werte sind handlungsleitend für Mensch und Unternehmen. Der Wertebegriff ist so essenziell für ihre Existenz, dass keine Wissenschaft, Weltanschauung oder Partei auf seine Vereinnahmung verzichten kann, um uns ihre Werte aufzudrängen. Es geht aber nicht so sehr um das „Gute, Wahre, Schöne", die klassische Werte-Triade an der Alten Oper der Bankenmetropole Frankfurt/Main, der alle Aktivitäten der Kunst, möglichst der ganzen Gesellschaft dienen sollten. Werte sind zunächst ein individueller Kompass, der den durch unsere persönlichen Antriebe (Motive) notwendig ausgelösten Handlungen die Richtung weist. Werte geben unseren Zielen Bedeutung, sie sind das Substrat unseres Lebens – eigenschaftslose Träger unseres Lebenssinns.

Werte sind also „was mir wichtig ist". Von Achtung, Authentizität über Ehre, Erfolg, Gerechtigkeit zu Mut, Ruhe oder Unabhängigkeit gibt es Hunderte von möglichen Werten, von denen uns etwa fünf bis sieben so wichtig sind, dass wir sie täglich leben müssen, um uns wohlzufühlen. Anderenfalls müssten wir unsere Umgebung, den Kontext unseres Lebens ändern – das berufliche Umfeld, private Verhältnisse oder den Horizont unserer Selbstentwicklung. Wertekonflikte sind die häufigsten Konflikte – auch in Unternehmen.

Eine allgemein anerkannte Definition des Wertebegriffs haben wir nicht. Für die Philosophie sind Werte ethisch-moralische Idealvorstellungen mit normativem Charakter, „an die man sich halten muss"; ein Beispiel hierfür sind die Normen des Christentums. Die Psychologie sieht in Werten persönliche, besonders wichtige Überzeugungen, die sich im Laufe des Lebens ändern und die aktiv beeinflussbar sind. Und in der Neurologie sind Werte einfach emotionale Vorlieben, die sich unbewusst durchsetzen und die eben nicht aktiv beeinflussbar sind.

Den gemeinsamen Nenner hat vielleicht der deutsche Philosoph und Soziologe HANS JOAS gefunden.[1] Er sagt: Werte sind emotional stark besetzte Vorstellungen über das individuell Wünschbare. Sie leben zu können bedeutet demnach, eigene Zielgrößen eines gelingenden Lebens in jeder Umgebung (Beruf, Privat, Selbst) ungehindert anstreben zu können. Werte sind immer eine Stellungnahme des Einzelnen zu sich selbst – und eben das, was ihm wichtig ist: Humor, Freiheit oder Ruhe vielleicht. Werte sind zugleich auch unser Blick in die Welt, sie ordnen unser Weltbild. ALBERT EINSTEIN sagte: „Wir müssen die Welt nicht verstehen, wir müssen uns nur darin zurechtfinden." Dies gelingt, weil offenbar jeder Mensch der Welt seine Wertestruktur auferlegt; nur so wird ihm die Welt vertraut.

Zur Entstehung von Werten

Um die Entstehung der Werte in Organisationen zu verstehen, müssen wir zunächst diesen Vorgang im Menschen begreifen. HANS JOAS äußert hierzu die Vermutung, dass Werte in Erfahrung der Selbstbildung und Selbsttranszendenz entstehen – wenn der Einzelne über Realität und Bewusstsein, also über sich selbst hinausgeht. Wertebildung ist demnach ein reflexiver Prozess, der von interpersonalen Erfahrungen lebt; der Einbildungskraft, Kommunikationsfähigkeit und persönliche Wertung voraussetzt.

Dieser Prozess schreitet lebenslang fort, sofern der Einzelne ab und zu über das nachdenkt, was er tut, was er anstrebt, und warum. Das ist eben das Besondere: Während unsere Gene praktisch unveränderlich sind und unsere Handlungsmotive nach frühkindlicher Prägung feststehen, verändern sich unsere individuellen Wertvorstellungen im Laufe des Lebens durch Erfahrung und Reflexion. Das meinen wir vor allem, wenn wir über die Weiterentwicklung (oder aber Stillstand oder Regression) der Persönlichkeit eines Menschen sprechen. Erworbene Fähigkeiten und Fertigkei-

---

[1]   Hans Joas: Die Entstehung der Werte, Frankfurt, 1999

ten sind eher die Folge eines veränderten Blicks auf die Welt: Veränderte Werte verändern unser Handeln.

Mit anderen sind wir hierbei übrigens strenger als mit uns selbst: Verhalten oder Handeln anderer, das unseren Werten, unseren Idealvorstellungen widerspricht, lehnen wir vehement ab – auch wenn wir selbst vielleicht nicht die Kraft haben, solche Ideale unter Inkaufnahme von eigenem Leid und Opfern persönlich anzustreben. Ich nenne dieses Phänomen das Wegweiser-Paradoxon: Der Wegweiser geht auch nicht dorthin, wohin er zeigt.

Für das Wertemanagement von Firmen ist diese Erkenntnis von großer Bedeutung. Unethisches Verhalten wird Unternehmen oft von Personen oder Organisationen vorgeworfen, die selbst die Moral schon hinter sich gelassen haben; das erspart aber den Unternehmen nicht die ernsthafte Auseinandersetzung mit diesen Vorwürfen.

Corporate Values und Individuum

Unternehmen können ebenso wenig wie andere Zweckverbände und Individuen auf eine Sinngebung verzichten. Sie wollen als integrer Teil der sie umgebenden Gesellschaft gelten und setzen deshalb kompatible Werte als Handlungsrahmen, die möglichst alle Stakeholders zur Identifizierung mit dem Unternehmen einladen sollen. Solidarität, Treue, Offenheit, Integrität, Respekt, Verantwortung, Nachhaltigkeit – solche Handlungsziele klingen gut, wer kann schon dagegen sein. Mancher entdeckt in einem solchen Kanon Werte, die ihm selbst wichtig sind. Dann schließt man sich gern diesem Unternehmen an, als Führungskraft, Mitarbeiter, Kunde, Lieferant, Investor oder Meinungsträger der Öffentlichkeit.

An dieser Stelle sei der Behauptung von Niklas Luhmann[2] widersprochen, dass Werte eher der Rechtfertigung nach außen als der Anleitung nach innen dienen; dass Unternehmenswerte gar das Schicksal der englischen Küche teilten, nämlich überhaupt nicht zu existieren! Richtig ist vielmehr, dass es zu allen Zeiten daraufankam, transzendente Begriffe wie Werte operativ, also alltagstauglich zu machen.

---

[2]   Niklas Luhmann: Die Moral der Gesellschaft, Frankfurt, 2008

Werte haben in einer Organisation ein hohes Suggestiv- und Integrations-
potenzial, sofern sie von ihren Mitgliedern als „lebensecht" empfunden
werden: Jeder verhält sich in Übereinstimmung mit den vom Unternehmen propagierten Werten, z.B. offen, fair, kundenorientiert, verantwor-
tungsvoll. Die Verständigung auf konkrete, operative gemeinsame Werte
und deren Durchsetzung nach innen und außen verschaffen dem Unternehmen ein „competitive edge", sie sichern sein langfristiges Überleben,
weil es Sinn stiftet. Die individuellen Strebungen von Menschen im Unternehmen können zum Teil kanalisiert werden in Gruppen, die gemeinsam sozusagen der philosophischen Grundfrage nachgehen: Wie können
wir ein gutes Leben führen?

Eine Institution, die dem Einzelnen darauf eine anschlussfähige Antwort
bietet, hat gute Chancen zu reüssieren: Das Individuum kann zum Teil
persönliche Ziele mit Hilfe des Unternehmens verfolgen und unterstützt
somit die Ziele des Unternehmens. Werte sind der Ordnungsfaktor unseres Weltbildes, für den Einzelnen wie für Gruppen. Unternehmenswerte
sind also immer eine Einladung zur Identifikation.

Hier wird zuweilen gern hochgestapelt. In Krisenzeiten scheinen die bis
dahin tradierten Unternehmenswerte zu verschwinden hinter einer Ca-
mouflage von Ethik, Grundsätzen, Verhaltensstandards, Richtlinien oder
Visionen. Selbst die Menschenrechte werden als normsetzend bemüht,
obwohl die Menschenwürde ohnehin das oberste Prinzip eines jeden
Wertekanons sein muss. Es scheint also, dass die Benennung und breite
Kommunikation von Unternehmenswerten vor allem in wirtschaftlich guten Zeiten Konjunktur hat – jetzt glaubt man endlich Zeit zu haben für die
„nice-to-haves". In raueren Zeiten werden dann die früheren hehren Werte unter kurzfristigem Handlungsdruck „weggenuschelt". Schon ALBERT
CAMUS sagte doch, dass man sich seine Grundsätze für die großen Gelegenheiten aufsparen solle!

Schon sitzen wir in der Ethik-Falle: Was wir als hohe Ideale wie eine Fah-
ne vor uns hergetragen haben, rollen wir jetzt bei starkem Gegenwind
schnell ein, denn es hindert unser Fortkommen. Der Markt ist schwierig,
die Konkurrenz gnadenlos, keine Zeit für Ideale. Werte als Universalien
der „conditio humana" zu beschreiben, scheint jetzt nutzlos zu sein. Gut
haben es dagegen die Angelsachsen, die Ethik nur als Plural kennen
(„Ethics"); es scheint also Alternativen oder Spielarten zu geben. Und am

besten werfen wir die Moral, die kleine Münze der Ethik, gleich mit über Bord.

Um Krisenhandeln nicht rechtfertigen zu müssen, spricht manches Management lieber von Ethik und Global Footprint, statt moralisches Handeln oder wirtschaftlich klugen Umgang mit den eigenen Ressourcen, etwa Mitarbeitern, zu belegen. Das „Gute, Wahre, Schöne" weicht dem angeblich Nützlichen, Notwendigen, Richtigen.

Das Gute und Rechte – reicht das nicht aus?

Werte scheinen etwas Gutes zu sein, das Rechte oder manchmal auch nur das Richtige. Was könnte besser sein, als dass jeder Mensch und jede Organisation das Gute und das Rechte tun? Umweltschutz etwa, Achtung vor Minderheiten, Gerechtigkeit, Eigentum schützen, Fitness, Ordnung oder Sparsamkeit. Jeder scheint aber eine andere Bewertung vorzunehmen, was jeweils das Gute und das Rechte ist. Und wenn es nicht dasselbe ist: Soll das Gute oder das Rechte den Vorrang haben? GOETHE sagte unter dem Eindruck der Französischen Revolution in doppelter Verneinung: „Lieber will ich Ungerechtigkeit leiden als Unordnung;" Ordnung war für ihn das Gute. HABERMAS forderte dagegen 1968 den Vorrang des Rechten vor dem Guten, d.h. das Primat einer universalistischen Moral vor jeder partikulären Ethik. Die Aufklärung hatte uns aber schon zuvor gelehrt, Deutung von Erkenntnis und Sollen von Sein zu unterscheiden.

Heute können wir davon ausgehen, dass Werte wichtige biografische Merkmale des Einzelnen sind, die er in eigener Lebensleistung ausgebildet hat und nicht leicht einer verordneten, angeblich höheren Normsetzung opfern wird. Er hat schließlich seine persönlichen Wertvorstellungen (s. HANS JOAS) ausgeformt in einem reflektierten Selbstbildungsprozess; so sind sie ihm Richtschnur für ein gelingendes Leben geworden. Werte gehören also dem Einzelnen an und können (nicht als Kanon, aber im einzelnen) von einer Gruppe oder Gemeinschaft geteilt werden. Indoktrination kommt in allen Kontexten gelegentlich vor, muss uns aber im Rahmen dieses Buches über Menschenführung in Unternehmen als Ausnahmefall nicht beschäftigen.

Da sich Werte aber nicht nur durch Selbsttranszendenz, sondern auch durch interpersonale Erfahrungen bilden, sind – eher evolutionäre als revolutionäre – Weiterentwicklungen dessen, was uns wichtig ist, im Laufe unseres Lebens möglich, sogar wahrscheinlich. Unsere individuellen Werte bilden sich nämlich nicht nur an uns selbst, sondern auch an der Gesellschaft. Diese Erkenntnis ist auch für Unternehmen von großer Bedeutung.

Wertewandel, nicht Werteverfall

Die Wandelbarkeit von Wertvorstellungen durch Reflexion im Zeitablauf betrifft auch Unternehmen: Die Zielbildung neuer Werte ist nie abgeschlossen. Wie zu allen Zeiten bestimmte religiöse Werte gesellschaftlich überholt wurden, sollten auch Corporate Values in mehrjährigen Abständen überprüft werden. Unternehmen müssen regelmäßig äußere und innere Veränderungen reflektieren: Was macht uns heute noch aus und attraktiv für unsere Stakeholder? Dies ist keine Revisionsübung, sondern ein kreativer Prozess, wichtiger als eine Strategiefortschreibung.

HANS JOAS[3] lehrt uns: „Sowohl die Konkretisierung von Werten wie die Befriedigung von Bedürfnissen sind auf kreative Leistungen angewiesen." Kreativität ermöglicht aktuelle Problemlösungen mit vorher nicht gedachten Mitteln, schöpferisches Alltagshandeln. Wenn der selbstdefinierte Wertekanon von Unternehmen und Mitarbeitern dies zulässt, kann durch Reflexion der jüngeren Vergangenheit ein Value Shift entstehen, z.B. Freiheit statt Ordnung, Pragmatismus statt Pünktlichkeit, Freude statt Freundlichkeit, Kundenzufriedenheit statt Börsenkurs. Es wird neue Definitionen von Erfolg geben. Unternehmenswerte sind immer auch Erhaltungsziele, die sich in Wechselwirkung mit der Gesellschaft stärken oder schwächen. Dem Zeitgeist ist hier zu wehren, schon weil er nur eine schwache empirische Basis hat. Werte hingegen legitimieren sich durch den Erfolg – für den Einzelnen und für ein Unternehmen.

Werteänderungen der Gesellschaft stehen in Wechselwirkung mit den Erfahrungen vieler Einzelner. Ob Sparsamkeit durch Geiz, Höflichkeit durch Aggression oder Gerechtigkeit durch Rechtmäßigkeit verdrängt werden: Dies sind keine Zeichen des Verfalls, sondern einer Metamorphose von Werten. Es ist das ewige „Stirb und werde" unserer Existenz. Unternehmen tun gut daran, sich dieser Gesetzmäßigkeit zu stellen.

---

[3] Hans Joas: Die Kreativität des Handelns, Frankfurt, 1992

Vom Motiv zum Wert – die Kreativität des Handelns

Zur Wertefindung gehört bei Menschen wie Unternehmen das Bewusstsein von Endlichkeit – alle sind sterblich (sonst könnte es ja auch nichts Wichtiges geben). Warum ist ein Unternehmen entstanden, warum wollen die Stakeholder sein Fortbestehen, was machen die Mitarbeiter dort am liebsten und folglich am besten?

Die Strategie des Unternehmens muss von diesen Motiven ausgehen. Die Kodifizierung der Unternehmenswerte durch die Unternehmensleitung im Dialog mit den anderen Stakeholder eröffnet dann nicht nur die üblichen Aktionsfelder, zweckrational („Kostensenkung!") und/oder intentional („10 % Marktanteil!"), sondern vor allem kreative Handlungsspielräume (z.B. „Kundenbindung!").

Das ist ein großes Geschenk des Wertefindungsprozesses: Wir haben mehr Optionen, weil wir so viele Freiheiten haben! Der Prozess im Dialog zwischen Management, Eigentümern, Mitarbeitern, Kunden, Lieferanten und Gesellschaft läuft wie folgt ab:

1. Beschreiben was ist:
   Was macht uns aus?
   Was unterscheidet uns?
2. Verankern:
   Promoten, Leben, Messen, Bewerten und Loben/Tadeln der Verhaltensweisen, in denen sich die Corporate Values spiegeln.
3. Justieren:
   Bewahren und Weiterentwickeln der Werte.

Da sich Werte an der Gesellschaft bilden (und nicht umgekehrt), müssen Firmen ihre Corporate Values alle fünf bis sieben Jahre reflektieren: Sind wir das noch? Beschreiben unsere heutigen Werte noch unsere tatsächliche ethisch-moralische Grundhaltung? Definieren sie noch die Normen und Ideale, die weiterhin Grundlage unseres Wollens und Handelns sein sollen? Ist unsere Strategie hieran ausgerichtet?

Eine ehrliche Beschreibung „unserer Haltung zum Markt" ermöglicht eine hohe Anschlussfähigkeit vor allem von Management, Mitarbeitern und

Kunden, deren Wertekanon sich jeweils abgleichen kann mit dem Werte-kanon des Unternehmens: Passen wir noch zusammen? Die akzeptierte „Raison d'être" des Unternehmens löst dann bei den Beteiligten nicht nur ein früher als erfolgreich erlebtes Handeln aus, sondern fördert im Span-nungsverhältnis mit sich wandelnden Werten eine evolutionäre, gleich-wohl schöpferische Neuausrichtung des unternehmerischen Tuns.

Ethos des Unternehmens – ein Gewinnbeitrag?

Den Erfolgsbeitrag stimmiger Werte erfasst unsere Rechnungslegung nicht als solche; sie haben keine Erlös-Kontenstelle. Ein gemeinsames Werte-verständnis beschreibt aber den gewünschten Handlungsrahmen nach in-nen und außen und gibt normative Orientierung für Management, Mitar-beiter und Geschäftspartner. Das schafft Common Sense, also das Be-wusstsein dessen, „was man tut" im Unternehmen und was man nicht tut.

Die betriebswirtschaftlichen Folgen eines solchen Einverständnisses sind greifbar: Detaillierte Organisationsanweisungen werden entbehrlich, je-der Mitarbeiter – vom Mittelmanagement über Fachkräfte bis zu Aushilfs-kräften – spürt den Freiraum und agiert wie ein Unternehmer vor Ort. Kosten (z.B. Compliance, Reisekosten, Gemeinkosten, Einkauf, Kranken-quote, Fluktuation) sinken, die Erlöse steigen z.B. durch stärkere Preisbe-mühungen auf allen Vertriebsebenen.

Eine wichtige Bedingung hierfür ist eine adäquate Fehlerkultur. Sie muss Flüchtigkeits- und Beurteilungsfehler (verzeihlich) unterscheiden können von Vorsatz, grober Fahrlässigkeit und handwerklichen Fehlern (unver-zeihlich). Dies erfordert eine „Red Flag Policy" bei Verstößen gegen den kodifizierten Wertekanon des Unternehmens und festigt eine Meritokra-tie, die gleichermaßen Anerkennung und Kritik kennt. Hierdurch kommt auch eine gewisse Eleganz ins Unternehmen: Die hiermit verbundene Komplexitätsreduktion schafft Einfachheit, ja Ästhetik.

Die Attraktivität von Werten liegt für Unternehmen also nicht im An-schluss an eine Weltethik, oder in der Erzeugung von Wohlgefühl für Mit-arbeiter oder wenigstens eines Slogans. Die Anziehungskraft von werte-orientierter Führung auf alle Stakeholder liegt in der konkreten Aussicht auf betriebswirtschaftliche Vorteile durch eine normative Ordnung – den

Wertekanon eben. Werte sind der Kern von allem, was ein Unternehmen ausmacht, seiner Identität eben. Unternehmenskultur, Strategie, Image, Marke, Leistungsversprechen, Mission Statement, Slogan, Design oder Leitbild – alle Formen der Unternehmenskommunikation sind Ableitungen der Unternehmenswerte, oder sie funktionieren nicht. Nichts im Unternehmen hat Bestand ohne das klare Bekenntnis zu dem, was allen, die mit dem Unternehmen verbunden sind, wichtig ist. Konflikte zwischen Stakeholdern sind hierbei nicht ausgeschlossen, sondern geradezu erwünscht; wenn sie ausgetragen werden, können sie das Unternehmen voranbringen.

Gleiche Werte für alle

Werte gehören dem Einzelnen an; sie können nur vereinzelt und bei Einzelnen manipuliert werden. In einer offenen Gesellschaft besteht Koalitionsfreiheit: Welchem Unternehmen will ich mich anschließen ob meiner individuellen Werteorientierung, die stark und selbst über Jahre kaum wandelbar ist? Wertevorgaben nur mit Bezug auf einzelne Stakeholder sind kontraproduktiv. Für das Top-Management Top-Ranking (PE-Ratio), für die Shareholders Kursziele, für das Mittelmanagement Marktanteile und CIR, für die Mitarbeiter Effizienz (Taktzahlen), für die Kunden Zufriedenheitsquoten und für die Gesellschaft Beliebtheit/Zustimmung – das passt nicht zusammen.

Alle Werteträger müssen, obwohl von partikularen Interessen beseelt, ein gemeinsames Ziel haben – den langfristigen Bestand der Organisation als (vielleicht kleiner) Teil der Sinngebung für das eigene Leben. Aber es gibt eben auch desengagierte Opportunisten, denen das Thema „Werte" aufgrund ihrer Sozialisation oder Persönlichkeit nicht wichtig ist; oder die gern unter allen Umständen anders sein wollen und deshalb gegen den Strich bürsten oder quer im Stall stehen. Solche Führungskräfte und Mitarbeiter können eingehegt werden, solang die Organisation ihre Werte manifestiert und lebt; ob es sich um Folklore oder um Destruktion handelt, ist jeweils am Einzelfall zu entscheiden und unterschiedlich zu behandeln.

Etwas anderes gilt für Führungskräfte, die anderen Werten als die Betriebsgemeinschaft folgen. Expansion statt Konsolidierung, Rückzug auf die Heimatmärkte statt Internationalisierung, breite Produktpalette statt

Spezialisierung: Hier geht es nicht nur um ein verändertes Maßnahmen-bündel, es geht um die Substanz des Unternehmens. Die immer wieder zu überprüfende Antwort auf die Frage: „Wer sind wir, was macht uns aus, was machen wir am liebsten und demzufolge am besten?" verträgt keine radikalen Kehrtwendungen, weil man für die dann völlig veränderte Werteausrichtung die Mannschaft großenteils austauschen müsste.

Gelebte Werte

Unternehmen, die sich ihrer Werte nicht bewusst sind, sind seltener als solche, deren Werte sich überlebt haben. Beide Fälle bedürfen eines Pro-zesses der Selbstvergewisserung zur Bestätigung alter und Findung neuer Werte, die Ordnung schaffen, kompatibel sind mit den Wertvorstellungen der meisten Mitarbeiter und neue anziehen. Stärker gefährdet sind Unter-nehmen, die hochmögende Werte zwar postulieren, aber – ausgehend von der Führungsebene – nicht leben, das heißt, ihr tägliches Handeln nicht hieran ausrichten. Kognitive Dissonanzen und Enttäuschungen in-nerhalb und außerhalb des Unternehmens sind die Folge. Nur eine ge-meinsame Verständigung auf eine Schnittmenge von Werten, die allen Stakeholdern wichtig sind, macht ein Unternehmen überdurchschnittlich erfolgreich. Aufgabe der Führung ist es, diese Werte, die ja eine Festle-gung für alle bedeuten, immer wieder durch konsistentes Handeln aus der Ecke des Vergessens herauszuholen, um das Unternehmen berechen-bar, nachhaltig erfolgreich und attraktiv zu erhalten.

Wenn die Führungskräfte als Werteträger allseits bekannte Werte in Ver-bindung mit den Unternehmenszielen gemeinsam mit den Mitarbeitern anstreben, gewinnen sie an Überzeugungskraft. Charisma ist nur an wer-teorientierter Führung erlebbar. Werte stiften Sinn. Wenn sich jeder klar entscheidet im Sinne des gemeinsamen wertegebundenen Leistungsver-sprechens, erbringt er seinen persönlichen Beitrag, dass die Welt ein bes-serer Ort wird – oder wenigstens seine Firma.

Reflexionsaufgaben zum gelesenen Thema
„Werte – Handlungsorientierung für Mensch und Unternehmen"

1. Welchen Teil des Artikels fanden Sie besonders interessant und warum?
2. Welchen Teil des Artikels glauben Sie nicht verstanden zu haben – wen sprechen Sie an, um Ihnen beim Verstehen des Textteils zu helfen?
3. Mit welcher der fünf Führungsbedingungen hat der Textinhalt, nach Ihrer Überzeugung, besondere Berührungspunkte – und warum?
4. Mit welchen zwei der acht Grundeinsichten der Führung können Sie den Text im Besonderen verbinden – und warum?
5. Bei welchen der 14 Führungsaufgaben müssen Sie Ihr Wissen aus diesem Text auf jeden Fall in der Anwendung als Beeinflussungsimpuls bei Mit-Arbeitern berücksichtigen – und warum?
6. Welches konkrete Potenzial des Textes oder einiger Inhalte des Textes erkennen Sie für Ihre Wertschöpfung als Führungskraft durch die generelle Wahrnehmung der 14 Führungsaufgaben – und warum?
7. Wenn Sie das Thema Ihrem Mit-Arbeiter vermitteln wollen, wie werden Sie die Inhalte aufbereiten nach den Grundsätzen: Vom Bekannten zum Unbekannten, vom Einfachen zum Schwierigen, vom Allgemeinen zum Speziellen und vom Konkreten zum Abstrakten?
8. In der Vermittlung des Themas an den Mit-Arbeiter, was soll er faktisch kennen und behalten? In welchen seiner Aufgabensituationen soll er das neue Faktenwissen anwenden? Wie kann er die Anwendung des neuen Faktenwissens in diesen Situationen ganzheitlich (systemisch) reflektieren?
9. In welchen seiner anderen oder zukünftigen Arbeitssituationen erkennt der Mit-Arbeiter die Möglichkeit, sein Faktenwissen einzusetzen?

8.8 Dem Menschen Respekt zollen:
Vom positiven Umgang mit Mitarbeitern, Kunden und Kollegen
Dr. phil. Doris Märtin

Quod licet Jovi, non licet bovi.
Was Jupiter zusteht, steht dem Ochsen noch lange nicht zu.
Oder moderner: Was man sich auf der Führungsetage leisten
kann, bringt im Großraumbüro die Karriere in Gefahr. Die Sen-
tenz, die dem römischen Dichter PUBLIUS TERENTIUS AFER zuge-
schrieben wird, hat zwei Jahrtausende überdauert. Nun sieht es
so aus, als wäre sie dabei, sich zu überleben.

Beispiele wie König JUAN CARLOS, Bayern-Manager ULI HOENEß, Bischof
TEBARTZ VAN ELST, Ex-Bundespräsident WULFF oder Ex-Karstadt-Boss THO-
MAS MIDDELHOFF zeigen: Was früher als Kavaliersdelikt durchging, vielleicht sogar heimlich bewundert wurde, ahndet heute der Zeitgeist. Im
Zeitalter von Facebook, Instagram und Steuer-CDs verbreiten sich selbst
kleine Verstöße gegen Ethik und Etikette im Handumdrehen. Vor allem für
die jungen Leistungsträger unter 35 ergibt sich Respekt nicht mehr aus
der Position, sondern aus der Art, wie diese ausgefüllt wird.

Wer weit oben steht, steht somit ethisch nicht (mehr) über allem. Im Gegenteil: Je höher die Position, desto höher die Erwartungen an die Persönlichkeit, die sie bekleidet. Führungskräfte aller Ebenen sind deshalb gut
beraten, über Werte nicht nur zu reden, sondern diese auch zu leben –
und zwar in jedem Lebensbereich, privat genauso wie beruflich.

Ein Wort macht Karriere

Wohl kaum ein Begriff hat in den letzten Jahren eine solche Verjüngungs-
kur erfahren wie der „Respekt". Bis vor Kurzem bezeichnete der Respekt
in den deutschsprachigen Ländern eine Form von Gehorsam und Unterordnung, die „Respektspersonen" wie Vorgesetzte und Ältere für sich in
Anspruch nahmen und die die 68er-Bewegung als Muff von 1000 Jahren
entlarvte. Allerdings entsorgten die 68er mit überkommenen Privilegien
die positive Bedeutung von Respekt gleich mit: gute Umgangsformen und
wertschätzendes Benehmen.

Vier Jahrzehnte lang stand das Wort Respekt danach auf dem Abstellgleis. Inzwischen wird es wiederentdeckt. Entstaubt und verjüngt schwingt es sich in neuer alter Bedeutung zum Zauberwort für ein störungsfreies und produktives Miteinander empor. Entsprechend seiner lateinischen Herkunft *respicere* = „zurückschauen" steht es in mitarbeiterorientierten Unternehmen und Organisationen für das Vorhaben aller Stakeholder, einander mit Achtung und Achtsamkeit zu begegnen. Heute gehört das Wort Respekt neben Wertschätzung und Dialog zum Grundwortschatz in Corporate-Governance-Regeln, Leitbildern und Unternehmensphilosophien.

Respekt als Erfolgsfaktor

Dass das so ist, hat handfeste Gründe: Zwischen Wertekultur und Unternehmenserfolg besteht ein Zusammenhang. Eine positive Form des Umgangs treibt Innovation und Veränderung voran, stärkt die Mitarbeiter- und Kundenzufriedenheit und poliert das Unternehmensimage. Ließ sich in der Industriegesellschaft Leistung noch mit starren Hierarchien, Entscheidungen von oben und bis ins einzelne vorgeschriebenen Arbeitsschritten erzwingen, bremsen Druck, Unfreiheit und Gängelei in der Wissensgesellschaft den unternehmerischen Erfolg.

Ideen entfalten sich nur, wo Lust und Neugier möglich sind. Eigeninitiative entsteht, wo Führungskräfte Mitarbeiter anerkennen, Ernst nehmen und aktiv in ihren beruflichen, aber auch privaten Zielen unterstützen.[4] Eine Kultur des Respekts ist für Unternehmen also schon aus pragmatischen Gründen ein Gewinn. Entsprechend viel tun Unternehmen, um Unternehmenswerte und Verhaltenskodizes zu reflektieren, zu publizieren und zu etablieren.

Allerdings darf eine Kultur des Respekts nicht nur auf dem Papier beziehungsweise der Homepage stehen. Sie muss in den Köpfen verankert sein und im Arbeitsalltag gelebt und erlebt werden. In vielen Organisationen tut sich hier eine Schere auf. Wie weit sie sich öffnet, präzisierte 2012 die ROCHUS-MUMMERT-Studie „Leadership im Topmanagement deutscher Unternehmen". Während alle befragten Topmanager bestätigten, ihr Unter-

---

[4]   Ottow, Claudia (2011): 30 Prozent des Erfolgs, PR Report, S.44-47, www.deepwhite.com

nehmen verfüge über ein Leitbild, das den Mitarbeitern kommuniziert worden sei, sprachen die befragten Mitarbeiter und Mittelmanager eine andere Sprache: Nur jedem Zweiten waren die Unternehmenswerte bekannt. Und nur jeder sechste Arbeitnehmer fand, dass die Führungskräfte die eingeforderten Werte und Prinzipien auch vorlebten.[5] Schlimmer noch: Fast jeder zweite Arbeitnehmer in Deutschland gibt an, Angst zu haben, am Arbeitsplatz etwas falsch zu machen.[6] Die Zahlen zeigen: Ohne Führungskräfte, die fair handeln und wertschätzend kommunizieren, bleibt der beste Corporate-Governance-Kodex Augenwischerei.

Chefsache Werte: Warum eine institutionalisierte Ethik zu kurz greift

Es ist richtig und wichtig, wenn Unternehmen Wertediskussionen anstoßen und Rahmenordnungen aufstellen. Wahr ist allerdings auch: Der respektvolle Umgang mit Menschen lässt sich nur bedingt im Schnellverfahren erlernen. Am wirkungsvollsten greifen Leitbilder dort, wo Führungskräfte und Mitarbeiter über *eigene* verinnerlichte Wertmaßstäbe, ein positives Menschenbild und die Bereitschaft verfügen, Wege zwischen den wirtschaftlichen Zielen des Unternehmens und einem Klima des Vertrauens und der Integrität zu suchen.

Die besten Führungskräfte müssen also nicht erst durch das Unternehmen auf Werte verpflichtet und in der Form des Umgangs geschult werden. Als Führungspersönlichkeiten bringen sie ihr persönliches Ethos und ihre gewachsenen Wertestandards als Aktivposten in das Unternehmen ein. Unabhängig davon, in welcher Organisation oder welchem Unternehmen sie tätig sind, handeln sie im Einklang mit dem eigenen Gewissen menschlich und ethisch einwandfrei. Die Leitbilder der Unternehmen halten die individuelle Wertorientierung im Bewusstsein, fördern und flankieren sie.

---

[5] Mummert, Rochus (2012): Studie: Mitarbeiter trauen ihren Chefs nur selten, Presseinformation 11.12.2012, www.rochusmummert.com

[6] Mummert, Rochus (2013): Umfrage: Jeder fünfte Deutsche bemängelt: Kultur der Angst am Arbeitsplatz, Presseinformation 2.7.2013, www.rochusmummert.com

Zeitlos zeitgemäß: Die Kaufmannsehre

Was nach Bankenkrise und Verwandtenaffäre, Bestechlichkeit und Steuertricks wie ein Idealbild klingt, hat eine lange Tradition. Insbesondere die Kaufmannsehre, die ihren Höhepunkt in der italienischen Renaissance und dem norddeutschen Städtebund der Hanse fand, stellt *die individuelle Wertorientierung* der Unternehmerpersönlichkeit in den Mittelpunkt. Sie setzte auf die humanistische Grundbildung, das wirtschaftliche Fachwissen und den gefestigten Charakter des Einzelnen. [7]

Die Tugenden, die den ehrbaren Kaufmann auszeichneten, lesen sich wie Werteklassiker, die die Zeitläufte überdauern: prudentia, iustitia, fortitudo, temperantia. Heute würden wir sagen: Weitblick, Fairness, Zivilcourage, Augenmaß. Diese Haltung achtbarer Kaufleute ist weit entfernt von Altruismus oder einem Kuschelkurs zwischen Management und Mitarbeitern. Vielmehr spricht sie Wirtschaftstugenden das Wort, die Werteorientierung und Wettbewerbsfähigkeit unter einen Hut bringen. Thomas Mann hat das wirtschaftlich sinnvolle und menschlich anständige Prinzip der Kaufmannsehre in den „Buddenbrooks" dem höchst erfolgreichen Lübecker Kaufmann JOHANN BUDDENBROOK in den Mund gelegt: „Mein Sohn sey mit Lust bey den Geschäften am Tage, aber mache nur solche, daß wir bey Nacht ruhig schlafen können!"

Seither hat sich vieles geändert. Insbesondere wurden die selbstständigen Inhaberunternehmer weitgehend durch leitende Angestellte mit durchaus begrenzter Haftung abgelöst. Fehlentscheidungen betreffen angestellte Entscheider kaum mehr persönlich. Dafür bewegen sie ungleich größere Summen, agieren in einem weniger überschaubaren und weitaus schnelleren Umfeld und müssen sich gegen die Konkurrenz auf dem Weltmarkt oder zumindest aus dem benachbarten Ausland behaupten.

Eines gilt für moderne Managerinnen und Manager allerdings genau wie für den ehrbaren Kaufmann von einst: Ohne innere Orientierung, ohne Respekt vor dem Menschen, ohne verinnerlichte Führungstugenden geht es nicht. Eigene Werte gehören zum Kompetenzprofil einer Führungsper-

---

[7]   Klink, Daniel (2007): Der ehrbare Kaufmann, Humbold-Universität, S.59, Berlin,
       www.der-ehrbare-kaufmann.de/fileadmin/Gemeinsame_Dateien/der-ehrbare-
       kaufmann.de/PDFs/der-ehrbare-kaufmann.pdf

sönlichkeit (und idealerweise aller Berufstätigen) genauso wie Können, Ehrgeiz und ein professionelles Auftreten – unabhängig davon, welche Schranken und Werte ein Unternehmen seinen Führungskräften und Mitarbeitern auferlegt.

Alle Werte sind wichtig, aber einige sind wichtiger

Was sind nun die Werte, die Spitzenkräfte im 21. Jahrhundert auszeichnen? Eine einfache Antwort darauf gibt es nicht. Dafür ist der Kanon der wünschenswerten Werte zu vielfältig. Die amerikanische Personalberaterin SUSAN M. HEATHFIELD listet als Beispiele für respektables Verhalten im Management gleich 43 Werte auf:[8]

Ehrgeiz, Kompetenz, Individualität, Gleichheit, Integrität, Service, Verantwortung, Genauigkeit, Respekt, Hingabe, Diversity, Verbesserung, Selbstverwirklichung/Spaß, Loyalität, Glaubwürdigkeit, Ehrlichkeit, Innovationsfreudigkeit, Teamwork, Exzellenz, Pflichtbewusstsein, persönliches Wachstum der Mitarbeiter, Qualität, Effizienz, Würde, Zusammenarbeit, Führung, Empathie, Leistung, Mut, Weisheit, Unabhängigkeit, Sicherheit, Herausforderung, Einfluss, Lernen, Mitgefühl, Freundlichkeit, Ordnung/Disziplin, Großzügigkeit, Beharrlichkeit, Optimismus, Verlässlichkeit, Flexibilität.

Die Fülle lässt ahnen: Kein Mensch kann alle diese Werte gleichermaßen schätzen und pflegen. Die Managerin, die konservativ-etablierte Tugenden wie Kompetenz, Integrität und Verantwortung in den Vordergrund stellt, fördert eine andere Wertekultur als der Manager, der besonderes Gewicht auf liberal-postmaterielle Werte wie Fairness, persönliches Wachstum und Empathie legt. Wieder ganz anders präsentiert sich der Projektleiter, den effizienz- und fortschrittsorientierte Vorstellungen wie Ehrgeiz, Innovation und Herausforderung antreiben.

Bei gleich ausgeprägter Werteorientierung können sich die persönlich gepflegten Wertepakete also sehr spürbar unterscheiden und durchaus für Spannung sorgen. Die Beobachtung zeigt allerdings: Werte sind auch

---

8   Heathfield, Susan M.: Leadership Values an Ethics - Secrets of Leadership Success, About.com Human Ressources www.humanresources.com

vom Zeitgeist abhängig, und manche ethischen Grundprinzipien fördern Engagement und Leistungsbereitschaft mehr als andere. Drei Entwicklungen ragen aktuell heraus:

Erstens: Die Erwartungen an die persönliche Integrität von Führungskräften aller Ebenen nehmen von Jahr zu Jahr zu.[9]

Zweitens: Pflichtwerte wie Genauigkeit und Ordnung/Disziplin sind auf dem Rückmarsch. Werte wie Gesundheit, persönliches Wachstum und Beteiligung an Entscheidungsprozessen treten in den Vordergrund.[10]

Drittens: Verbundenheit mit der Organisation gewinnt, wer das Potenzial von Menschen schätzt und ihren beruflichen und privaten Zielen, Bedürfnissen und Befindlichkeiten Rechnung trägt.

Daraus folgt: Respektvolle Managerinnen und Manager sind, unabhängig von ihrem persönlichen Wertepaket, in vier Bereichen vorbildlich. Sie handeln integer, sie kommunizieren auf Augenhöhe, sie wertschätzen den Beitrag und die Persönlichkeit der Mitarbeiter. Schließlich, und vielleicht am schwersten zu erreichen, besitzen sie die Souveränität, Menschen zu vertrauen, sie mitzunehmen, machen zu lassen und zu stärken.

Integrität: Streng gegenüber sich selbst sein

Ellenbogen, der eigene Vorteil, Gewinnmaximierung um jeden Preis – Egoismen sind im Management (und nicht nur dort) an der Tagesordnung. Integre Führungspersönlichkeiten sind sich dieser Anfechtungen bewusst und versuchen, mit Anstand damit umzugehen. Führen heißt für sie: Orientierung bieten. Auch wenn sie leicht auf Statusrechte pochen und Privilegien in Anspruch nehmen können, sind sie sich der öffentlichen Wirkung ihres Handelns bewusst und legen an sich mindestens genauso strenge Maßstäbe an wie an andere. Das vorbildhafte Verhalten trägt ihnen Glaubwürdigkeit und natürliche Autorität ein – verdienten Respekt.

Gelebte Integrität zeigt sich in vielen kleinen und großen, sichtbaren und verborgenen Verhaltensweisen. Integer handelt ...

---

[9]   Wertekommission – Initiative Werte Bewusste Führung e.V.

[10]   Köster, Gerd (2010): Kurskorrekturen: Ethik und Werte im Unternehmen, Bertelsmann, S.222

- die Managerin, die um der Kinder willen häufig im Home Office arbeitet – und ihren Mitarbeitern ähnliche Freiheiten zugesteht.
- der Fuhrparkleiter, der Einladungen von Automobilherstellern in die Stadionloge oder zur Fashion Week häufig an Mitarbeiter oder Kollegen durchreicht – obwohl ihm keine Corporate-Governance-Regel die Teilnahme an Sponsoring-Events verbietet.
- die Firmenchefin, die Gesellschaftern und Mitarbeitern reinen Wein über die Ernsthaftigkeit der Lage einschenkt.
- der Hochschulpräsident, der ausdrücklich keine Mitglieder des Gesellschaftsclubs, in dem er selbst Mitglied ist, in den Hochschulrat beruft – auch wenn er die Möglichkeit dazu hat und ihm genau dies die Wiederwahl sichert.
- die Agenturchefin, die bei der Pitch-Präsentation überzeugt – und öffentlich würdigt, wer in ihrem Team die Impulse für das Konzept geliefert hat.

Kommunikation: Wissen teilen

Das Wort Kommunikation stammt vom lat. communicare ab – etwas gemeinsam tun. Nie war genau dies in der Arbeitswelt so gefragt wie heute. Junge Leistungsträger wollen wissen, was sie tun und warum. Wer mit Gleichaltrigen offen und permanent Informationen und Meinungen teilt, erwartet auch im Unternehmen durchsichtige Entscheidungen, konstruktives Feedback, persönliche Nähe und die Möglichkeit, eigene Sichtweisen einzubringen.

Respekt vor dem Menschen heißt deshalb heute: miteinander reden. Erklären statt anweisen. Anerkennen statt anherrschen. Erfolgreiche Managerinnen und Manager suchen den Dialog mit Mitarbeitern und Stakeholdern. Die Kommunikationstechniken dafür lassen sich trainieren und lernen. Eine Haltung des Respekts vor den Menschen sollte grundsätzlich gegeben sein.

Was zeichnet respektvoll kommunizierende Manager aus, wie verhalten sie sich?

- Sie achten auf den eigenen Stil unter Stress und bemühen sich, auch dann sachlich und besonnen zu argumentieren, wenn es hart auf hart geht.

- Sie investieren in einen effizienten Informationsfluss von oben nach unten, sind für Mitarbeiter persönlich erreichbar und legen die Hintergründe unpopulärer Entscheidungen offen.
- Sie führen mit Mitarbeitern, Kollegen, Kunden und Dienstleistern einen Dialog auf Augenhöhe. Sie binden Rangniedrigere durch Fragen und Zuhören ein, liefern mehr Impulse als Lösungen und zeigen Respekt vor anderen Meinungen.
- Sie unterstützen Mitarbeiter mit relevanten Feedbacks und formulieren Kritik gesichtswahrend und lösungsorientiert.
- Sie übernehmen Verantwortung für Fehler und entschuldigen sich, wenn es angebracht ist – freimütig, nicht scheibchenweise. Auf keinen Fall werden Mitarbeiter oder Kollegen zum Sündenbock gemacht.
- Sie bringen zur Sprache, wenn etwas schief läuft – gelassen und konstruktiv.

Wertschätzung: Die anderen akzeptieren

Ursprünglich bezeichnete das Wort Wertschätzung die positive Grundhaltung eines Psychotherapeuten gegenüber seinem Klienten, um dessen Zuversicht und Selbstwertgefühl zu steigern. Inzwischen haben auch Unternehmen den Wert der Wertschätzung erkannt. Dabei geht es nicht, wie viele meinen, einfach darum, Mitarbeiter mehr zu loben und zu belohnen. Aufrichtige Anerkennung spielt zwar eine große Rolle für Motivation und Wohlbefinden, doch Wertschätzung umfasst deutlich mehr: Sie fußt auf einem positiven Menschenbild, das jeden Menschen in seinen Eigenheiten respektiert, auch wenn sich dessen Potenziale, Ziele, Meinungen oder Denkmodelle von den eigenen unterscheiden.

Dabei bedeutet Wertschätzung keinen Führungsstil des Laisser-Faire. Selbstverständlich sind Führungskräfte aller Ebenen dem wirtschaftlichen Erfolg des Unternehmens und den Qualitätsansprüchen der Kunden verpflichtet. Selbstverständlich sind sie berechtigt und gefordert, Aufgaben zu verteilen, Leistung sicherzustellen und Einstellungen positiv zu beeinflussen. Zu einem wertschöpfenden *und* wertschätzenden Führungsstil gehört es aber, die Menschen hinter den Mitarbeitern zu sehen und sie achtsam und empathisch ins Boot zu holen.

Wie sehen konkrete Schritte zu mehr Wertschätzung aus, wie balanciert man als Führungskraft zwischen Leistung und Menschlichkeit? Erfahrbar macht man Wertschätzung durch viele kleine gelebte Gesten der Aufmerksamkeit:

- Man pflegt nicht nur Kunden, sondern auch Mitarbeitern und Kollegen gegenüber die Grundregeln der Höflichkeit: Händedruck, aufstehen beim Empfang, Kaffee anbieten, zur Tür begleiten.
- Man spricht konsequent positiv über andere. Nicht: „Sie ist umständlich und langsam". Sondern: „Sie arbeitet gründlich und nimmt sich für ihre Aufgaben Zeit."
- Man nutzt jede Gelegenheit, Leistungen von Mitarbeitern und Kollegen zu würdigen.
- Man interessiert sich für fremde Eindrücke, Erfahrungen und Meinungen („Wie haben Sie die Messe erlebt?").
- Man nimmt Befindlichkeiten und Bedürfnisse wahr: „Ich weiß, dass Sie schwer erkältet sind. Super, dass Sie die Präsentation vor dem Führungsteam so souverän hinbekommen haben."
- Man schreibt eine kurze Mail, wenn man einen Vortrag oder Vorschlag bemerkenswert findet
- Man setzt Mitarbeiter ins Bild und verdeutlicht den Sinn von Arbeitsaufträgen und Entscheidungen.
- Man nimmt angemessen formulierten Widerspruch ernst und wertet ihn als Zeichen von Engagement für die Sache
- Man stellt eigene vorschnelle Urteile infrage und schätzt Menschen in ihrer Andersartigkeit: Jüngere und Ältere, Introvertierte und Extravertierte, Querdenker und Bewahrer, Anhänger und Kritiker, Spezialisten und Generalisten.

Wie Wertschätzung mit Wertschöpfung zusammengeht, bringt die Business-Coach Anne M. Schüller auf den Punkt: „Durch Tadel macht man die Menschen klein, durch Wertschätzung macht man sie groß", steht in ihrem Blog zu lesen. „Staunende Beachtung, bewundernde Aufmerksamkeit und tosender Applaus sind wie reiner Sauerstoff. Sie lassen Leistungen katapultartig nach oben schnellen".[11]

---

[11] Anne Schülers Touchpoint Blog: Woche der Wertschätzung vom 8. bis zum 13. April 2013, www.blog.anneschueller.de

Vertrauenskultur: Ein angenehmes Klima pflegen

Im Topmanagement ist es selbstverständlich, im mittleren Management immer besser realisierbar: Arbeit, Privatleben und Freizeit gehen ineinander über und sind gleichermaßen erfüllt. Ähnlich viele Spielräume und Sinn wünschen sich auch viele Mitarbeiter. Auch sie erwarten zunehmend, dass Leistung, Ergebnisse und Mitgestaltung zählen, nicht Anwesenheit, Sitzfleisch und Ja-Sagen. Dass berufliche Aufgaben spannend sind und den Einsatz lohnen. Und dass gute Arbeit und ein gutes Leben miteinander vereinbar sind.

Der Wunsch nach Gestaltungs- und Freiräumen verdient Respekt – und verlangt denen, die führen, eine radikale Veränderung ab. Während sich Integrität mit gutem Willen, Kommunikation mit gutem Training und Wertschätzung mit guten Manieren verwirklichen lassen, braucht eine Kultur des Vertrauens ein grundlegend anderes Denken: Führungskräfte müssen das klassische Kommando-Kontrolle-Führungsrepertoire zurückfahren und Zutrauen in die Talente, Leistungsbereitschaft, Kreativität und Selbstverantwortung der Mitarbeiter entwickeln. Was das bedeutet, bringen die Autoren Anja Förster und Peter Kreuz auf den Punkt: „Heute schon und zukünftig noch mehr, kommt es darauf an, ein Umfeld zu schaffen, das für mündige und selbständig denkende Mitarbeiter attraktiv ist".[12]

Eine Kultur des Zutrauens will kultiviert sein. Führungspersönlichkeiten stehen viele Möglichkeiten offen, sich darin zu üben, unter anderem diese:

- Sie gehen menschlich mit Mitarbeitern und Kollegen um und begegnen ihnen partnerschaftlich, kooperativ und immer auf Augenhöhe.
- Sie führen mit Visionen und Zuversicht statt mit Anordnungen und Druck.
- Sie lassen Menschen möglichst oft selbst entscheiden, wann, wo und wie sie arbeiten.
- Sie organisieren Arbeit so, dass hoch ausgebildete und motivierte Menschen ihre Talente ausspielen können und die gewünschten Ergebnisse erreichen.

---

[12] Förster, Anja & Kreuz, Peter (2010): Nur Tote bleiben liegen, Campus, S.44

- Sie unterstützen Mitarbeiter, Kunden und Kollegen dabei, ihre beruflichen und privaten Ziele zu erreichen und miteinander zu vereinbaren.

- Sie lassen Vorschläge, unbequeme Fragen und abweichende Meinungen als Treiber von Innovation und Verbesserung zu.
- Sie lassen der faszinierenden, spielerischen Seite von Arbeit Raum – weil kreative Prozesse Austausch, Pausen und geistige Umwege brauchen.

Respekt ist eine Zweibahnstraße

Das Lächeln, das du aussendest, kehrt zu dir zurück, heißt ein indisches Sprichwort. Mit dem Respekt ist es genauso. Führungspersönlichkeiten, die mehr Energie darauf richten, Respekt zu zeigen, als sich Respekt zu verschaffen, steigern die Arbeitsproduktivität und Kreativität der Mitarbeiter. Umgekehrt erhalten sie auch selbst mehr aufrichtigen Respekt und erfahren mehr Zugehörigkeit und positive Resonanz. „Viele Führungskräfte fühlen sich selbst viel glücklicher, wenn sie ihre Glaubenssätze und verspürten Rollenzwänge aufgegeben haben und gemeinsam mit ihren Mitarbeitern Zukunft nachhaltig gestalten", so resümiert der Unternehmer und Managementberater Rainer Weichbrodt seine Erfahrung.[13]

Respekt vor dem Menschen ist somit nicht nur ein Gewinn für die Mitarbeiter- und Kundenbindung. Er setzt die eigenen kreativen Kräfte frei und erweist sich als Treibstoff für das eigene Vorankommen und Wohlbefinden.

---

[13] Weichbrodt, Rainer (2011): Humanität im Management – Anspruch und Wirklichkeit. Wertschätzung und wohlwollende Kooperation als Erfolgsfaktoren (PresseBox), Unna 25.11.2011) www.pressebox.de/pressemitteilung/weichbrodt-consult-ug/Humanitaet-im-Management-Anspruch-und-Wirklichkeit/boxiz/466363

Reflexionsaufgaben zum gelesenen Thema
„Dem Menschen Respekt zollen: Vom gewünschten Umgang mit
Mitarbeitern, Kunden und Kollegen"

1. Welchen Teil des Artikels fanden Sie besonders interessant und warum?
2. Welchen Teil des Artikels glauben Sie nicht verstanden zu haben – wen sprechen Sie an, um Ihnen beim Verstehen des Textteils zu helfen?
3. Mit welcher der fünf Führungsbedingungen hat der Textinhalt, nach Ihrer Überzeugung, besondere Berührungspunkte – und warum?
4. Mit welchen zwei der acht Grundeinsichten der Führung können Sie den Text im Besonderen verbinden – und warum?
5. Bei welchen der 14 Führun in der Anwendung als Beeinflussungsimpuls bei Mit-Arbeitern berücksichtigen – und warum?
6. Welches konkrete Potenzial des Textes oder einiger Inhalte des Textes erkennen Sie für Ihre Wertschöpfung als Führungskraft durch die generelle Wahrnehmung der 14 Führungsaufgaben – und warum?
7. Wenn Sie das Thema Ihrem Mit-Arbeiter vermitteln wollen, wie werden Sie die Inhalte aufbereiten nach den Grundsätzen: Vom Bekannten zum Unbekannten, vom Einfachen zum Schwierigen, vom Allgemeinen zum Speziellen und vom Konkreten zum Abstrakten?
8. In der Vermittlung des Themas an den Mit-Arbeiter, was soll er faktisch kennen und behalten? In welchen seiner Aufgabensituationen soll er das neue Faktenwissen anwenden? Wie kann er die Anwendung des neuen Faktenwissens in diesen Situationen ganzheitlich (systemisch) reflektieren?
9. In welchen seiner anderen oder zukünftigen Arbeitssituationen erkennt der Mit-Arbeiter die Möglichkeit, sein Faktenwissen einzusetzen?

8.9 Resilienz
von Martin Luitjens, M.A.

Seit den Siebzigerjahren des letzten Jahrhunderts vollzieht sich ein Paradigmenwechsel in den Sozial- und Gesundheitswissenschaften. Beschäftigte man sich bisher vor allem mit der Frage, wie es zu Störungen kommt, woran Menschen (oder soziale Systeme) erkranken und welche Risikofaktoren hierbei eine Rolle spielen, entdeckte man plötzlich den Stellenwert von Ressourcen, Gesundheitspotenzialen und Schutzfaktoren.

Angestoßen wurde der Wandel zum einen durch die Weltgesundheitsorganisation (WHO), zum anderen durch eine Reihe von Studien und aus ihnen abgeleiteten Konzepten. Neben Langzeitstudien zur Resilienz von Kindern (z.B. WERNER, Kauai-Studie) sind hier vor allem das transaktionale Stressmodell (LAZARUS), das Salutogenese-Konzept (ANTONOVSKY) und die Logotherapie und Existenzanalyse (FRANKL) zu nennen. Gemeinsam ist diesen Konzepten, dass sie darauf fokussieren, was eine erfolgreiche Bewältigung belastender Ereignisse und Lebensbedingungen ermöglicht und Menschen/Systeme trotz widriger Bedingungen gesund erhält (salutogenetische Perspektive).

Als breit angelegtes „Dachkonstrukt", unter dem verschiedene Facetten eines erfolgreichen Umgangs mit hohen Anforderungen, widrigen Bedingungen und kritischen Ereignissen angesiedelt sind, hat sich das Resilienzkonzept in den letzten Jahren sowohl in der sozialen Arbeit wie auch in der Arbeits- und Organisationspsychologie, in der Traumatherapie wie auch in der Ausbildung von Führungskräften etabliert.

Begriffsklärung und Definition

Der Begriff Resilienz geht auf das lateinische Verb „resilire" zurück und bedeutet „zurückspringen" oder „abprallen". Im Englischen wurde das Nomen „resilience" zunächst in der Werkstoffphysik verwendet, um die auf Elastizität beruhende Widerstandsfähigkeit eines Materials zu bezeichnen, das nach starker Verformung in den Ursprungszustand zurückkehrt. Dieser Vorgang stand Pate für die Übernahme des Begriffs in die Psychologie und die Sozialwissenschaften. Hier benennt Resilienz die (psychische) Widerstandsfähigkeit einer Person oder eines sozialen Systems gegenüber Entwicklungsrisiken, belastenden Lebensumständen und negativen Folgen von Stress.

Resilienz lässt sich definieren als ...

> **Prozess einer erfolgreichen Bewältigung hoher Anforderungen belastender Umstände und kritischer Ereignisse durch konsequente Nutzung interner und externer Ressourcen**

Die Definition berücksichtigt, dass bisher keine Einigkeit darüber herrscht, ob Resilienz eine Fähigkeit, ein Prozess oder das positive Ergebnis eines Bewältigungsprozesses ist.

Doch woran macht man fest, dass die Bewältigung hoher Anforderungen, widriger Bedingungen und kritischer Ereignisse gelungen ist? Je nach Situation kann Resilienz verschiedene Ausprägungen haben:

- Ist ein Mensch permanent hohen Anforderungen ausgesetzt, wird er durch widrige Lebensbedingungen oder durch Konflikte stark belastet, dann zeigt sich Resilienz möglicherweise darin, dass er den Belastungen standhält, ohne gesundheitlich Schaden zu nehmen (Resistenz).
- Ein anderer erweist sich als resilient, indem er sich schnell (und nachhaltig) von einem Schicksalsschlag, einer Niederlage oder einem Verlust erholt (Regeneration).
- Hat jemand eine Krise durchlebt und ist gestärkt aus ihr hervorgegangen oder an Schwierigkeiten gewachsen, dann hat Resilienz den Charakter persönlicher Weiterentwicklung und Reifung (Rekonfiguration).

Merkmale

Resilienz ist weder ein Persönlichkeitsmerkmal noch eine erlernbare Kompetenz. Der „Prozess einer erfolgreichen Bewältigung" bezieht sich jeweils auf konkrete Situationen, in denen sowohl Belastungs- wie auch Resilienzfaktoren wirken. Gelingt es, eine Situation im Sinne der Resistenz, der Regeneration oder der Rekonfiguration zu „meistern", bedeutet dies nicht automatisch, dass auch andere Anforderungen und Belastungen bewältigt werden.

Und doch ist es möglich, den Resilienzprozess durch den Aufbau, das Training bzw. die Pflege resilienzfördernder Haltungen, Kompetenzen und Ressourcen positiv zu beeinflussen.

Diese sogenannten Resilienzfaktoren unterstützen die aktive Bewältigung widriger Bedingungen und Ereignisse und erhöhen somit die Wahrscheinlichkeit eines positiven Ergebnisses.

Resilienzmodell und Resilienzfaktoren

Das folgende Modell veranschaulicht den Resilienzprozess.

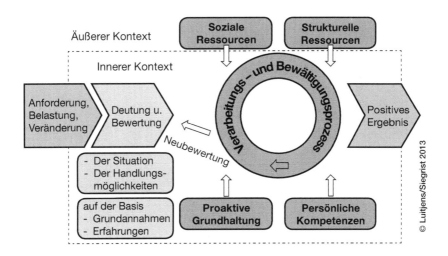

Entscheidende Bedeutung für das positive Ergebnis haben die auf den Bewältigungsprozess einwirkenden Faktoren, d.h. zum einen die Deutung und Bewertung der Situation sowie der eigenen Handlungsmöglichkeiten, zum anderen die sogenannten Resilienzfaktoren. Die wichtigsten lassen sich vier Bereichen zuordnen:

Proaktive Grundhaltung

- Menschen mit einer proaktiven Grundhaltung verstehen sich als Gestalter ihres Lebens. Sie nehmen Rahmenbedingungen und Zwänge wahr und akzeptieren, was sie (momentan) nicht ändern können. Dann aber nutzen sie die vorhandenen Entscheidungsspielräume und Einflussmöglichkeiten.
- Sie suchen nicht nach den Ursachen von Widrigkeiten („Wie ist es zu dieser Situation gekommen?) oder nach Fehlern bei sich oder anderen, sondern nach Lösungen („Was kann ich tun, um die Situation zu verbessern?").
- Sie blicken voraus, gehen Herausforderungen aktiv an und übernehmen Verantwortung für ihre Entscheidungen und ihr Handeln.
- Sie sind selbstbewusst, d.h. sie kennen ihre Fähigkeiten und ihre Grenzen, trauen sich im Zweifelsfall aber lieber etwas zu viel als zu wenig zu und betrachten Fehler als Lernschritte.
- Sie sind grundsätzlich zuversichtlich, dass sich Dinge 1positiv entwickeln oder einen übergeordneten Sinn oder Wert haben und glauben, dass es sich lohnt, sich Herausforderungen und Belastungen zu stellen und diese zu bewältigen.
- Sie richten ihr Handeln an Werten und Überzeugungen aus.

Persönliche Kompetenzen

Einen positiven Einfluss auf die Bewältigung von hohen Anforderungen und Belastungen haben vor allem folgende Kompetenzen:

- Die Fähigkeit, Emotionen zu kontrollieren. Menschen, die diese Fähigkeit besitzen, nehmen ihre Gefühle wahr, lassen sich von ihnen aber nicht beherrschen. Sie sind sortierter und ausgeglichener (= emotional stabiler).
- Die Fähigkeit, eine gesunde Distanz herzustellen. Wer über diese Fähigkeit verfügt, widersteht dem ersten Impuls und reflektiert seine Wahrnehmung der Situation. Er erfasst zusätzliche Aspekte, handelt überlegter und bewältigt Situationen besser als Menschen, die dem ersten Impuls folgen.
- Die Fähigkeit, akkurat und zielgerichtet zu denken. Viele Menschen neigen dazu, in belastenden Situationen Katastrophenszenarien zu entwerfen. Sie sehen plötzlich nur noch die Risiken oder

Gefahren, aber nicht mehr ihre Möglichkeiten zur Bewältigung der Situation. Wer auch unter Stress seine Stärken, Ressourcen und mögliche positive Vorerfahrungen nicht aus dem Blick verliert, kann den Herausforderungen besser gerüstet begegnen. Zum akkuraten Denken gehört auch, sich nicht vorschnell auf bestimmte Deutungen und Bewertungen der Situation festzulegen, sondern auch für andere Perspektiven offen zu sein.

- Problemlösefähigkeiten helfen, auftretende Schwierigkeiten zu analysieren, Lösungsansätze zu sammeln und zu bewerten und – wenn nötig – andere in die Lösungssuche einzubeziehen. Damit steigt die Chance einer erfolgreichen Bewältigung.
- Auch Humor – die Fähigkeit, auch in schweren Zeiten Komisches zu entdecken und darüber zu lachen – ist ein Resilienzfaktor.
- Wer über kommunikative Fähigkeiten verfügt, dem fällt es leichter, auf andere zuzugehen und tragfähige Beziehungen aufzubauen, durch die er im Bedarfsfall Rückhalt erfährt. Auch wird er sich weniger schwertun, Unterstützung zu suchen und sich mitzuteilen.

Soziale Ressourcen

Soziale Ressourcen sind in schwierigen Zeiten von zentraler Bedeutung. Menschen, die Verständnis und Rückhalt erfahren, sind belastbarer als andere. Zu den sozialen Ressourcen zählen folgende:

- Vertraute Menschen wie der Partner, Familienangehörige oder gute Freunde spielen eine besondere Rolle, sind aber oft auch mitbetroffen oder überfordert und reagieren gereizt, besorgt oder erteilen Ratschläge. Dann werden sie meist nicht als Unterstützung, sondern als zusätzliche Belastung erlebt. Zeigen sie jedoch Verständnis, ermutigen den Betroffenen und unterstützen ihn bei der Lösungssuche, ohne ihn zu bevormunden, dann werden sie zur Kraftquelle.
- Auch Bekannte und Kollegen, manchmal sogar Vorgesetzte, können eine stützende Funktion wahrnehmen, wenn sie dem Betroffenen mit Wertschätzung begegnen, Zuversicht vermitteln und ihn praktisch unterstützen.
- Erfahren Menschen in einer schwierigen Situation Solidarität und Hilfsbereitschaft, dann unterstützt dies ihre Resistenz oder die Regeneration nach dem Ereignis.

- Eine spezielle Rolle kommt professionellen Helfern, Beratern und Coaches zu. Von ihnen erwarten akut überforderte Menschen, dass sie Ruhe und Sicherheit vermitteln, beim Sortieren der Gedanken und Gefühle und beim Abwägen verschiedener Lösungsansätze helfen, Perspektivwechsel ermöglichen, Anstöße geben ... Auf diese Weise können auch sie einen Beitrag zur Bewältigung einer belastenden Situation leisten.

Strukturelle Ressourcen

Zuletzt können auch strukturelle Ressourcen eine erfolgreiche Bewältigung hoher Belastungen unterstützen. Zu diesen zählen:

- Verständnis und Entgegenkommen seitens des Arbeitgebers; eine Vertrauensbasis, die offene Gespräche ermöglicht und Spielräume für unbürokratische, flexible Regelungen (z.B. vorübergehende Reduzierung der Arbeitszeit) schafft.
- Finanzielle Absicherung, die die unmittelbare Abhängigkeit von einem den Lebensunterhalt sichernden Gehalt reduziert und Freiräume schafft.
- Gesetzliche Bestimmungen und soziale Sicherungssysteme, sofern sie den Einzelnen absichern, ihn vor Willkür schützen oder sinnvolle Rahmenbedingungen schaffen.
- Öffentliche Unterstützungsangebote wie z.B. Beratungsstellen, Selbsthilfegruppen, Info-Broschüren oder Webseiten.

Während Grundhaltungen und persönliche Kompetenzen unmittelbar im Einflussbereich des Einzelnen liegen, sind soziale und strukturelle Ressourcen nur über die Person-Umwelt-Interaktion beeinflussbar.

Welche beruflichen und persönlichen Herausforderungen erfordern Resilienz?

Einige Beispiele:

- Viele Unternehmen und Organisationen stehen unter erheblichem Druck. Der globale Wettbewerb, immer kürzere Produkt- oder Planungszyklen, die Abhängigkeit von Shareholdern und ihren Renditeerwartungen sowie eine Vielzahl nicht kalkulierbarer Risiken sorgen für ein hohes Maß an Anspannung und Nervosität.

Lassen sich Vorstände und Geschäftsführungen in ihren Entscheidungen von der Nervosität leiten, treffen sie selten kluge Entscheidungen. Wer gestresst ist, übersieht manches. Unter Druck beschlossene Maßnahmen schaffen aufgrund nicht bedachter Nebenwirkungen häufig genauso viele Probleme wie sie lösen.

Soll die Situation resilient bewältigt werden, dann braucht das Management einen „kühlen Kopf", d.h. die Fähigkeiten, eine gesunde Distanz herzustellen, sich nicht von Stimmungen beherrschen zu lassen, Problemlösefähigkeiten und einen ungetrübten Blick auf die Stärken und Ressourcen des Unternehmens. Außerdem benötigen sie Verständnis und Rückhalt – von den Mitarbeitern, von anderen Verantwortlichen oder aus ihrem privaten Umfeld.

- Der eben beschriebene Druck bestimmt oft alle Abläufe im Unternehmen. Es herrscht ein gereiztes Klima, in dem die Nerven blank liegen. In der Folge entwickeln immer mehr Beschäftigte – vor allem Führungskräfte der mittleren und unteren Ebene – ausgeprägte Stresssymptome, die ihre Gesundheit gefährden.

Sie fühlen sich den hohen Anforderungen und der Komplexität ihrer Aufgaben auf Dauer nicht gewachsen, haben zunehmend das Gefühl, dass ihnen die Kontrolle entgleitet, sie können nach Feierabend nicht abschalten, schlafen schlecht, haben einen zu hohen Blutdruck, Ohrgeräusche …

Da sie Verantwortung tragen, übergehen sie erste Symptome. Damit geraten sie aber immer mehr in einen Teufelskreis abnehmender Leistungsfähigkeit bis zum körperlichen oder mentalen Zusammenbruch.

Wer mit hohen Anforderungen und Belastungen resilient umgehen will, benötigt eine proaktive Grundhaltung, resilienzfördernde Kompetenzen, aber auch soziale Unterstützung und/oder strukturelle Ressourcen.

- Ständige Veränderungen sind für viele Menschen ein zusätzlicher Stressfaktor. Sie brauchen ein gewisses Maß an Kontinuität, Unbekanntes – vor allem, wenn sie es noch nicht überblicken – empfinden sie als Bedrohung. Finden zu viele Veränderungen statt, verlieren sie die Orientierung und sind fortan vor allem damit beschäftigt, die verlorengegangene Sicherheit wiederherzustellen.

Resilienzfördernd wirken könnte das sich Vergegenwärtigen dessen, was nach wie vor sicher und verlässlich ist aber auch eine grundsätzliche Wertschätzung dieser Menschen seitens ihrer Vorgesetzten.

- Auch das private Umfeld vieler Menschen enthält eine ganze Reihe von Belastungsfaktoren. Die einen haben lange Arbeitswege, andere sind alleinerziehend oder pflegen kranke Angehörige. Manche belastet ihr Alleinsein, andere die Notwendigkeit, permanent Termine abstimmen und Rücksicht nehmen zu müssen. Außerdem ist immer viel zu beachten und zu regeln, sei es mit dem Finanzamt, der Krankenkasse, Versicherungen ...

In vielen Familien herrscht aufgrund der hohen Anspannungen eine gereizte Grundstimmung, die sich gelegentlich in Konflikten entlädt und zu weiterem Stress führt.

Soll sich die Situation nicht zuspitzen, dann sind resilienzfördernde Haltungen, Kompetenzen und Ressourcen erforderlich.

- Eine besondere Rolle spielen Resilienzfaktoren in der Bewältigung von kritischen Lebensereignissen und psychischen Traumata. Berücksichtigt man, dass die meisten Traumata ohne therapeutische Hilfe durch Selbstheilungskräfte überwunden werden, dann ist der Resilienzprozess auch hier entscheidend. Untersuchungen belegen, dass insbesondere soziale Unterstützung (Zuhören, Nähe, praktische Hilfe) und die aktive Auseinandersetzung mit der traumatischen Situation resilienzfördernd wirken.

Zu kritischen Lebensereignissen zählen Verluste (z.B. Menschen – durch Tod oder Trennung, Arbeitsplatz, Heimat ...), langfristige Erkrankungen oder Einschränkungen, Gewalt- oder Mobbingerfahrungen, Niederlagen und Misserfolge (vor allem in Bereichen, die für das Selbstwertempfinden relevant sind) ...

Kann man Resilienz trainieren?

Nein, Resilienz selbst kann man nicht trainieren, sie ist wie gesagt ein Prozess und keine Eigenschaft. Fördern und trainieren lassen sich jedoch die oben beschriebenen Resilienzfaktoren. Einige Hinweise:

Geht es um meinen Umgang mit hohen Anforderung und Belastungen, dann kann ich ...

- mich darin üben, Unabänderliches zu akzeptieren und mich auf das Beeinflussbare zu fokussieren.
- mir immer wieder meine Stärken und Ressourcen vor Augen führen und damit mein Selbstbewusstsein stärken.
- mich an erfolgreich bewältigte Probleme und Krisen erinnern und mich damit ermutigen.
- verschiedene Szenarien entwerfen, die mir Entscheidungsspielräume und Einflussmöglichkeiten verdeutlichen.
- mir u.U. ein paar Tage Auszeit nehmen, die mir helfen, wieder eine gesunde Distanz herzustellen.
- mich damit beschäftigen, was mein Leben sinn- und wertvoll macht.
- mir Verständnis und Unterstützung suchen – sei es bei Familienangehörigen, Freunden, Kollegen oder bei professionellen Helfern.
- mir kleine Erfolgserlebnisse schaffen und diese feiern.

Geht es um den Umgang mit Mitarbeitern, dann sind folgende Dinge wichtig:

- Das Wichtigste überhaupt ist die Herstellung einer Vertrauensbasis. Solange Ihnen Ihre Mitarbeiter misstrauen, besteht eine denkbar schlechte Basis für die gemeinsame Bewältigung von Herausforderungen.
- Nehmen Sie Ihre Mitarbeiter als Menschen wahr! Wer sich wahrgenommen und wertgeschätzt fühlt, ist eher bereit, sich auch in schwierigen Zeiten engagiert einzubringen.
- Trauen Sie Ihren Mitarbeitern etwas zu und ermutigen Sie sie, neue Herausforderungen anzunehmen! Und dann unterstützen Sie sie, sorgen Sie dafür, dass Ihre Mitarbeiter Erfolge erleben! Das lässt sie über sich selbst hinauswachsen.

- Schaffen Sie ein Klima sozialer Verbindlichkeit, betonen Sie immer wieder, dass Sie alle zusammen im gleichen Boot sitzen und trotz unterschiedlicher Aufgaben nur gemeinsam das Ziel erreichen können! Schaffen Sie Verlässlichkeit, die keinen Raum dafür lässt, dass man sich gegenseitig ausspielt!
- Schenken Sie kleinen Erfolgen gebührend Beachtung! Dies spornt an und schafft eine positive Atmosphäre.
- Nehmen Sie private Probleme Ihrer Mitarbeiter wichtig und suchen Sie mit ihnen nach Möglichkeiten, diese konstruktiv zu lösen! Private Probleme wirken sich immer auf die Arbeitsfähigkeit aus, erfahrenes Verständnis schafft Verbundenheit, die in Krisenzeiten benötigt wird.
- Geben Sie Ihren Mitarbeitern Gestaltungsspielräume! Menschen, die Einflussmöglichkeiten haben, zeigen weniger Stresssymptome.
- Bremsen Sie Mitarbeiter aus, wenn diese durch übersteigerten Ehrgeiz ein Klima der Verbissenheit schaffen! Die anderen werden es Ihnen danken.

Literatur

BAUER, JOACHIM (2013): *Arbeit – Warum unser Glück von ihr abhängt und wie sie uns krank macht*, München

BENGEL, JÜRGEN/LYSSENKO, LISA (2012): *Resilienz und psychologische Schutzfaktoren im Erwachsenenalter; Forschung und Praxis der Gesundheitsförderung*, Band 43, Köln

REICH, JOHN/ZAUTRA, ALEX J./HALL, JOHN S.(2010): *Handbook of the adult resilience*, New York

SIEGRIST, U./LUITJENS, M. (2011): *30 Minuten Resilienz*, Offenbach

Reflexionsaufgaben zum gelesenen Thema „Resilienz"

1. Welchen Teil des Artikels fanden Sie besonders interessant und warum?
2. Welchen Teil des Artikels glauben Sie nicht verstanden zu haben – wen sprechen Sie an, um Ihnen beim Verstehen des Textteils zu helfen?
3. Mit welcher der fünf Führungsbedingungen hat der Textinhalt, nach Ihrer Überzeugung, besondere Berührungspunkte – und warum?
4. Mit welchen zwei der acht Grundeinsichten der Führung können Sie den Text im Besonderen verbinden – und warum?
5. Bei welchen der 14 Führungsaufgaben müssen Sie Ihr Wissen aus diesem Text auf jeden Fall in der Anwendung als Beeinflussungsimpuls bei Mit-Arbeitern berücksichtigen – und warum?
6. Welches konkrete Potenzial des Textes oder einiger Inhalte des Textes erkennen Sie für Ihre Wertschöpfung als Führungskraft durch die generelle Wahrnehmung der 14 Führungsaufgaben – und warum?
7. Wenn Sie das Thema Ihrem Mit-Arbeiter vermitteln wollen, wie werden Sie die Inhalte aufbereiten nach den Grundsätzen: Vom Bekannten zum Unbekannten, vom Einfachen zum Schwierigen, vom Allgemeinen zum Speziellen und vom Konkreten zum Abstrakten?
8. In der Vermittlung des Themas an den Mit-Arbeiter, was soll er faktisch kennen und behalten? In welchen seiner Aufgabensituationen soll er das neue Faktenwissen anwenden? Wie kann er die Anwendung des neuen Faktenwissens in diesen Situationen ganzheitlich (systemisch) reflektieren?
9. In welchen seiner anderen oder zukünftigen Arbeitssituationen erkennt der Mit-Arbeiter die Möglichkeit, sein Faktenwissen einzusetzen?

8.10 Motivationspsychologie – Motive und Motivation
von Dr. Susanne Steiner

Einleitung und wichtige Grundbegriffe

Egal ob im privaten oder beruflichen Umfeld, überall wird heute maximaler Einsatz und außergewöhnliches Engagement gefordert. Es ist Motivation gefragt. Doch was genau versteht man unter Motivation? Was kann man tun, um sich und andere maximal zu motivieren? Das weite Feld der Motivationspsychologie gibt Antworten auf diese Fragen und ist Thema dieses Übersichtskapitels.

Der Begriff *Motivation* kommt von dem lateinischen Wort für Bewegung oder Antrieb (movere). Auf diesem Konzept aufbauend definiert der deutsche Motivationspsychologe Falko Rheinberg (2008) Motivation als „aktivierende Ausrichtung des momentanen Lebensvollzugs auf einen positiv bewerteten Zielzustand (S.16)." Ist jemand hoch motiviert, mobilisiert er oder sie alle vorhandenen Kräfte um das gewünschte Ziel zu erreichen, lässt sich durch nichts abbringen und ruht erst, wenn das Ziel erreicht ist.

Die heutige Motivationspsychologie betrachtet sowohl Merkmale der Person als auch der Situation. Aus deren Zusammenspiel ergibt sich die Stärke und Qualität der Motivation und das daraus resultierende Verhalten. Die Anreize einer Situation treffen auf so genannte Motive der Person. Eine thematische Passung von Anreizen und Motiven führt zu einer Anregung der Motive, der aktuellen Motivation. Diese hat eine positive Auswirkung auf die Intensität und Dauer des zielgerichteten Verhaltens. *Motive* sind definiert als relativ stabile Präferenzen für eine spezifische Klasse von Anreizen in der Situation. Sie können bewusst oder unbewusst sein.

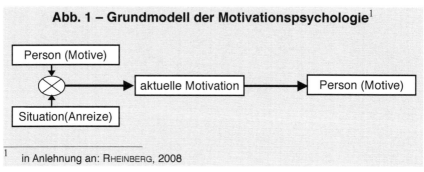

Abb. 1 – Grundmodell der Motivationspsychologie[1]

---

[1]   in Anlehnung an: Rheinberg, 2008

Im Kern der Motive liegen Affekte, die durch die Anregung ausgelöst werden.

Die Stärke der Motive ist bei Personen unterschiedlich ausgeprägt. Entsprechend unterscheiden sie sich darin, wie attraktiv bestimmte Anreize der Situation auf sie wirken. Hat jemand beispielsweise ein hohes Leistungsmotiv, bedeutet dies, dass er oder sie Situationen bevorzugt, welche die Möglichkeit bieten, sich einer Herausforderung zu stellen. Bekommt ein leistungsmotivierter Bergsteiger entsprechend die Möglichkeit, eine neue Route zu testen, wird dieser sofort die Herausforderung in der Situation wahrnehmen und mit hoher Wahrscheinlichkeit motiviert den Berg besteigen. Eine praktische Möglichkeit, verhaltensbestimmende Motive zu erfassen, bietet die MotivationsPotenzialAnalyse. Sie unterstützt dabei, die eigene Motivstruktur umfassend zu ermitteln und somit Situationen zu erarbeiten, welche motivpassenden Anreize bieten und motiviertes Verhalten ermöglichen (http://www.motivation-analytics.eu/motivationspotenzialanalyse/).

Man unterscheidet zwischen intrinsischer und extrinsischer Motivation. Eine gängige Definition bezeichnet *intrinsische Motivation* als Motivation aufgrund von Anreizen, die innerhalb der Tätigkeit liegen. Jemand, der intrinsisch motiviert ist, hat Spaß an der Aufgabe an sich. *Extrinsische Motivation* bedeutet dagegen Motivation aufgrund von Anreizen, die außerhalb der Tätigkeit liegen. Jemand, der extrinsisch motiviert ist, hat gar kein Interesse an der eigentlichen Aufgabe. Er oder sie erledigt die Aufgabe stattdessen, um dem Chef einen Gefallen zu tun, mögliche Bestrafungen befürchtet oder eine Bezahlung erwartet. Viele Studien konnten die positive Wirkung von intrinsischer Motivation belegen. Intrinsisch motivierte Personen zeigten mehr Kreativität, machten mehr Überstunden oder zeigten bessere Leistungen bei komplexen Aufgaben als Personen, die nicht intrinsisch motiviert waren. Ist eine Person jedoch nicht motiviert, so ist Willenskraft erforderlich. Man muss sich anstrengen etwas zu tun und mögliche innere Barrieren überwinden. Hier spricht man von *Volition*. Es gibt verschiedene Strategien, die Willenskraft zu fördern, hierzu zählen beispielsweise Emotions- oder Aufmerksamkeitskontrolle. Auf diese volitionalen Handlungsstrategien wird später im Abschnitt des Rubikon-Modells näher eingegangen.

Viele Wissenschaftler haben sich der Aufgabe gestellt, zu verstehen, wie Motivation entsteht, was sie verstärkt und wann es nicht zu motiviertem

Verhalten kommt. Entsprechend existiert eine Vielzahl an Theorien hierzu. Doch betrachtet jede Theorie für sich nur begrenzte Aspekte der menschlichen Motivation. Ein Einblick in die Hauptaspekte all dieser Theorien ermöglicht ein besseres Verständnis des Phänomens Motivation als Ganzes.

Geschichte der Motivationspsychologie

Um zu verstehen, wohin sich das Feld der Motivation bewegt, ist es wichtig, sich anzuschauen, woher es kommt. Die frühesten Ansätze der Motivationspsychologie gehen auf die Zeit der griechischen Philosophen zurück. Sie betrachten das Konzept des *Hedonismus* als Ursprung allen Verhaltens. Der wohl bedeutendste Vertreter des Hedonismus und Wegbereiter der Motivationspsychologie war der Philosoph Epikur (341–270 v. Chr). Als dieser bei kleinen Kindern und Tieren beobachtete, wie diese immer wieder erneut danach strebten, den Zustand größtmöglicher Annehmlichkeiten zu erreichen, formulierte er seine vielzitierte Erkenntnis „Die Lust ist Ursprung und Ziel des glücklichen Lebens." Er ging davon aus, dass Lust und Unlust die einzigen Motive menschlichen Handels darstellen: Menschen streben danach, Glück zu erreichen und Schmerz zu vermeiden.

Dieses Lust-Unlust-Prinzip wurde erneut zur Zeit der Industriellen Revolution Anfang des 18. Jahrhunderts von dem englischen Philosophen Jeremy Bentham aufgegriffen. Bentham (1789) war der Ansicht, alle Menschen seien ausschließlich an der Maximierung ihres eigenen Nutzens interessiert und somit motiviert, Leid zu vermeiden und Freude anzustreben. In seinem System des Utilitarismus spricht er von einem hedonistischen Nutzenkalkül, welches Menschen erlaube, ihre umfassenden Empfindungen von Freude und Leid gegeneinander aufzurechnen und somit eine Gesamtbilanz ihres Glückes aufzustellen. Somit reduziert auch Bentham Motivation auf zwei grundlegende Komponenten jeden Handelns: Freude und Leid bzw. Belohnung und Bestrafung. Nach Benthams vielzitiertem „*Carrot and Stick*"-Ansatz sind Menschen ausschließlich motiviert, wenn die Belohnung groß genug oder die Bestrafung ausreichend unangenehm ist. Entsprechend gehen Arbeiter nur motiviert ihren Aufgaben nach, wenn sie entweder eine zusätzliche Bezahlung, einen höheren Status oder Anerkennung für ihre Arbeit erwarten. Oder aber sie agieren aus Angst, Angst, den Job zu verlieren oder eine Abmahnung vom Vorgesetzten zu erhalten.

Gegen Ende des 19. Jh. fand das Feld der Motivation nun auch in der aufkommenden neuen Wissenschaft der Psychologie Beachtung. Man versuchte, die Gründe und Ursachen des Verhaltens weiter zu differenzieren und mittels Trieben oder Instinkten zu erklären. Sowohl bei Instinkten als auch bei Trieben wird eine angeborene biologische Grundlage als Ursache von Verhalten angenommen. Am wohl bekanntesten ist die *Triebtheorie* von SIGMUND FREUD (1915). FREUD war der Ansicht, dass unbewusste Triebe unser Handeln steuern. Triebe haben ihren Ursprung in einer körperlichen Triebquelle, welche im ES einen Reiz erzeugen und sich dann als Impulse oder Bedürfnisse psychisch repräsentieren. FREUDS Motivationstheorie beschreibt sich als Triebreduktionsmodell: Der Organismus strebt eine Homöostase an, er ist um so mehr im Gleichgewicht, je niedriger der angestaute Triebpegel ist. Triebe streben entsprechend eine Aufhebung des Reizzustandes an der Triebquelle an, sie folgen dem Lustprinzip. Nach FREUD steuern zwei antagonistische Triebe das menschliche Verhalten: der Lebenstrieb (Eros) und der Todestrieb (Thanatos). Ersterer vereint Sexual- und Selbsterhaltungstriebe, will das Leben erhalten und sich fortpflanzen. Seine Triebenergie bezeichnet FREUD als Libido. Der Todestrieb dagegen will Leben zerstören und äußert sich in Aggression.

In etwa zeitgleich zu FREUDS psychoanalytischen Ansätzen menschlicher Motivation entstanden die *Instinkttheorien*. Ihre Vertreter gingen davon aus, dass Verhalten durch Instinkte gesteuert wird. Instinkte sind ungelernte, erblich bedingte Verhaltensmuster, die als Reaktion auf bestimmte Auslöser der Umwelt auftreten. Bereits DARWIN (1859) sprach von diesen erblich bedingten Verhaltenssequenzen, welche der natürlichen Auslese folgen. Die Instinkte, die einen Anpassungsvorteil für das Lebewesen bieten, setzen sich durch. Sie sind zielgerichtet und haben sowohl eine energetisierende als auch steuernde Funktion. Unter dem Einfluss von DARWINS Annahmen wurden verschiedene Listen von menschlichen Instinkten aufgestellt. Den größten Einfluss auf die spätere Motivationspsychologie hatte WILLIAM MCDOUGALL (1908). Seine Definition von Instinkten ist sehr komplex und umfasst drei aufeinanderfolgende Prozesse. Nach ihm führt ein *Instinkt* zu

1. einer selektiven Wahrnehmung in Abhängigkeit von besonderen Zuständen des Organismus. Die so wahrgenommenen Objekte rufen
2. entsprechende emotionale Reaktionen hervor, welche als Kernstück des Instinktes gelten. Diese bewirken dann

3. entsprechende instrumentelle Aktivitäten zur Zielerreichung.

Eine hungrige Person bemerkt beispielsweise nach MCDOUGALL vermehrt essbare Objekte in ihrer Umgebung. Hat sie etwas Essbares entdeckt, erlebt sie Freude und greift zu, um ihren Hunger zu stillen.

Abb. 2 – Instinktiver Verhaltensablauf[1]

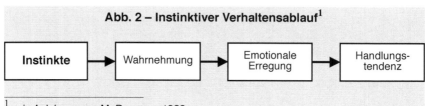

[1]   in Anlehnung an MCDOUGALL, 1928

MCDOUGALL veränderte seine Instinktliste immer wieder, seine letzte Instinktsammlung umfasste folgende 18 Instinkte: Nahrungssuche, Ekelimpuls, Sexualtrieb, Angst/Furcht, Neugier, Elterninstinkt, Geselligkeitsstreben, Selbstbehauptungsstreben, Unterordnungsbereitschaft, Ärger/Zorn, Hilfesuchen, Herstellungsbedürfnis, Besitzstreben, Drang zu lachen, Komfortbedürfnis, Ruhebedürfnis, Migrationsbedürfnis sowie einfache, körperliche Verhaltensäußerungen wie husten oder niesen.

Diese Liste wurde von HENRY MURRAY (1938) aufgegriffen und erweitert. Im Gegensatz zu MCDOUGALL sprach er nicht von Instinkten, sondern von 20 *Bedürfnissen* („needs"). Er betrachtete Personen als einen aktiven Organismus, welcher nicht nur passiv auf Auslöser in der Umwelt reagiert, sondern diese auch aktiv aufsucht und mitgestaltet. Er betont die Interaktion von Person und Situation: Auf Personenseite spricht er von dem „need", Bedürfnis, was sich das thematisch entsprechende Gegenstück in der Situation, dem „press", Druck, sucht. Unter „press" versteht MURRAY eine Situationsstruktur, die dem gewecktem Bedürfnis entspricht und diesem eine Verlockung oder Bedrohung in Aussicht stellt. MURRAY nahm an, dass die Wahrnehmung und Interpretation einer Situation systematisch von der aktuellen Bedürfnisstärke der Person abhängig ist. Auf diesen Annahmen aufbauend, entwickelte er den TAT (Thematischer Apperzeptionstest) zur Messung der Bedürfnisse und leistete hiermit einen großen Beitrag zur Motivationsforschung.

Ein Hauptproblem der Instinktlisten war neben dem mangelnden Konsens über die Anzahl von Instinkten und der ungenügenden empirischen Absi-

Abb. 3 – MURRAYS Katalog in Bedürfnissen (needs); n = need

	Englisch	Deutsche Übersetzung
1.	nAbasement (n Aba)	Erniedrigung
2.	nAchievement (n Ach)	Leistung
3.	nAffiliation (n Aff)	sozialer Anschluss
4.	nAggression (n Agg)	Aggression
5.	nAutonomy (n Auto)	Unabhängigkeit
6.	nCounteraction (n Cnt)	Widerständigkeit
7.	nDefence (n Def)	Unterwürfigkeit
8.	nDefendance (n Dfd)	Selbstgerechtigkeit
9.	nDominance (n Dom)	Machtausübung
10.	nExhibition (n Exh)	Selbstdarstellung
11.	nHarmavoidance (n Harm)	Leidvermeidung
12.	nInfavoidance (n Inf)	Misserfolgsmeidung
13.	nNurturance (n Nur)	Fürsorglichkeit
14.	nOrder (n Ord)	Ordnung
15.	nPlay (n Play)	Spiel
16.	nRejection (n Rej)	Zurückweisung
17.	nSentience (n Sen)	Sinnhaftigkeit
18.	nSex (n Sex)	Sexualität
19.	nSuccorance (n Suc)	Hilfesuchen (Abhängigkeit)
20.	nUnderstanding (n Und)	Verstehen (Einsicht)

cherung der so genannte Zirkularitätsschluss: Für jedes Verhalten wurde ein eigener Trieb postuliert. Dies diente jedoch nicht der beabsichtigten Erklärung des Verhaltens, sondern nur dessen Beschreibung. In Folge der zunehmenden Kritik wurden Instinkttheorien zunehmend durch *behavioristische Motivationstheorien* ersetzt, welche erlerntes Verhalten anhand von Bestrafungs- und Belohnungsmechanismen erklären. Der Behaviorismus beruft sich ausschließlich auf beobachtbare Daten, auf den Zusammenhang von objektiven Reizen und von außen sichtbaren Reaktionen. Sämtliche psychische Faktoren, wie die Motive, werden ignoriert. Der Organismus stellt eine Black-Box dar und es werden nur objektiv registrierbare Reiz-Reaktionsverbindungen betrachtet.

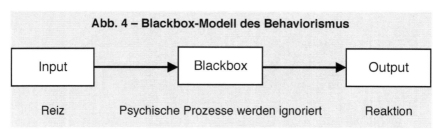

Abb. 4 – Blackbox-Modell des Behaviorismus

Input	Blackbox	Output
Reiz	Psychische Prozesse werden ignoriert	Reaktion

Einer der Gründerväter des Behaviorismus, BURHUS FREDERIC SKINNER, beschrieb das Konzept der operanten Konditionierung und rückte verschiedenen Arten der Verstärkung als Konsequenz für ein gezeigtes Verhalten in den Mittelpunkt seiner Betrachtung. Hiernach erlernen Menschen bestimmte Verhaltensweisen durch Prozesse der positiven und negativen Verstärkung in ihrem sozialen Umfeld. Ein weiterer relevanter behavioristischer Vertreter ist CLARK L. HULL. Als Ergebnis zahlreicher Rattenexperimente stellte er die allgemeine Gleichung „Verhaltenstendenz = Habit x Drive" auf. Diese besagt, dass die Stärke einer bestimmten Verhaltenstendenz von zwei Faktoren innerhalb des Organismus bedingt wird:

1. von der erlernten Gewohnheit (engl. habit), auf einen bestimmten Reiz mit einer bestimmten Reaktion zu antworten und
2. von dem Antrieb (engl. drive), das Verhalten auszuführen.

Dieser Antrieb wird bedingt und gleichzeitig operationalisiert durch die Anzahl der Gelegenheiten, bei denen in der gleichen Situation diese Reaktion in der Vergangenheit durch Belohnung verstärkt wurde. HULL erweiterte seine Gleichung später, indem er ebenfalls Qualitäten der äußeren Situation mit einbezog: „Verhaltenstendenz = Habit x Drive x Anreiz." Dem Trieb und der Habitstärke ebenbürtig, wurde nun die Quantität und Qualität des Anreizes, der Belohnungswert der Bekräftigung, eingeführt. Auch wenn dieses Modell die innerpsychischen kognitiven Aspekte ausblendet, ist es auch aus heutiger Sicht für die Motivationspsychologie interessant, da es sowohl personen- als auch anreizbezogene Aspekte betrachtet.

Anfang der 1950er-Jahre hielt das humanistische Menschenbild Einzug in die Motivationspsychologie. Berühmte Vertreter der Humanistischen Psychologie sind CARL ROGERS und ABRAHAM MASLOW. Es entstanden *Inhalts-theorien* der Motivation, welche von einer Klassifikation menschlicher Motive ausgehen. Sie beschäftigen sich mit dem Inhalt von Motiven und eruieren, welche Anreize bestimmtes Verhalten hervorrufen und aufrecht-erhalten. Bedeutsame Inhaltstheorien sind die Bedürfnishierarchie von ABRAHAM MASLOW, die Big Three von DAVID MCCLELLAND, die Theorie X und Y von DOUGLAS MCGREGOR sowie die Zwei-Faktoren-Theorie von FRE-DERICK HERZBERG. Auf diese wird im nachfolgenden Kapitel näher einge-gangen.

In der Mitte der 1960er-Jahre etablierte sich ein neuer Ansatz der Moti-vationstheorien, die *Prozesstheorien* der Motivation. Diese fokussieren sich auf Prozesse, die der Motivation zugrunde liegen, und gehen auf das dynamische Zusammenspiel unterschiedlicher Faktoren ein, die Motivati-on hervorrufen. Es wurden überwiegend kognitive Motivationstheorien formuliert, welche kollektiv das Ziel verfolgten, den gesamten Prozess zu verstehen, den Menschen durchlaufen, wenn sie motiviert ans Werk ge-hen. Relevante Prozesstheorien, auf welche ebenfalls detailliert im nach-folgenden Kapitel eingegangen werden soll, sind die Erwartungs-x-Wert-Theorie von VICTOR HARALD VROOM (1964), das Rückkopplungsmodell von LYMAN W. PORTER und EDWARD E. LAWLER (1968), das Rubikon-Modell von HEINZ HECKHAUSEN und PETER GOLLWITZER, die Equity-Theorie von JOHN STACY ADAMS (1963) sowie die Zielsetzungstheorie von EDWIN LOCKE und GARY LATHAM (1968).

Ende des zwanzigsten Jahrhunderts entstand eine neue Strömung in der Psychologie, die Positive Psychologie. Hier werden laut Gründer MARTIN SELIGMAN normativ positive Gegenstände der Psychologie wie Glück, Op-timismus oder Solidarität behandelt. In diesem Zusammenhang beschäf-tigt sie sich ebenfalls mit motivationalen Aspekten. Ein wichtiger Vertreter der positiven Psychologie ist der in Ungarn geborene MIHALY CSIKSZENTMI-HALYI (1990), welcher sich mit dem Zustand optimaler Motivation be-schäftigt. Auf diesen Flow-Zustand wird im nachfolgenden Kapitel näher eingegangen. Ebenfalls wird am Ende des kommenden Kapitels ein neues Motivationsmodell vorgestellt, das ebenfalls auf den Zustand optimaler Motivation eingeht und Aspekte bisheriger Inhalts- und Prozesstheorien integriert: das 3-K-Modell der Motivation von HUGO M. KEHR (2004).

Übersicht ausgewählter Motivationstheorien

Bedürfnishierarchie von ABRAHAM MASLOW

MASLOW entwickelte eine eigene Klassifikation von Bedürfnissen. Er betrachtete nicht einzelne Bedürfnisse wie frühere Bedürfnislisten von MURRAY oder McDOUGALL, sondern grenzte ganze Bedürfnisgruppen voneinander ab. Diese Bedürfnisgruppen ordnete er hierarchisch hinsichtlich ihrer Rolle in der Persönlichkeitsentwicklung. Ein Bedürfnis kann erst aktiviert werden, wenn die in der Hierarchie weiter unten liegenden Bedürfnisse befriedigt wurden. Ist es aktiviert, dann beeinflusst es das Verhalten. Je niedriger das Bedürfnis in der Hierarchie, um so dringlicher ist dessen Befriedigung für das bloße Überleben. Die Befriedigung höherer Bedürfnisse kann leichter zurückgestellt werden, sie sind subjektiv weniger drängend. Jedoch bewirkt die Befriedigung höherer Bedürfnisse nach MASLOW mehr Glück und inneren Reichtum. Die fünf Bedürfnisgruppen, hierarchisch aufsteigend und beginnend bei der niedrigsten, sind:

1. *Physiologische Bedürfnisse*
   Dies sind alle Bedürfnisse, welche unmittelbar mit der Aufrechterhaltung überlebenswichtiger Körperfunktionen zusammenhängen. Hierzu zählen beispielsweise Hunger, Durst, Sexualität oder Schlaf.
2. *Sicherheitsbedürfnisse*
   Dies sind alle Bedürfnisse, welche mit der Vermeidung von Bedrohung und dem Streben nach Sicherheit und Stabilität zusammenhängen. Hierzu zählen beispielsweise das Bedürfnis nach Schutz vor Krankheit, Arbeits- oder Wohnungslosigkeit.
3. *Soziale Bedürfnisse*
   Dies sind alle Bedürfnisse, welche mit dem Drang nach sozialen Beziehungen zusammenhängen. Hierzu zählen beispielsweise das Bedürfnis nach Liebe, Geborgenheit und der Zugehörigkeit zu einer sozialen Gemeinschaft.
4. *ICH-Bedürfnisse/ Selbstachtungsbedürfnisse*
   Dies sind alle Bedürfnisse, welche mit dem Streben nach Anerkennung und Wertschätzung durch sich und andere zusammenhängen. Hierzu zählen beispielsweise das Bedürfnis nach Erfolg, Selbstvertrauen und dem Respekt von anderen.

5. *Selbstverwirklichungsbedürfnisse*
Dies sind alle Bedürfnisse, welche mit dem Streben nach der umfassenden Ausschöpfung der eigenen Talente zusammenhängen. Hierzu zählen beispielsweise das Bedürfnis nach Unabhängigkeit, Selbsterfüllung und der freien Entfaltung der eigenen Persönlichkeit.

MASLOW spricht bei den ersten drei Bedürfnisgruppen von so genannten *Defizitbedürfnissen*. Verspürt man ein Defizit wie Hunger oder Durst, müssen diese Bedürfnisse zwingend befriedigt werden und üben eine große Motivationskraft aus. Nach ihrer Befriedigung verfügen sie jedoch über kein Motivationspotenzial mehr. Die letzten beiden Bedürfnisgruppen, Bedürfnisse nach Selbstachtung und Selbstverwirklichung, bezeichnet MASLOW als so genannte *Wachstumsbedürfnisse*. Sie tragen zum ständigen Wachstum der Persönlichkeit bei, indem sie im Prinzip nie eine wirkliche Befriedigung erreichen können. Komponiert ein Musiker aufgrund seines Strebens nach Selbstverwirklichung, so wird sein Bedürfnis nach Kreativität nicht nach einer bestimmten Anzahl von Liedern befriedigt sein.

Abb. 5 – Bedürfnispyramide[1]

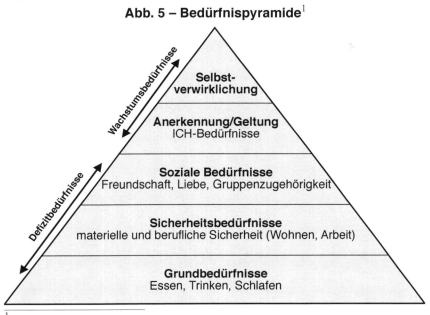

---

[1] in Anlehnung an ABRAHAM MASLOW (1908-1970)

Maslows Ansatz der Bedürfnishierarchie fand immer wieder viele Anhänger, jedoch wurde nach und nach immer mehr Kritik angebracht. Neben den vagen Begrifflichkeiten wird vor allem die mangelnde empirische Validierung des Modells kritisiert. Weder konnte die fünf Faktoren bestätigt werden, noch wurde ein Zusammenhang zwischen der Nichterfüllung eines Bedürfnisses und dessen Wichtigkeit gezeigt.

Big Three von David McClelland (1989)

McClelland präsentierte eine Motivationstheorie, welche auf den Ansätzen von Murrays „need"-Konzept basierte. Er ignorierte das Konzept der Hierarchie und konzentrierte sich stattdessen auf das Motivationspotenzial von drei dominierenden, eindeutig voneinander abgrenzbaren und definierten Bedürfnissen: Leistungs-, Anschluss- und Machtmotiv. Er definierte das Motiv als eine relativ stabile Präferenz für eine spezifische Klasse von Anreizen in der Situation. Da die Ausprägung dieser Motive von Person zu Person variiert, unterscheiden diese sich darin, wie attraktiv bestimmte Anreize im Arbeitsalltag auf sie wirken.

Personen mit einem hohen *Leistungsmotiv* streben nach der Erfüllung des eigenen Gütemaßstabes, der Lösung von komplexen Herausforderungen und der Optimierung eigener Fähigkeiten. Der Leistungsmotivierte empfindet Feedback, bei welchem er Rückschlüsse auf die Verbesserung der eigenen Leistung ziehen kann, als besonders motivierend und mag entsprechend anspruchsvolle und präzise Zielstellungen. Das Leistungsmotiv wird in Arbeitstätigkeiten mit hoher Eigenverantwortung, persönlichem Einfluss auf das Arbeitsergebnis und schnellem Feedback angeregt.

Personen mit einem hohen *Anschlussmotiv* streben nach der Etablierung und Aufrechterhaltung von positiven freundschaftlichen Beziehungen. Der Anschlussmotivierte schließt sich gern Gruppen an, kooperiert mit anderen Menschen und bevorzugt ein harmonisches Zusammenleben. Das Anschlussmotiv wird in einem weniger wettbewerbsorientierten, freundschaftlich geprägten Arbeitsumfeld, mit der Möglichkeit zu Teamwork und Kooperation angeregt.

Personen mit einem hohen *Machtmotiv* streben nach Kontrolle und Einfluss. Der Machtmotivierte liebt es, aus heftigen Debatten als Sieger herauszugehen und andere von seiner Meinung zu überzeugen. Auch steht das Machtmotiv in enger Verbindung mit dem Streben nach Prestige und Reputation. Entsprechend wird dieses durch die Möglichkeit, Statussymbole zu erlangen, Einfluss über andere zu gewinnen und für alle sichtbar in der Hierarchie aufzusteigen, angeregt.

MCCLELLAND prägte zudem die Begriffe implizite und explizite Motive. Während *implizite Motive* unbewusste, emotionale Präferenzen für bestimmte Anreize darstellen, die durch frühkindliche Erfahrungen determiniert werden, sind *explizite Motive* bewusste Selbstbilder, die im Laufe des Spracherwerbs geprägt wurden. Im Kern impliziter Motive liegen spontane spezifische Affekte, welche durch motivthematische Handlungen ausgelöst werden: Die Anregung des impliziten Leistungsmotivs äußert sich in Freude oder Stolz bei der Steigerung der eigenen Kompetenz, die Anregung des impliziten Anschlussmotivs im positiven Affekt bei dem Aufbau sozialer Beziehungen und die Anregung des impliziten Machtmotivs im freudigen Dominanzerleben. Explizite Motive dagegen sind kognitiv repräsentiert und beruhen auf dem bewusstem Selbstbild sowie auf antizipierten Bewertungen anderer. Sie äußern sich in bewusst reflektiertem Verhalten.

Die beiden Motivkomponenten lassen sich durch unterschiedliche Messverfahren erheben. Die bewussten, verbalisierbaren expliziten Motive können durch Fragebögen zur Selbsteinschätzung erhoben werden. Implizite Motive werden dagegen mittels projektiver Testverfahren wie dem von MURRAY entwickelten und von MCCLELLAND angepassten Thematischen Apperzeptionstest (TAT) erfasst. Hierbei werden mehrdeutige Bilder vorgelegt. Es wird davon ausgegangen, dass Personen mit einer hohen impliziten Motivausprägung auf motivthematische Anreize der dargestellten Situation reagieren und diese entsprechend ihrer vorhandenen Motivausprägung interpretieren.

Die Annahmen von MCCLELLAND konnten vielfach empirisch gestützt werden. So lohnt es sich beispielsweise, als Führungskraft auf die individuell unterschiedliche Ausprägung der Motive seiner Mitarbeiter zu achten und diesen Aufgaben mit entsprechenden motivthematischen Anreizen zu stellen.

Theorie X und Y von DOUGLAS MCGREGOR (1960)

MCGREGOR stellte zwei kontrastierende Motivationstheorien auf, welche auf zwei sehr unterschiedlichen Menschenbildern basieren: Theorie X sieht den Menschen negativ, Theorie Y positiv. Das vertretene Menschenbild beeinflusst Führungsstil und -verhalten.

Theorie X nimmt an, dass der Durchschnittsmensch eine angeborene Abneigung gegen Arbeit hat, diese daher so gut es geht meidet und sich dagegen wehrt, Verantwortung zu übernehmen. Motivation erfolgt ausschließlich extrinsisch, durch Belohnung oder Bestrafung. Führungskräfte, die dieses Menschenbild vertreten, praktizieren einen Führungsstil, der auf Kontrolle und Autorität beruht.

Theorie Y geht dagegen davon aus, dass der Durchschnittsmensch organisationalen Zielen nicht passiv, sondern aktiv entgegensteht, er ehrgeizig ist, Verantwortung übernimmt und bereitwillig Selbstdisziplin zeigt. Der Mensch hat Freude an der Arbeit, er ist intrinsisch motiviert. Führungskräfte motivieren mittels vom Mitarbeiter selbstgesetzter Ziele und der Übergabe von Verantwortung.

MCGREGOR warnt vor einem Teufelskreis gemäß dem Prinzip der selbsterfüllenden Prophezeiung. Wer im Sinne der Theorie X davon ausgeht, dass seine Mitarbeiter von Natur aus faul sind, wird diese bewusst oder unbewusst auch wenig wertschätzend behandeln, ihnen nichts zutrauen, sie kontrollieren, kommandieren und kritisieren. Diese Mitarbeiter werden natürlich den Anweisungen Folge leisten, doch werden sie bald jede Eigeninitiative einstellen und nur noch Dienst nach Vorschrift machen. Geht man als Führungskraft demgegenüber vom positiven Menschenbild der Theorie Y aus, wird man seinen Mitarbeitern bewusst oder unbewusst Wertschätzung und Vertrauen entgegenbringen, sie in Entscheidungen mit einbeziehen und ihre Meinung berücksichtigen. Die Mitarbeiter werden dies positiv wahrnehmen und sich bemühen, die ihnen entgegengebrachten Erwartungen zu erfüllen.

Abb. 6 – Die verstärkende Wirkung der Theorie Y

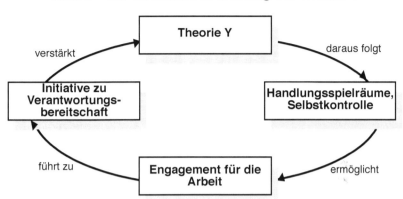

Zwei-Faktoren-Theorie von FREDERICK HERZBERG

Während MASLOW, MCCLELLAND und MCGREGOR sich auf die Rolle individueller Unterschiede in puncto Motivation konzentrierten, versuchte HERZBERG zu klassifizieren, inwiefern Arbeitsbedingungen Motivation beeinflussen können. Als Ergebnis einer Befragung von 200 Personen, welche Arbeitssituationen beschreiben sollten, in denen sie sich besonders gut oder besonders schlecht fühlten, schlossen HERZBERG und seine Kollegen auf zwei Einflussgrößen der Motivation von Mitarbeitern: Hygienefaktoren und Motivatoren.

Hygienefaktoren sind Faktoren, die auf den Kontext der Arbeit bezogen sind. Sie lösen Unzufriedenheit der Arbeiter aus, wenn sie nicht erfüllt sind, tragen aber nicht dazu bei, Zufriedenheit zu erzeugen. Hierzu gehören Merkmale der Arbeit, die außerhalb der Person selbst liegen, beispielsweise:

1. Führungsstil
2. Unternehmungspolitik und -verwaltung
3. Arbeitsbedingungen
4. Beziehungen zu Gleichgestellten
5. Beziehungen zu Unterstellten
6. Beziehungen zu Vorgesetzten
7. Status

8. Arbeitssicherheit
9. Gehalt
10. Persönliche berufsbezogene Lebensbedingungen

Diese Faktoren werden oft als selbstverständlich und erst bei Abwesenheit wahrgenommen. *Motivatoren* dagegen sind auf den Inhalt der Arbeitstätigkeit bezogen. Sie lösen Zufriedenheit der Arbeiter aus, wenn sie erfüllt sind, tragen aber nicht zwangsläufig zur Unzufriedenheit bei, wenn sie fehlen. Hierzu gehören beispielsweise Arbeitsinhalte, Erfolg, Anerkennung, Verantwortung und Möglichkeiten der persönlichen Weiterentwicklung.

Die Theorie gibt Erklärungsansätze dafür, warum finanzielle Anreize allein nur bedingt zur Arbeitszufriedenheit beitragen. Bezahlung ist ein Hygienefaktor, der meist als selbstverständlich angesehen wird. Wird die Bezahlung allerdings nicht als angemessen betrachtet, tritt schnell Unzufriedenheit ein. Für die Steigerung der Motivation von Mitarbeitern ist es dementsprechend wichtig, demotivierende Hygienefaktoren zu beseitigen und geeignete Motivatoren zu finden, die das Interesse an der Arbeit fördern.

Erwartungs x Wert-Theorie von Victor Harald Vroom (1964)

Als Prozesstheorie betrachtet die Erwartungs x Wert-Theorie von Vroom Faktoren, welche Motivation beeinflussen. Sie basiert auf der ökonomischen Annahme, dass Menschen nur diejenigen Handlungsalternativen wählen, welche zur Maximierung ihres subjektiven Nutzens beitragen. Entsprechend ist das Ausmaß an Motivation, eine bestimmte Aufgabe auszuführen, das Produkt zweier Faktoren: (1) Die Erwartung, die Handlung bringe mit hoher Wahrscheinlichkeit wünschenswerte Konsequenzen mit sich, und (2) der subjektive Wert der erwarteten Belohnung. Ist einer dieser beiden Faktoren nicht gegeben, kann keine Motivation bewirkt werden.

Motivation = Erwartung x Wert

Möchte man beispielsweise seine Mitarbeiter motivieren, ist es der Theorie zufolge notwendig, die Bedürfnisse dieser zu identifizieren. So kann man Anreize schaffen, die diese Bedürfnisse befriedigen und entsprechend über einen hohen subjektiven Wert verfügen. Weiterhin sollte durch die Definition geeigneter Leistungsziele eine Transparenz zwischen Leistung und Konsequenzen geschaffen werden. Dies maximiert die Erwartung, dass das eigene Handeln mit hoher Wahrscheinlichkeit zu den gewünschten Ergebnissen führt. Die Arbeitsmotivation wird gesteigert.

Rückkopplungsmodell
von LYMAN W. PORTER und EDWARD E. LAWLER (1968)

PORTER und LAWLER erweiterten die Annahmen von VROOM und integrierten den Aspekt individueller Unterschiede sowie die Rollenwahrnehmung in ihr Modell. Weiterhin stellen sie sich der Frage, inwieweit Motivation, Leistung und Zufriedenheit zusammenhängen.

Abb. 7 – Das Rückkopplungsmodell[1]

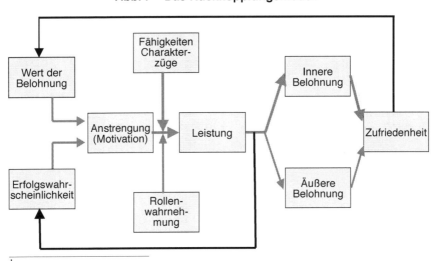

---

[1]   in Anlehnung an PORTER und LAWLER

Wie auch VROOM gehen sie davon aus, dass die Anstrengung, die eine Person zur Erfüllung einer Aufgabe aufwendet, ihre Motivation, vom Wert der Belohnung und der Erwartung, dass das Bemühen eine hohe Erfolgswahrscheinlichkeit bewirkt, abhängt. Je nach Fähigkeit und Rollenwahrnehmung, der Art und Weise, die eigene Rolle in spezifischen Arbeitssituationen wahrzunehmen, führt die Anstrengung zur beabsichtigten Leistung. Kommen zusätzlich intrinsische oder extrinsische Belohnungen als Folge der gezeigten Leistung hinzu und werden diese als gerecht wahrgenommen, steigt die Zufriedenheit. Dies beeinflusst wiederum, im Sinne einer positiven Rückkopplung, die Motivation. Intrinsische Belohnungen sind an die Aufgabe gebunden. Hierzu zählen beispielsweise das Erfolgserlebnis als solches, die Kompetenzerweiterung durch herausfordernde Aufgaben oder das Gefühl, eine sinnvolle Arbeit zu leisten. Extrinsische Belohnungen erfolgen beispielsweise durch Bezahlung, Beförderung oder Gewinnbeteiligung. Hervorzuheben ist, dass PORTER und LAWLER Zufriedenheit nicht als Voraussetzung für Leistung, sondern im Gegenteil als deren Ergebnis betrachten. Dies konnte in zahlreichen Studien belegt werden.

Rubikon-Modell
von HEINZ HECKHAUSEN und PETER GOLLWITZER (1987)

Der Wunsch etwas zu erreichen, garantiert leider oft nicht, dass entsprechend gehandelt wird. Das Rubikon-Modell der Handlungsphasen von den deutschen Motivationspsychologen HEINZ HECKHAUSEN und PETER GOLLWITZER betrachtet den Prozess vom Wunsch zum tatsächlichen Handeln. Neben motivationalen Prozessen, welche ausschlaggebend bei der Wahl von Handlungszielen sind, werden die in der Motivationspsychologie lange vernachlässigten volitionalen Prozesse betrachtet. Hierbei werden mögliche Hindernisse der Zielerreichung betrachtet und hilfreiche volitionale Strategien angewendet. Die Autoren beschreiben vier Handlungsphasen:

1. die motivationale prädezisionale Phase,
2. die volitionale präaktionale Phase,
3. die volitionale aktionale und
4. die motivationale postaktionale Phase.

In der *prädezisionalen Phase* geht es um das Abwägen von Vor- und Nachteilen verschiedener Wünsche und damit verbundener Ziele. Welcher Wunsch gewählt wird, hängt von persönlichen Werten sowie der Erwartung ab, dass die Handlungsalternative zu dem gewünschten Erfolg führt. Am Ende der Phase ist die Entscheidung für die umzusetzende Alternative gefallen. Es wurde eine Intention gebildet, der Rubikon überschritten. So wie JULIUS CÄSAR im Jahr 49 v. Chr. mit den Worten „alea iacta est" (Die Würfel sind gefallen) den Fluss Rubikon überschritt, als er nach langem Abwägen die endgültige Entscheidung traf, in Rom einzumarschieren.

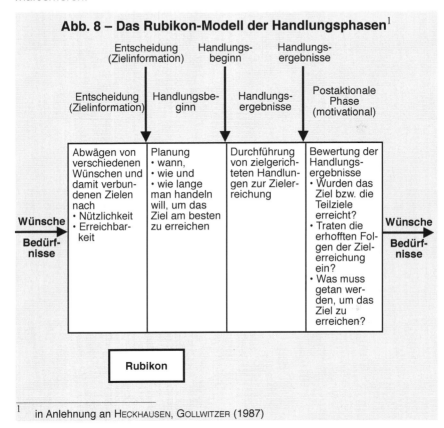

Abb. 8 – Das Rubikon-Modell der Handlungsphasen[1]

[1] in Anlehnung an HECKHAUSEN, GOLLWITZER (1987)

Nachdem die Entscheidung getroffen wurde, ist man motiviert, die gewählte Handlung auszuführen. Es beginnt die *präaktionale Phase*, in welcher geplant wird, wann, wie und wie lange gehandelt werden soll, um das gewünschte Ziel zu erreichen. Es werden von der Zielintention abgeleitete Absichten gebildet. Um mögliche Hindernisse der Zielerreichung zu minimieren, ist es sinnvoll, so genannte *Wenn-Dann-Pläne* zu formulieren, das heißt, die Situation zu spezifizieren, bei deren Eintreten ein bestimmtes Verhalten gezeigt werden soll. Wurde beispielsweise das Ziel gesetzt, sich gesünder zu ernähren, dann ist folgender Wenn-Dann-Plan hilfreich: „Wenn ich ins Restaurant gehe, dann bestelle ich einen Salat."

In der nun folgenden *aktionalen Phase* werden die geplanten Handlungen durchgeführt. Um die Handlung erfolgreich abzuschließen und das gewählte Ziel zu erreichen, ist es auch hier wichtig, auf mögliche Hindernisse reagieren zu können. Prozesse der Handlungskontrolle werden bedeutsam. Hierzu gehören beispielsweise *Aufmerksamkeitskontrolle* (d.h. Ausblenden ablenkender Informationen), *Emotionskontrolle* (d.h. Regulierung eigener Emotionen), *Motivationskontrolle* (d.h. gezielte Steigerung der eigenen Motivation), *Umweltkontrolle* (d.h. mögliche Ablenkungen in der Umwelt ausschalten) und *sparsame Informationsverarbeitung,* indem man sich gedanklich ausschließlich mit dem relevanten Thema beschäftigt.

Wurde nun das gewünschte Ziel erreicht und liegen Handlungsergebnisse vor, folgt die *postaktionale Phase*. Es werden die Ergebnisse der durchgeführten Handlungen bewertet und geprüft, ob das Ziel erreicht wurde oder ob hierfür noch weitere Handlungen notwendig sind. Diese Bewertung beeinflusst entsprechend zukünftige Entscheidungen. Zeigte sich eine gewählte Handlungsstrategie als erfolgreich für die Zielerreichung, wird sie mit hoher Wahrscheinlichkeit in Zukunft wieder gewählt.

Die im Rubikon-Modell postulierte Abfolge der Handlungsphasen ist eine idealtypische Vorstellung, die so nicht immer in der Realität stattfindet. Insbesondere kommen Gewohnheitshandlungen oft ohne Abwägen und Planen aus. Dennoch bietet das Modell sehr gute Ansatzpunkte, eigene Prozesse der Zielerreichung zu reflektieren. In der ersten Phase ist es wichtig, möglichst viele Informationen zu berücksichtigen, um eine endgültige Entscheidung treffen zu können. Denn diese ist anschließend nicht mehr verhandelbar. In der zweiten und dritten Phase zählt die Volition. Ohne ausreichend Willensstärke kann der „innere Schweinehund" oft nicht besiegt werden. Strategien der Handlungskontrolle helfen, Volition aufrechtzuerhalten.

Equity-Theorie von JOHN STACY ADAMS (1963)

Die Kernaussage der Theorie von ADAMS besagt, dass Motivation hauptsächlich durch wahrgenommene Gerechtigkeit bedingt wird. Menschen betrachten das Verhältnis von In- und Output und setzen dies subjektiv in Relation mit anderen Personen. Beispielsweise bewerten Mitarbeiter das Verhältnis ihrer eigenen Leistungen zu dem vom Unternehmen erhaltenen Output wie Bezahlung oder Anerkennung und vergleichen dieses mit Kollegen. Die Equity-Theorie besagt nun, dass ein als fair empfundener Vergleich keine motivationale Wirkung ausübt. Wird der Vergleich jedoch als unfair wahrgenommen, so entsteht eine Anspannung und die Motivation, diese Ungerechtigkeit zu reduzieren. Mögliche Reaktionen auf die Ungerechtigkeit können sein:

1. eine Absenkung des Inputs in Form von reduzierter Leistung,
2. eine Einwirkung auf den Arbeitgeber, um eine Erhöhung des Outputs zu bewirken,
3. der Wechsel der Vergleichsperson oder
4. der Ausstieg aus dem Unternehmen.

Menschen wollen gerecht behandelt werden. Die Equity-Theorie unterstreicht die Relevanz, für eine Ausgeglichenheit von Input und Output zu sorgen, da eine wahrgenommene Ungerechtigkeit demotiviert.

Zielsetzungstheorie von EDWIN LOCKE und GARY LATHAM (1990)

Die Zielsetzungstheorie von LOCKE und LATHAM geht davon aus, dass Verhalten durch bewusste Ziele und Absichten motiviert wird. *Ziele* lenken die Aufmerksamkeit in die intendierte Richtung, erhöhen die Ausdauer bei der Bearbeitung von Aufgaben und unterstützen die Entwicklung von Aufgabenstrategien. Sie dienen der Orientierung des Verhaltens und dienen als Führungs- und Kontrollinstrument. LOCKE und LATHAM beschäftigen sich mit der Frage, wie Ziele beschaffen sein müssen, damit das Handeln zu optimalen Leistungen führt.

In diversen Studien konnten die beiden Forscher zwei motivations- und leistungsförderliche Aspekte von Zielen identifizieren: *Schwierigkeit* und *Spezifität*. Sie fanden heraus, dass herausfordernde und präzise formulierte Ziele zu einer besseren Leistung führen, als leichte und allgemein formulierte Ziele. Basierend auf intensiven Forschungsarbeiten erweiterten LOCKE und LATHAM ihre Theorie um Moderatoren und Wirkmechanismen, welche die Beziehung von Zielen und Leistung ebenfalls beeinflussen. Mithilfe der *Wirkmechanismen* werden Ziele in Leistungshandeln umgesetzt. Ziele beeinflussen die Richtung, Intensität und Ausdauer des Handelns. Weiterhin fördern Ziele die Entwicklung aufgabenspezifischer Strategien, um die Ziele möglichst effektiv umzusetzen. *Moderatoren* beeinflussen den Zusammenhang zwischen Zielen und erbrachter Leistung. Hierunter fallen die Zielbindung, das heißt, Commitment zu den Zielen, die Selbstwirksamkeitserwartung, das Feedback über die Zielerreichung und die Aufgabenkomplexität.

Abb. 9 – Zielsetzungstheorie[1]

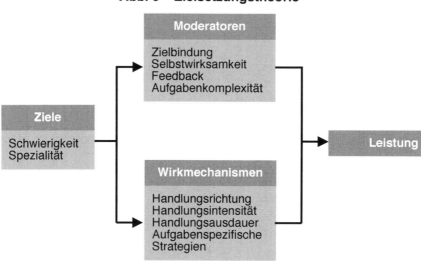

[1]   in Anlehnung an LOCKE und LATHAM

Die Annahmen der Zielsetzungstheorie lassen unmittelbare Handlungsanweisungen für das Setzen motivierender leistungsfördernder Ziele zu. Beispielsweise sollte bei Zielvereinbarungsgesprächen darauf geachtet werden, dass Ziele

1. möglichst konkret und herausfordernd formuliert sind,
2. zur Erhöhung der Zielbindung partizipativ vereinbart werden,
3. das Gefühl von Selbstwirksamkeit stärken und
4. die Aufgabenkomplexität minimieren. Weiterhin sollte
5. nach dem Zielvereinbarungsgespräch Rückmeldung über erreichte Zielfortschritte gegeben werden.

Flow-Erleben von MIHALY CSIKSZENTMIHALYI (1990)

Während CSIKSZENTMIHALYI längere Zeit Künstler bei ihrer Arbeit studierte, beobachtete er, dass einige Maler besonders vertieft an den Bildern arbeiteten. Sie schienen die Welt um sich herum vergessen zu haben und sich für nichts anderes als die Fertigstellung ihres Bildes zu interessieren. Diesen Zustand hat er später sehr treffend als Flow-Erleben bezeichnet, ein Zustand optimaler Motivation. Die Maler sind völlig in einer glatt laufenden Tätigkeit aufgegangen.

CSIKSZENTMIHALYI beschreibt das *Flow-Erleben* als das gänzliche Aufgehen in einer Tätigkeit, man ist mit der Aufgabe nahezu verschmolzen, hat das unbedingte Gefühl, alles im Griff zu haben, und ist hoch konzentriert. Man macht die Sache allein um ihrer selbst willen und stellt am Ende fest, dass die Zeit wie im Flug vergangen ist. Das Flow-Erleben wurde bereits in verschiedenen Bereichen des Lebens untersucht, beispielsweise bei Chirurgen während der Operation, Schachspielern, Tänzern, Felskletterern und Computerspielern. Bei einer Befragung von Büroangestellten benannten diese ebenfalls das Arbeiten an komplizierten und ungewöhnlichen Fällen, das Programmieren am PC oder das Erlernen neuer Dinge als flow-förderlich.

Zentrale Variablen des Flow-Konzeptes sind die wahrgenommenen Anforderungen der Aufgabe sowie die eigenen wahrgenommenen Fähigkeiten. CSIKSZENTMIHALYI nimmt an, dass Flow immer dann vorliegt, wenn eine optimale Passung von Anforderungen und Fähigkeiten auf hohem Niveau gegeben ist. In seinem *Quadranten-Modell des Flow-Erlebens* visualisiert er den Zusammenhang von jeweils hohen und niedrigen Anforderungen und Fähigkeiten. Wenn die Anforderungen die Fähigkeiten, überschreiten, entsteht ein Zustand der Angst. Unterschreiten die Anforderungen die Fähigkeiten entsteht Langeweile. Liegen die Anforderungen deutlich unter den Fähigkeiten liegt ein Zustand von Entspannung vor.

Neben der Passung von Anforderungen und Fähigkeiten auf hohem Niveau wurden weitere Bedingungsfaktoren für das Erleben von Flow untersucht. Flow tritt beispielsweise vermehrt auf, wenn die Tätigkeiten klar strukturiert sind und es ein konkretes Feedback über die Erreichung der Kriterien gibt. Auch gibt es autotelische Persönlichkeiten, welchen es leichter als anderen fällt, in einer Tätigkeit aufzugehen. Flow-förderlich sind ebenfalls eine angenehme soziale Atmosphäre sowie die Abwesenheit von Ablenkungen und Zeitdruck.

Abb. 10 – Das Quadrantenmodell des Flow-Erlebens [1]

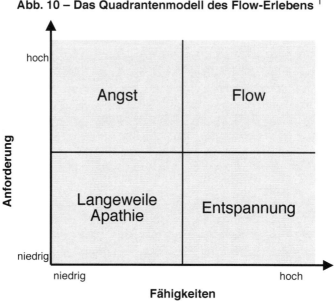

---

[1]   in Anlehnung an Csikzentmihalyi, 1997

Möchte man demzufolge selbst Flow als Zustand optimaler Motivation erleben, in der Tätigkeit aufgehen und maximal konzentriert arbeiten, dann sollte man sich

1. Herausforderungen stellen, die dem eigenen Können entsprechen,
2. eigene Fähigkeiten gegebenenfalls weiterentwickeln,
3. ein klares Ziel vor Augen haben und
4. eine angenehme Atmosphäre frei von Zeitdruck und Ablenkungen schaffen.

Die Passung aus Anforderungen und Fähigkeiten ist nach Csikszentmihalyi zentrale Voraussetzung für Flow-Erleben. Neuerdings wird jedoch angenommen, dass neben dieser Passung auch Motive einen Einfluss auf das Flow-Erleben haben.

3K-Modell der Motivation von HUGO M. KEHR (2004)

Das 3K-Modell integriert altbewährte Konzepte mit neuen Trends der Motivationspsychologie und macht diese für die Praxis anwendbar. Im Mittelpunkt des Modells stehen drei Komponenten der Motivation, die Namensgeber des Modells: explizite (selbsteingeschätzte) Motive, implizite (unbewusste) Motive und subjektive Fähigkeiten. Im Führungstraining und in der Führungspraxis stehen hierfür die Metaphern Kopf, Bauch und Hand. *Explizite Motive*, der Kopf, stehen für unsere kognitiven Präferenzen. Sie bestimmen unsere persönlichen Ziele und die Wichtigkeit, die wir bestimmten Tätigkeiten zuschreiben. *Implizite Motive*, der Bauch, stehen für unsere affektiven Präferenzen. Sie stehen für Emotionen, die mit der Tätigkeit verbunden sind, sowohl Hoffnungen als auch Ängste. *Subjektive Fähigkeiten*, die Hand, stehen für unsere Fertigkeiten, das Wissen und die Erfahrung, die wir für die Tätigkeit mitbringen. Sind diese drei Komponenten bei einer Tätigkeit erfüllt, befindet sich die Person im Zustand optimaler Motivation: Sie empfindet die Tätigkeit als wichtig, macht sie gern und hat die notwendigen Fähigkeiten hierzu. Die Person ist im Flow, sie arbeitet hoch konzentriert und alles geht wie von selbst.

Sind bei einer Tätigkeit nicht alle drei Komponenten erfüllt, sind wir nicht optimal motiviert, fällt es uns schwer, unsere Ziele umzusetzen. Das 3K-Modell beschreibt unterschiedliche Ansätze, diese Demotivation zu kompensieren.

1. Liegt ein Motivationsdefizit aufgrund mangelnder subjektiver Fähigkeiten vor, kann das Fähigkeitsdefizit durch entsprechendes Training oder die Unterstützung von anderen Personen kompensiert werden. Stehen jedoch die expliziten oder impliziten Motive nicht hinter der Tätigkeit, ist Willenskraft notwendig, um das Motivationsdefizit zu kompensieren.
2. Bei einem Motivationsdefizit aufgrund mangelnder expliziter Motive unterstützt uns der Wille dabei, Aufgaben umzusetzen, die wir gerade als nicht so wichtig ansehen. Beispielsweise indem wir unsere Aufmerksamkeit auf für uns relevante Aspekte fokussieren.
3. Bei einem Motivationsdefizit aufgrund mangelnder impliziter Motive unterstützt uns der Wille dabei, Aufgaben umzusetzen, die mit großer Unlust oder unguten Bauchgefühlen verbunden sind. Beispielsweise, indem wir unsere Gefühle kontrollieren.

Abb. 11 – Das 3K-Modell der Motivation

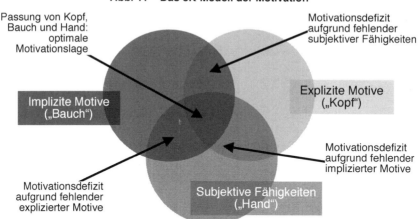

Das 3K-Modell bietet die Möglichkeit einer strukturierten Motivationsdiagnose. Diese so genannte *3K-Prüfung* hat sich bereits vielfach praktisch im Führungsalltag bewährt. Es werden tätigkeitsbezogene Fragen nach den drei Komponenten der Motivation gestellt, welche dem Mitarbeiter helfen sollen, Motivations- und Fähigkeitsdefizite zu erkennen. Diese bilden eine hilfreiche Grundlage, gemeinsam mit der Führungskraft oder dem Mitarbeiter Lösungsstrategien zu erarbeiten. Die Leitfrage für den Kopf lautet: „Finde ich diese Tätigkeit wichtig? Hilft sie mir bei meinen beruflichen und privaten Zielen?", für den Bauch: „Erledige ich diese Tätigkeit gerne? Habe ich ein ungutes Gefühl dabei?" und für die Hand: „Besitze ich die notwendigen Fähigkeiten und Kenntnisse für diese Tätigkeit?".

KEHR bietet in seinen Aufsätzen und Führungstrainings bereits mögliche Lösungsstrategien an, Motivationsdefizite anzugehen und den Zustand optimaler Motivation zu ermöglichen. Stehen Kopf und Bauch hinter der Tätigkeit, aber die Hand fehlt, empfiehlt er eine Stärkung der subjektiven Fähigkeiten durch Selbstentwicklung, Weiterbildung oder Netzwerken. Stehen Kopf und Hand hinter der Tätigkeit, aber der Bauch fehlt, empfiehlt er eine Stärkung der impliziten Motive durch emotionale Unterstützung, das Setzen motiv-passender Anreize, Reframing der Aufgabe oder die Entwicklung einer motivierenden bildhaften Vision. Stehen Hand und Bauch hinter der Tätigkeit, aber der Kopf fehlt, empfiehlt er eine Stärkung der expliziten Motive durch das Überzeugen der Wichtigkeit für die eigenen Ziele, das Setzen konkreter Ziele, das Lösen von Zielkonflikten oder das Setzen neuer extrinsischer Anreize, um die Zielbindung zu erhöhen.

Die grundlegenden Annahmen des 3K-Modells konnten bereits vielfach empirisch bestätigt werden. Nähere Informationen zur praktischen Anwendung des 3K-Modells sowie weiterführende Literatur sind auf der Homepage der Kehr Management Consulting GmbH (www.kehrmc.de) zu finden.

Typische Fragestellungen der Motivationspsychologie

Was kann man tun, um sich und andere zu motivieren?
Die Bandbreite an Motivationstheorien ist umfassend. Jede beleuchtet für sich genommen einen anderen spannenden Aspekt menschlicher Motivation. Entsprechend lassen sich unterschiedliche Strategien ableiten, uns und andere zu motivieren. Ein wichtiger Aspekt ist es, die Motivstruktur zu kennen und entsprechend motivpassende Anreize zu ermitteln, die motiviertes Verhalten auslösen. Es ist ebenfalls wichtig zu schauen, welche grundlegenden Faktoren erfüllt sein müssen, um Demotivation zu vermeiden. Hierzu zählen beispielsweise die Hygienefaktoren Bezahlung und Arbeitsplatzsicherheit. Auch können die subjektiven Fähigkeiten gestärkt werden, um somit die Erwartung zu erhöhen, dass mein Verhalten auch mit hoher Wahrscheinlichkeit zum gewünschten Ziel führt. Ein schönes Tool um Motivationsdefizite zu erfassen, bietet die 3K-Prüfung.

Wie kann man die Motivstruktur von Personen bestimmen?
Hier gibt es verschiedene Möglichkeiten, die sich vor allem bezüglich ihrer Praktikabilität unterscheiden. Zum einen lassen sich die oft unbewussten Motive durch die systematische Beobachtung des eigenen Verhaltens feststellen. Dies verlangt einen sehr hohen Grad der Fähigkeit der Selbstreflexion und gezielte situative und verhaltensbezogene Fragen. Zum anderen gibt es die Möglichkeit der Motivmessung durch etablierte Tests. Der Königsweg der Messung unbewusster Motive erfolgt durch projektive Messverfahren wie den Thematischen Apperzeptionstest. Bei diesem Test werden der Person mehrdeutige Bilder vorgelegt, welcher hierzu Assoziationen bildet. Diese werden anhand eines sehr umfangreichen Schlüssels mit großem Aufwand motivthematisch ausgewertet. Einen ökonomischeren Ansatz der Motivmessung bietet die MotivationsPotenzialAnalyse, sie ermittelt den

emotionalen Anregungsgehalt verschiedener Lebensbereiche und schließt somit auf ihr Motivationspotenzial. Die Auswertung erfolgt computergestützt und ist sehr ökonomisch. Für die Interpretation der Ergebnisse stehen zusätzlich zertifizierte MPA-Experten bereit. (http://www.motivation-analytics.eu/motivationsPotenzialanalyse/)

Wann ist es wichtig, Volition bzw. Willen zu zeigen?

Willenskraft ist dann erforderlich, wenn es an Motivation mangelt. Man muss sich anstrengen etwas zu tun und mögliche innere Barrieren überwinden. Um Ziele dennoch erfolgreich umsetzen zu können, gibt es verschiedene volitionale Strategien, die die Willenskraft fördern. Hierzu gehören beispielsweise Aufmerksamkeitskontrolle (d.h. Ausblenden ablenkender Informationen), Emotionskontrolle (d.h. Regulierung eigener Emotionen), Motivationskontrolle (d.h. gezielte Steigerung der eigenen Motivation), Umweltkontrolle (d.h. mögliche Ablenkungen in der Umwelt ausschalten) und sparsame Informationsverarbeitung indem man sich gedanklich ausschließlich mit dem relevanten Thema beschäftigt. Ohne ausreichend Willensstärke kann der „innere Schweinehund" oft nicht besiegt werden.

Was verleiht Zielen ihre Bedeutung für unser Handeln?
Wie sollten sie formuliert sein, damit sie motivieren?

Ziele lenken unsere Aufmerksamkeit in die intendierte Richtung und erhöhen die Ausdauer bei der Bearbeitung von Aufgaben. Ebenfalls ermöglichen sie uns die Erarbeitung von präzisen Lösungsstrategien. Die Zielsetzungstheorie von LOCKE und LATHAM besagt, dass motivierende Ziele

1. möglichst konkret und herausfordernd sind,
2. partizipativ vereinbart werden,
3. das Gefühl von Selbstwirksamkeit stärken,
4. die Aufgabenkomplexität minimieren und
5. eine zeitnahe Rückmeldung über erreichte Zielfortschritte ermöglichen.

In vielen Führungstrainings wird hieran angelehnt die so genannte SMART-Formel gelehrt: Ziele sollen spezifisch, anspruchsvoll, realistisch und terminiert formuliert sein.

Schließen sich intrinsische und extrinsische Motivation aus?

Dieser Frage haben sich bereits über 100 Studien gewidmet. Sie kommen zu dem Konsens, dass extrinsische Belohnungen das Potenzial haben, vorhandene intrinsische Motivation zu zerstören. Man spricht vom so genannten Korrumpierungseffekt. Extrinsische Belohnungen verdrängen intrinsische Motivation vor allem dann, wenn sie materiell, erwartet und nicht an die Leistung gebunden sind. Doch ist jede Form von materieller Belohnung schädlich für die intrinsische Motivation, oder gibt es Möglichkeiten, Personen, die Spaß an ihren Aufgaben haben, zusätzlich extrinsisch zu belohnen? Dieser Frage habe ich mich im Rahmen meiner Dissertation gewidmet (STEINER, 2011). In drei experimentellen Studien konnte ich zeigen, dass materielle Belohnungen, die thematisch mit der Aufgabe zusammenhängen, vorhandene intrinsische Motivation nicht zerstören. Sie haben sogar das Potenzial, die intrinsische Motivation zu erhöhen. Beispielsweise können Personen, die beruflich viel reisen müssen, mit der Möglichkeit, die erste Klasse zu nehmen, belohnt werden. Personen, die beruflich viel am Computer sitzen und denen ihre Arbeit Freude macht, können als tätigkeitskongruente Belohnung ein neues Notebook erhalten. Sie werden im besten Fall noch mehr Freude an ihrer Arbeit haben.

Typische Anwendungsfelder der Motivationspsychologie

Motivation ist ein wesentlicher Bestandteil des täglichen Lebens. Entsprechend vielseitig sind die Anwendungsfelder der Motivationspsychologie. In folgenden Bereichen spielen motivationspsychologische Analysen eine wichtige Rolle:

- *Arbeits- und Organisationspsychologie*
  Motivieren gilt als eine bedeutsame Führungskompetenz und die Motivation der Mitarbeiter als ein zentraler Erfolgsfaktor des Unternehmens.
- *Pädagogische Psychologie*
  Die Motivation von Schülern hat einen großen Einfluss auf deren Lernerfolg. Entsprechend gilt auch hier Motivieren als bedeutsame Kompetenz des Lehrers.
- *Sportpsychologie*
  Nur ein motivierter Sportler kann Höchstleitung erbringen.
- *Konsumentenpsychologie*
  Hier stehen die Motive und Bedürfnisse des Konsumenten im Mittelpunkt.
- *Gesundheitspsychologie*
  Motivationale Faktoren haben Einfluss auf präventives Gesundheitsverhalten und auf die Compliance.

Bedeutung der Motivationspsychologie für das Führen

Es gibt keinen guten Führungsprozess, in welchem nicht das zentrale Thema der Motivation angesprochen wird. Eine fundierte Analyse der Bedürfnisse und Ziele des Mitarbeiters ist maßgeblich für eine erfolgreiche Ableitung geeigneter Maßnahmen. Nur so kann es gelingen, die intrinsische Motivation des Mitarbeiters zu erhöhen und gegebenenfalls die Willenskraft zu fördern.

Reflexionsaufgaben zum gelesenen Thema
„Motivationspsychologie – Motive und Motivation"

1. Welchen Teil des Artikels fanden Sie besonders interessant und warum?
2. Welchen Teil des Artikels glauben Sie nicht verstanden zu haben – wen sprechen Sie an, um Ihnen beim Verstehen des Textteils zu helfen?
3. Mit welcher der fünf Führungsbedingungen hat der Textinhalt, nach Ihrer Überzeugung, besondere Berührungspunkte – und warum?
4. Mit welchen zwei der acht Grundeinsichten der Führung können Sie den Text im Besonderen verbinden – und warum?
5. Bei welchen der 14 Führungsaufgaben müssen Sie Ihr Wissen aus diesem Text auf jeden Fall in der Anwendung als Beeinflussungsimpuls bei Mit-Arbeitern berücksichtigen – und warum?
6. Welches konkrete Potenzial des Textes oder einiger Inhalte des Textes erkennen Sie für Ihre Wertschöpfung als Führungskraft durch die generelle Wahrnehmung der 14 Führungsaufgaben – und warum?
7. Wenn Sie das Thema Ihrem Mit-Arbeiter vermitteln wollen, wie werden Sie die Inhalte aufbereiten nach den Grundsätzen: Vom Bekannten zum Unbekannten, vom Einfachen zum Schwierigen, vom Allgemeinen zum Speziellen und vom Konkreten zum Abstrakten?
8. In der Vermittlung des Themas an den Mit-Arbeiter, was soll er faktisch kennen und behalten? In welchen seiner Aufgabensituationen soll er das neue Faktenwissen anwenden? Wie kann er die Anwendung des neuen Faktenwissens in diesen Situationen ganzheitlich (systemisch) reflektieren?
9. In welchen seiner anderen oder zukünftigen Arbeitssituationen erkennt der Mit-Arbeiter die Möglichkeit, sein Faktenwissen einzusetzen?

8.11 Entscheidungsfindung aus neurowissenschaftlicher Sicht
von Prof. Dr. Holger Schulze und Prof. Dr. Simone Kurt

Einleitung

Die Frage, wie der Mensch Entscheidungen trifft, beschäftigt Philosophen schon seit dem Altertum. Psychologen versuchen seit einigen Jahrzehnten, sich dem Problem experimentell zu nähern. Aus den Überlegungen und Untersuchungen der Philosophen und Psychologen wissen wir, dass die Entscheidungsfindung ein außerordentlich komplexer Vorgang ist, der durch eine Vielzahl von Faktoren beeinflusst wird. Dazu gehören Persönlichkeit und Charakter des Menschen, Erfahrungen und Vorwissen und vor allem auch: Emotionen. Diese Erkenntnisse führten dazu, dass insbesondere die Psychologie eine Fülle verschiedener Modelle zur Entscheidungsfindung vorgelegt hat, die meist empirisch gut belegt sind, sich aber dennoch häufig gegenseitig widersprechen – je nachdem, welche Beobachtungen dem jeweiligen Modell zugrunde liegen: Während ältere Modelle den Menschen hier noch weitgehend als ein Wesen betrachten, das seine Entscheidungen (idealerweise) auf der Grundlage rationaler Abwägungen trifft, setzt sich seit den 70er-Jahren des vergangenen Jahrhunderts mehr und mehr die Erkenntnis durch, dass diese Rationalität nicht nur eingeschränkt, sondern am Ende noch nicht einmal ausschlaggebend für die final getroffene Entscheidung des Individuums ist: Menschliches Handeln unterliegt einer emotionalen Kontrolle, die im Zweifel alle rationalen Einsichten überstimmen kann.

Das Gehirn als Sitz unserer Persönlichkeit, unseres Bewusstseins, des „Ich", steuert all unsere Handlungen, verarbeitet und speichert Informationen, bewertet diese Informationen auf der Grundlage früherer Erfahrungen, Charaktereigenschaften, moralischer und sozialer Vorgaben sowie Emotionen. Aus diesem Grund beschäftigen sich die Neurowissenschaften seit etwa zwei Dekaden mit menschlicher Entscheidungsfindung – nämlich seit es durch moderne bildgebende Verfahren wie Positronenemissionstomographie (PET), funktionelle Kernspintomographie (fMRT) oder auch Elektro- bzw. Magnetoencephalographie (EEG und MEG) möglich geworden ist, neuronale Aktivitäten im menschlichen Gehirn nichtinvasiv sichtbar zu machen. Gleichwohl existieren bereits seit den 60er-Jahren des letzten Jahrhunderts Befunde zu Entscheidungsfindung im Tiermodell, die zumindest teilweise auf den Menschen übertragbar sind.

Die Neurowissenschaften versuchen dabei, die neuronalen Mechanismen aufzuklären, die Entscheidungsprozessen im Gehirn zugrunde liegen. Dabei steht also nicht nur die von der Psychologie bearbeitete Frage, welche Faktoren Entscheidungen wie beeinflussen, im Mittelpunkt, sondern es wird konkret untersucht, wie das Gehirn diese Prozesse realisiert, wie also die der Entscheidungsfindung zugrunde liegende Neurophysiologie funktioniert. Typische Fragestellungen dabei sind:

- Welche Hirnstrukturen sind an Entscheidungsprozessen beteiligt?
- Wie werden Informationen, die der Entscheidungsfindung dienen, gespeichert, abgerufen, analysiert und bewertet?
- Welche Kapazität hat der „Speicher", das heißt, wie viel Information kann überhaupt zur Entscheidungsfindung herangezogen werden?
- Sind die Entscheidungen eher fakten- oder emotionsbasiert?
- Werden Entscheidungen bewusst oder unbewusst getroffen, rational oder intuitiv?
- Wie funktionieren die neuronalen Netzwerke in diesen Strukturen?
- Welche Transmittersysteme sind beteiligt?
- Welche äußeren und inneren Faktoren beeinflussen die Prozesse?
- Wie leistungsfähig ist das System?
- Wie fehleranfällig ist das System?
- Welche pathologischen Veränderungen dieser Prozesse gibt es?

Zur Beantwortung dieser Fragen erheben die Neurowissenschaften im Wesentlichen biochemische, neurophysiologische Verhaltensdaten. Biochemische Untersuchungen geben zum Beispiel Aufschluss darüber, welche Transmittersysteme (Botenstoffe und Rezepturen in Synapsen) an den neuronalen Verarbeitungsprozessen, die Entscheidungsfindungen zugrunde liegen, beteiligt sind. Neurophysiologische Methoden messen direkt die Aktivität einzelner Nervenzellen oder auch größerer Neuronenverbände im Kontext der Entscheidungsfindung und können so die Kommunikationswege zwischen den beteiligten Nervenzellen darstellen. Verhaltensdaten schließlich geben darüber Auskunft, unter welchen Rahmenbedingungen Entscheidungen vom Gesamtorganismus wie getroffen werden.

Dabei sind die Neurowissenschaftler häufig auf Tiermodelle angewiesen, da viele Methoden aufgrund ihres invasiven Charakters nicht am Menschen durchgeführt werden können. Solche Studien am Tiermodell beziehen sich daher auch mehr auf grundlegende Mechanismen von Lernphänomenen, der Informationsverarbeitung und den daraus resultierenden Verhaltensreaktionen der Versuchstiere, die im Zusammenhang mit Entscheidungsphänomenen stehen. Zur Untersuchung höherer kognitiver Einflüsse auf den Entscheidungsprozess bedarf es der Experimente am Menschen. Hier können mit den zur Verfügung stehenden Methoden zwar keine Prozesse auf Nervenzellebene sichtbar gemacht werden, aber man kann in verschiedenen experimentell erzeugten Entscheidungssituationen messen, welche Hirnregionen an dem jeweiligen Prozess wie stark beteiligt sind.

Man könnte die genannten Wissenschaftsdisziplinen also wie folgt gegeneinander abgrenzen: Während die Psychologie die bei der Entscheidungsfindung relevanten Phänomene und deren Regeln zu beschreiben versucht, zielen die Neurowissenschaften auf ein Verständnis der diesen Phänomenen zugrunde liegenden neuronalen Mechanismen.

Dabei zerfällt der Prozess der Entscheidungsfindung in eine Reihe von Teilproblemen. Zentral dabei ist der Informationsbegriff. Entscheidungen werden auf der Grundlage von Informationen und deren Bewertung getroffen. Dazu müssen sie analysiert, gespeichert, mit früher erlerntem Wissen verglichen und schließlich emotional bewertet werden, bevor eine Entscheidung getroffen und die entsprechende Handlung ausgeführt werden kann. All diese Teilaufgaben werden im Gehirn bearbeitet und sind daher neurowissenschaftlichen Untersuchungsmethoden zugänglich. In den folgenden Abschnitten wollen wir uns nun den neurowissenschaftlichen Erkenntnissen zu diesen einzelnen Aspekten der Entscheidungsfindung zuwenden. Die Erkenntnisse stützen sich dabei sowohl auf Ergebnisse tierexperimenteller Studien als auch auf Untersuchungen am Menschen.

Analyse von Informationen

Alle Informationen, die das Gehirn über sich und seine Umwelt erfährt, erhält es über die Sinne. Dabei besitzt der Mensch weit mehr als die klassischen fünf Sinne, Sehen, Hören, Riechen, Schmecken und Fühlen: Hinzu kommen unser Gleichgewichtsorgan im Innenohr, Sinnesfasern in den Tiefen unserer Muskulatur, den Sehnen und Gelenken, die uns die aktuelle Körperhaltung mitteilen oder vor Überspannungen warnen, oder auch chemische Sonden an verschiedenen Stellen unseres Kreislaufsystems.

Betrachten wir einmal nur ein Auge, so ist die Datenmenge, die allein von dort an das Gehirn übermittelt wird, bereits enorm: Die etwa eine Million Nervenfasern pro Auge übertragen im Prinzip eine Million Bildpunkte, und das bis zu 30-mal in der Sekunde. Die Ohren übertragen ähnliche Datenmengen, zwar über weniger einzelne „Leitungen", dafür aber viel schneller.

Damit diese Flut an Informationen, die in jeder Sekunde das Gehirn erreicht, für unser bewusstes Selbst überhaupt handhabbar bleibt, filtert das Gehirn bzw. bereits die Sinnesorgane diese Informationen. Es analysiert dabei mittels so genannter sensorischer Filter bestimmte Eigenschaften, so genannte „features" der physikalischen Sinnesreize, wie Farbe, Form oder Helligkeit im visuellen System, Frequenz, Zeitstruktur oder Lautheit im auditorischen System usw. Aus derartigen „Rohdaten" können dann die uns umgebenden Objekte für unser Bewusstsein rekonstruiert werden, etwa geschriebene oder gesprochene Worte. Wichtig hierbei ist es zu verstehen, dass unser Gehirn unserem bewussten Selbst immer nur einen Bruchteil der von den Sinnessystemen aufgenommenen Informationen zur Verfügung stellt. Dieser uns bewusst werdende Teil der Sinneseindrücke stellt nach heutigem Kenntnisstand die Aktivierung von Nervenzellen in den sensorischen Teilen der Großhirnrinde (Cortex) dar. Zusätzlich sind die von den Sinnen wahrgenommenen Reize ebenfalls nur eine Auswahl der uns tatsächlich physikalisch umgebenden Welt.

Aus diesen gefilterten Informationen erstellt unser Gehirn dann ein Modell der Welt, das kein eins-zu-eins-Abbild der realen Welt sein kann. Da dieses interne Modell der Welt, wie wir im nächsten Abschnitt sehen werden, hochgradig individuell ist und sich auf persönliche Erfahrungen, Überzeugungen und Charaktereigenschaften des Einzelnen bezieht, nimmt jeder Mensch seine Umwelt auch ein bisschen anders wahr als andere. Dies ist auch der Grund, warum fünf verschiedene Zeugen sich von demselben Tathergang fünf verschiedene Aspekte gemerkt bzw. fünf verschiedene Aspekte bemerkt haben können und so zu Verwirrung vor Gericht führen.

Speichern von Informationen: Prägung und Lernen

Unsere bewusste, gegenwärtige Wahrnehmung spiegelt sich also, wie wir im vorigen Abschnitt gesehen haben, in den neuronalen Aktivitäten der sensorischen Cortices wider. Damit aus dem Menschen ein denkendes, und selbstbestimmt handelndes Wesen werden kann, genügt es aber nicht, aktuelle Informationen der Umwelt wahrzunehmen: Diese müssen auch mit früheren Erfahrungen verglichen und daraufhin bewertet werden können, um zu sinnvollen Handlungsentscheidungen zu kommen. Hierzu bedarf es der Abspeicherung von Erlebtem im Langzeitgedächtnis durch Lernen.

Als Prägung bezeichnen wir in diesem Zusammenhang besonders frühe Lernphänomene, die die Eigenschaft haben, nicht nur Fakten abzuspeichern, sondern dabei auch das sich entwickelnde Gehirn zu strukturieren. Dies kann bereits vorgeburtlich eine Rolle spielen: So kann sich zum Beispiel starker Stress der Mutter während der Schwangerschaft negativ auf die Entwicklung des limbischen Systems im Gehirn auswirken, welches emotionale Zustände steuert, und damit die Persönlichkeitsausbildung und den Charakter des Kindes negativ beeinflussen. Unterschiedliche Persönlichkeitsprofile wiederum zeigen unterschiedliche Entscheidungsmuster: Ein Narzisst neigt eher zu Selbstüberschätzung und wird mitunter große Risiken in Kauf nehmen, während Personen mit unterentwickeltem Selbstbewusstsein Risiken eher meiden werden.

Kurz nach der Geburt und in den ersten Lebensjahren beeinflussen Sinneseindrücke die Reifung unserer Sinnessysteme, also die Art und Weise, wie die im vorherigen Abschnitt angesprochenen sensorischen Filter ausgebildet werden. Prägungsvorgänge haben so also direkten Einfluss darauf, wie wir die Welt wahrnehmen.

Aber auch nach diesen frühen Entwicklungsphasen sammelt das Gehirn beständig Informationen und speichert diese ab, assoziiert Zusammengehöriges, verallgemeinert und bildet so abstrakte Konzepte. Dazu müssen die aktuell aufgenommenen Informationen vom Arbeitsgedächtnis, welches sich im dorsolateralen präfrontalen Cortex (dlPFC) – einem Bereich des Stirnhirns – befindet, in den Langzeitspeicher, welcher in den Cortexbereichen liegt, die die entsprechende Information primär verarbeitet haben, überführt werden. Diese Aufgabe übernimmt der ebenfalls zum limbischen System gehörende Hippocampus, er organisiert sozusagen das Langzeitgedächtnis. Beidseitige Schädigungen des Hippocampus führen denn auch zu vollständiger anterograder Amnesie bei gleichzeitigem Erhalt des Gedächtnisses, das heißt, diese Patienten können sich an alle vor der Schädigung erlernten und erlebten Dinge erinnern, aber nichts Neues hinzulernen – ihr Leben bleibt quasi am Tag der Schädigung stehen.

Im Normalfall aber bildet dieses über die Jahre gesammelte Wissen – Fakten, Emotionen, Erlebnisse – unser internes Referenzsystem, nach dem wir alle neuen Informationen einer Bewertung unterziehen können. Dabei können wir rationale, intuitive und emotionale Bewertungen unterscheiden, an denen jeweils unterschiedliche Hirnstrukturen beteiligt sind.

Rationale Bewertungen von Informationen und Arbeitsgedächtnis

Rationale Bewertungen nehmen wir vor, indem wir uns verschiedene Fakten bewusst machen und miteinander vergleichen. Dies erfolgt im Arbeitsgedächtnis: im dlPFC. Dieser Abschnitt des Cortex ist daher auch von zentraler Bedeutung für Verstandesleistungen, für das, was wir gemeinhin als Intelligenz bezeichnen. Das Hauptproblem dieser rationalen Entscheidungsstrategie liegt nun darin, dass der Arbeitsspeicher des menschlichen Gehirns eine außerordentlich geringe Kapazität hat: Nur etwa drei bis fünf Fakten können wir uns gleichzeitig bewusst machen und miteinander in Beziehung setzen. Aus diesem Grunde wird es normalerweise immer schwerer, sich zu entscheiden, je länger man Fakten sammelt. Ist die Menge an Fakten zu groß, wird sie für unser Arbeitsgedächtnis zu groß und ist damit nicht mehr gleichzeitig zu verarbeiten. Wir empfinden dies dann als Unsicherheit und sind unter Umständen gar nicht mehr in der Lage, eine Entscheidung zu treffen. Naturgemäß steigt diese Gefahr an, je komplexer das Problem ist, das es zu entscheiden gilt: Während also bei einfachen Problemen das bewusste, rationale Entscheiden meist noch gut funktioniert, führt diese Strategie bei komplexeren Problemen selten zu guten Entscheidungen. Das Gehirn hat daher noch weitere Lösungsstrategien entwickelt, um auch bei komplexen Problemstellungen zu vernünftigen – wenn auch nicht unbedingt optimalen – Entscheidungen zu kommen.

Intuitive Bewertung von Informationen und Langzeitgedächtnis

Bei diesen zusätzlichen Problemlösungsstrategien kommt zunächst das Langzeitgedächtnis ins Spiel. Dieses besitzt eine im Vergleich zum Arbeitsspeicher nahezu unbegrenzte Kapazität. Zusätzlich werden im Langzeitgedächtnis nicht einfach nur einzelne Fakten abgelegt: Das Gehirn erstellt aus diesen Fakten Konzepte, verallgemeinert, bildet Kategorien und schließlich Wertesysteme. Fakten im Langzeitgedächtnis sind also nicht einfach nur Fakten, sondern sie sind eingebettet in einen Kontext aus Erfahrungen und verknüpft mit den Folgen und Ergebnissen früher getroffener Entscheidungen. Die Fakten sind also bereits „bewertet". Auf der Grundlage dieses reichen Fundus an Wissen und Erfahrungen in unserem Langzeitgedächtnis sind wir in der Lage, quasi vorbewusst Entscheidungen zu treffen, ohne dass uns im Einzelnen bewusst wird, auf der Grundlage welcher Fakten diese Entscheidung erfolgte. Wir empfinden solche Entscheidungen dann als intuitive „Bauchentscheidungen" (die im Übrigen abzugrenzen sind von eher emotional geprägten, spontan-affektiven Entscheidungen). Solche intuitiven Entscheidungen sind oft nah an der optimalen Lösung eines Problems, eben weil sie – im Gegensatz zu bewusst-rationalen Abwägungen – auf einen so großen Erfahrungsschatz zurückgreifen können. Und das Ganze völlig unbewusst!

Derartige intuitive Entscheidungen lassen sich auch gezielt herbeiführen, wenn man es mit komplexen Problemen zu tun hat, zu denen einem nicht sofort intuitiv „aus dem Bauch heraus", eine Lösung einfällt. Dazu sammelt man Fakten und lässt das Problem dann erst mal eine Weile ruhen, um dem Vorbewussten Zeit zu geben, die neuen Daten auf der Grundlage des im Langzeitgedächtnis gespeicherten Wissens zu bewerten. Die Lösung fällt einem dann oft scheinbar spontan ein.

Diese Strategie funktioniert freilich nur, wenn man auch die nötige Zeit für die Entscheidung zur Verfügung hat. Besonders schlechte Entscheidungen werden daher auch meist bei komplexen Problemen unter Zeitdruck getroffen.

Aber wie auch immer das Gehirn zu einer Bewertung der Fakten kommt, am Ende einer jeden Entscheidung steht als letzte Instanz, quasi mit Veto-Recht, die emotionale Bewertung.

Emotionale Bewertung von Informationen

Bei dieser emotionalen Bewertung möglicher Lösungen eines Problems spielt das limbische System die zentrale Rolle. Dabei untergliedert sich auch diese emotionale Bewertung wieder in einen unbewussten und einen bewussten Teil.

Zum unbewusst arbeitenden Teil des limbischen Systems gehören Bereiche wie die Amygdala, die vorwiegend für negative Emotionen und Angst zuständig ist, die ventrale tegmentale Area (VTA), die Teil des internen Belohnungssystems des Gehirns ist, sowie der Nucleus accumbens. Hier werden zum Beispiel negative wie positive Ereignisse mit den eigenen Erwartungshaltungen abgeglichen. So kann eine Belohnung von € 100,00 durchaus zu negativen Gefühlen führen, wenn man eigentlich € 1.000,00 für seine Leistung erwartet hatte. Bewusst werden uns diese emotionalen Bewertungen erst dadurch, dass sie von den genannten Zentren an corticale Bereiche des Stirnhirns übermittelt werden: Der cinguläre Cortex hat dabei die Rolle der bewussten Abschätzung von Risiken, während der orbitofrontale Cortex zusammen mit dem ventromedialen präfrontalen Cortex (vmPFC) eher soziale, moralisch-ethische oder „vernunftbasierte" Einschätzungen vornimmt.

An dieser Aufgabenteilung der verschiedenen Hirnareale können wir erkennen, dass Vernunft (-> vmPFC) und Verstand (-> dlPFC) nicht in denselben Bereichen repräsentiert sind und sich daher widersprechen können. So können rationale Einschätzungen dennoch als unvernünftig erscheinen, zum Beispiel wenn eine ökonomisch sinnvolle Investition als moralisch verwerflich erscheint.

Entscheidung und Handlung

Ganz unabhängig davon wie aber all diese bewussten und unbewussten Bewertungen ausgehen, am Ende wird keine Entscheidung *ausgeführt*, ohne dass es dafür ein emotionales „OK" gäbe: Denn schließlich muss jeder persönlich mit seinen eigenen Entscheidungen leben können, und das geht eben nur, *wenn man mit sich, seinen Überzeugungen, Gefühlen und eben diesen Entscheidungen im Reinen ist.*

Dieses emotionale OK besteht darin, dass die Handlungen, die aufgrund einer Entscheidung ausgeführt werden sollen, vom limbischen System nochmals freigeschaltet werden müssen. Dies ist also die Instanz, die das Veto-Recht ausüben kann. Kommt dieses OK nicht, so wird selbst eine fertig geplante Handlung nicht ausgeführt.

Zusammenfassung und Schlussfolgerungen

In der Summe stellen sich die Mechanismen der Entscheidungsfindung aus neurowissenschaftlicher Sicht wie folgt dar:

Entscheidungen werden von Organismen nie rein rational getroffen. Emotionen haben immer das „letzte Wort". Kritisch ist die Menge an bewusst verarbeitbarer Information, die zur Entscheidungsfindung herangezogen wird: Das Arbeitsgedächtnis ist nur in der Lage, eine sehr geringe Informationsmenge (drei bis fünf Fakten) parallel bewusst zu machen. Riesig hingegen ist das Langzeitgedächtnis, der „Erfahrungsschatz". Soll dieser bewusst abgerufen werden, muss er aber wieder durch das Nadelöhr des Arbeitsspeichers.

Aus diesem Grunde werden Entscheidungen immer schlechter, je länger man Fakten sammelt. Ist die Menge zu groß, wird am Ende gar keine oder eine schlechte Entscheidung getroffen. Besser ist es, einige Fakten zu sammeln und das Problem dann für eine Weile nicht weiter bewusst zu bearbeiten („drüber schlafen"). In dieser Zeit findet die unbewusste Problemlösung statt, bei der das Gehirn auf den riesigen Erfahrungsschatz zugreifen und mit den neuen Fakten abgleichen kann, ohne dass es dem Entscheider im Detail bewusst wird. Das Nadelöhr Arbeitsspeicher ist hier also kein limitierender Faktor mehr. Das Ergebnis dieser Analyse wird einem dann „spontan" bewusst („man wacht morgens auf und hat *plötzlich* die Lösung für das Problem").

Offensichtlich ist diese gute Problemlösungsstrategie aber zeitkritisch. Und weiterhin behalten auch hier Emotionen das letzte Wort: Selbst bei einer rational guten Entscheidung können sie ein „Veto" einlegen, wenn man sich emotional mit der Entscheidung nicht wohlfühlt, zum Beispiel aufgrund moralischer, sozialer oder ethischer Bedenken.

Die wesentlichen neurobiologischen Faktoren, die die Entscheidungsfindung beeinflussen, sind also Wissen (Fakten und Erfahrungen), Zeit und Emotionen. Äußere Rahmenbedingungen wie materielle Voraussetzungen und Ressourcen spielen freilich auch eine Rolle, gehören aber neurobiologisch betrachtet zu den zu bewertenden Fakten.

Grundlagenforschung

Neuroeconomics

Ein ganz neues Forschungsfeld, das versucht, neurobiologische Erkenntnisse zur Erklärung wirtschaftlicher Entscheidungsprozesse heranzuziehen. Die Notwendigkeit für ein solches Forschungsfeld ergab sich aus der Beobachtung, dass rein fakten-, rationalbasierte Modelle wirtschaftlicher Entscheidungsprozesse die Entscheidungen nicht modellieren konnten. Kunden etwa kaufen nicht zwingend das rational beste Produkt, kurzfristige geringere Gewinnaussichten werden von Menschen meist über langfristige höhere Gewinnaussichten gestellt, selbst bei null Risiko etc.

Reflexionsaufgaben zum gelesenen Thema
„Entscheidungsfindung aus neurowissenschaftlicher Sicht"

1. Welchen Teil des Artikels fanden Sie besonders interessant und warum?
2. Welchen Teil des Artikels glauben Sie nicht verstanden zu haben – wen sprechen Sie an, um Ihnen beim Verstehen des Textteils zu helfen?
3. Mit welcher der fünf Führungsbedingungen hat der Textinhalt, nach Ihrer Überzeugung, besondere Berührungspunkte – und warum?
4. Mit welchen zwei der acht Grundeinsichten der Führung können Sie den Text im Besonderen verbinden – und warum?
5. Bei welchen der 14 Führungsaufgaben müssen Sie Ihr Wissen aus diesem Text auf jeden Fall in der Anwendung als Beeinflussungsimpuls bei Mit-Arbeitern berücksichtigen – und warum?
6. Welches konkrete Potenzial des Textes oder einiger Inhalte des Textes erkennen Sie für Ihre Wertschöpfung als Führungskraft durch die generelle Wahrnehmung der 14 Führungsaufgaben – und warum?
7. Wenn Sie das Thema Ihrem Mit-Arbeiter vermitteln wollen, wie werden Sie die Inhalte aufbereiten nach den Grundsätzen: Vom Bekannten zum Unbekannten, vom Einfachen zum Schwierigen, vom Allgemeinen zum Speziellen und vom Konkreten zum Abstrakten?
8. In der Vermittlung des Themas an den Mit-Arbeiter, was soll er faktisch kennen und behalten? In welchen seiner Aufgabensituationen soll er das neue Faktenwissen anwenden? Wie kann er die Anwendung des neuen Faktenwissens in diesen Situationen ganzheitlich (systemisch) reflektieren?
9. In welchen seiner anderen oder zukünftigen Arbeitssituationen erkennt der Mit-Arbeiter die Möglichkeit, sein Faktenwissen einzusetzen?

9 Führung im Mitarbeiterverhältnis
von Dipl.Kfm. Lutz Armbrust

Vorwort

Der nachfolgende Artikel über die „Führung im Mitarbeiterverhältnis" ist eine Mischung aus dem Führungsbrevier der Wirtschaft von Professor REINHARD HÖHN (Verlag wwt. Bad Harzburg, 1986) und meinen in 40 Jahren gesammelten „Seminarerfahrungen" und Diskussionen mit Tausenden von Teilnehmern aus Wirtschaft und Verwaltung.

Ich habe versucht, eine möglichst kurze Darstellung zu geben und deshalb bewusst auf einige Ausführungen HÖHNS verzichtet (z.B. Fachvorgesetzter, Führung mit Stäben, Rundgespräch usw.), weil sie mir z.T. nicht mehr zeitgemäß bzw. für diese Abhandlung zu umfangreich erscheinen. Dabei bin ich mir bewusst, dass durch die Kürze der Darstellung leicht Missverständnisse auftreten können.

In meinen Seminaren, die ich sowohl für die Akademie für Führungskräfte der Wirtschaft als auch selbstständig durchgeführt habe, sind in den Diskussionen mit den Teilnehmern immer wieder Missverständnisse und Unklarheiten über die Führung im Mitarbeiterverhältnis, die auch unter dem Namen Harzburger Modell bekannt wurde, aufgetreten. Diese Missverständnisse konnten aber immer nach einer sachlichen Diskussion zur Zufriedenheit aller ausgeräumt werden.

Deshalb bin ich gerne bereit, Anregungen, Widerspruch und Fragen entgegenzunehmen und in gemeinsamer Diskussion zu bearbeiten.

Westen, im Mai 2013

Lutz Armbrust

Die Führung im Mitarbeiterverhältnis mit der Delegation von Verantwortung (Harzburger Modell)

1. Von der autoritären Führung zur Führung im Mitarbeiterverhältnis

Die Führungsformen, die in der Wirtschaft Anwendung finden, sind nicht speziell für die Unternehmen in Industrie und Handel entwickelt worden. Vielmehr sind sie durch die historische und soziologische Gesamtsituation der Zeit bestimmt, in der sie entstanden sind. Sie richteten sich nach den einst in Staat und Gesellschaft geltenden Leitbildern aus. Als in Deutschland während der Dreißigerjahre des 19. Jahrhunderts die ersten Fabriken errichtet wurden, gab der absolute Staat mit seinem Heer und Verwaltungsapparat das Leitbild für die Formen der Menschenanführung ab.

Der absolute Staat war gekennzeichnet durch das *Befehls- und Gehorsamsprinzip*. Ausgangspunkt ist die souveräne Persönlichkeit des Fürsten.

Der Staatstheoretiker des Absolutismus, JOHANNES BODINUS, hat das Prinzip in seinem Werk „Six livres de la Republique" (1576) mit dem Satz gekennzeichnet: „Souverän ist derjenige, der neben dem unsterblichen Gott keinen Größeren anerkennt als sich selbst." Das Prinzip der Souveränität ersetzt die ständischen und feudalen Bindungen. Aus der gegenseitigen Treueverpflichtung im Lehnsstaat wird ein einseitiges Gehorsamsverhältnis. Aus dem Gefolgsmann wird der *Untertan* des absoluten Staates. Zur Durchsetzung seines Willens bedient sich der Fürst des Staatsapparates, dessen wichtigste Träger das anstehende Heer und die Beamten = Fürstendiener sind. Andererseits lässt der Fürst seinen Untertanen Schutz und väterliche Fürsorge angedeihen. Zur absolutistischen Führung tritt damit das patriarchalische Element.

Mit dieser absolutistisch-patriarchalischen Führung entstand ein Führungsleitbild, das über Jahrhunderte hinweg verhaltensprägend wirken sollte.

Dieses Führungsprinzip durchzog die gesamte Gesellschaftsordnung:

- Auf dem Gutshof nahm der Gutsherr die Stelle des Fürsten ein. Er befiehlt, die Knechte gehorchen, und zwar widerspruchslos.
- Im Handwerksbetrieb befiehlt der Meister, Gesellen und Lehrlinge gehorchen.
- In der Familie hat der Vater das Sagen, Frau und Kinder gehorchen.
- Im Heer befiehlt der Offizier, der Untergebene gehorcht.

Im gleichen Sinne führten die Männer, die an die Spitze der jungen industriellen Unternehmen traten. Sie hatten nichts anderes gelernt.

In den Erlassen bis Ende des 19. Jahrhunderts wurden sie auch als *Fabrikherren* bezeichnet – als Pendant zum Gutsherren.

Die Arbeiter in den neuen Fabriken rekrutierten sich aus den Landarbeitern, die nach Aufhebung der Leibeigenschaft, in die Städte strömten. Sie waren gewohnt zu gehorchen, früher dem Gutsherrn, nun dem Fabrikherrn.

Das absolutistische Führungsprinzip wurde nicht nur von der Spitze (Beispiel: Fabrikherr oder Eigentümer) der nächsten Stufe (Beispiel: Prokurist) angewandt, sondern auch von dieser Stufe der ihr Unterstehenden gegenüber verwirklicht. Jeder Vorgesetzte fühlte sich als souveräner Herr und erwartete bedingungslosen Gehorsam seiner Untergebenen.

Dieses handwerksmeisterliche Führungsprinzip, in dem sich der Chef für alles verantwortlich fühlte und auch gerne mal „selbst mit Hand anlegte", ließ sich bei zunehmender Betriebsgröße, Weiterentwicklung der Technik und damit verbundener Spezialisierung immer weniger anwenden.

Als nach 1945 in Deutschland die Demokratie eingeführt wurde, sprach man im politischen Leben nicht mehr von Untertanen. Es wurde der mündige Bürger gewünscht, der nicht mehr jeden Befehl „von oben" gehorsam hinnahm, sondern eigenverantwortlich und selbstbewusst handeln sollte.

Das ist im politischen Sektor auch gelungen. In den Betrieben herrschte allerdings weiterhin das Prinzip von Befehl und Gehorsam, einfach deswegen, weil keine anderen Modelle zur Verfügung standen. Im Betrieb hatten die „mündigen Bürger" den „demokratischen Sektor Deutschlands" verlassen.

Hilfe brachte hier ein an der „Akademie für Führungskräfte der Wirtschaft" in Bad Harzburg von Professor REINHARD HÖHN entwickeltes Führungs- und Organisationsmodell:

Die Führung im Mitarbeiterverhältnis mit dem Kernstück der Delegation von Verantwortung

---

In diesem Führungsprinzip wurden „Menschenführung" und „Betriebsorganisation" nicht gesondert betrachtet, sondern optimal miteinander verknüpft. Die Versuche, nur mit Betriebsorganisation der Probleme Herr zu werden, waren haufenweise gescheitert, da man die Bedürfnisse des Menschen völlig außer Acht gelassen hatte. Erinnert sei hier an die unzähligen „Management-by-Modelle". Mal wurde dezentralisiert, dann wieder zentralisiert. Es gab „Management by Information", „Management by Objectives", „Management by Walking Around" usw. usw.

Die Versuche, die Probleme allein über die menschliche Seite in den Griff zu bekommen, versagten ebenfalls. Es kann im Betrieb nicht nur darum gehen, dass sich der Mensch „selbst verwirklicht". Die Idee, dass der Mensch im betrieblichen Alltag „im Mittelpunkt des Betriebes" steht, wurde von den Psychologen sicherlich gut gemeint, hilft aber keiner Führungskraft und keinem Sachbearbeiter bei ihrer praktischen Arbeit weiter. Ganz im Gegenteil: Ein Meister eines Hochofenbetriebes sagte dazu einmal: „Erstens weiß ich nicht so genau, wo der Mittelpunkt des Betriebes ist, zweitens stört der Mensch dort, weil er mir mitten zwischen meinen Kokillen herumsteht und drittens verstößt es gegen die Unfallverhütungsvorschriften."

2. Die Konzeption einer Führung im Mitarbeiterverhältnis

- Jede im Betrieb beschäftigte Person wird als Mitarbeiter bezeichnet, unabhängig von der hierarchischen Stellung.
- Die betrieblichen Entscheidungen werden von den Mitarbeitern der Ebenen getroffen, auf die sie ihrem Wesen nach hingehören.

- Die Mitarbeiter haben einen festen Aufgabenbereich mit bestimmten Kompetenzen, in dem sie selbstständig handeln und entscheiden. Dafür übernehmen sie auch die Verantwortung.
- Die jeweils vorgesetzte Instanz übernimmt nur die Entscheidungen, die dem Wesen nach nicht mehr auf die untere Instanz gehören.
- Ein Unternehmen steht heute nicht lediglich in *Konkurrenz* mit der *Güte seiner Produkte*. Es konkurriert mindestens ebenso mit der *Leistungskraft seiner Organisation*, der *erfolgreichen Führung seiner Mitarbeiter* und der dadurch bewirkten Mobilisierung der Intelligenz aller seiner Mitarbeiter.

Die Delegation von Verantwortung als Führungs- und Organisationsprinzip

- Der Mitarbeiter erhält einen festumgrenzten Aufgabenbereich mit den entsprechenden Kompetenzen (Befugnissen), innerhalb dessen er berechtigt und verpflichtet ist, selbstständig zu handeln und zu entscheiden. Dabei trägt er die volle Verantwortung für das was er tut oder zu tun unterlässt.
- Der Vorgesetzte darf in den Bereich seines Mitarbeiters *nicht eingreifen*. Kein Eingriff „von oben" – kein „Durchregieren".
- Dem Vorgesetzten obliegt die Führung seines Mitarbeiters.
- Aufgabe, Kompetenz und Verantwortung sind deckungsgleich für jede Stelle im Unternehmen.
- Der Mitarbeiter trägt die *Handlungsverantwortung*.
- Der Vorgesetzte trägt die *Führungsverantwortung*, das heißt, der Vorgesetzte ist nicht automatisch für Fehler seiner Mitarbeiters verantwortlich, es sei denn, er hat seine Führungsaufgaben (siehe nächsten Abschnitt) nicht ordentlich ausgeführt.

3. Die Verhaltensnormen des Vorgesetzten (Führungsaufgaben)

Es gibt keine Rangordnung der Führungsaufgaben. Jede Aufgabe ist mit dem gleichen Ernst wahrzunehmen. Die hier gewählte Reihenfolge entspricht in etwa dem chronologischen Ablauf bei einer Neueinstellung eines Mitarbeiters.

Vorgesetzten-Verhaltensnorm Nummer 1

Der Vorgesetzte wählt bei einer Neubesetzung den Mitarbeiter aus. Danach hat der Vorgesetzte dafür Sorge zu tragen, dass sich auf Dauer die richtige Person am richtigen Platz befindet.

Vorgesetzten-Verhaltensnorm Nummer 2

Bevor dem Mitarbeiter die Verantwortung für seine Stelle übertragen wird, hat der Vorgesetzte die Pflicht, seinen Mitarbeiter zu schulen und einzuarbeiten. Der Vorgesetzte ist verpflichtet, seinen Mitarbeiter über alles, was dieser zur Erfüllung seiner Aufgaben wissen muss, zu informieren. Dabei handelt es sich um eine Bringschuld des Vorgesetzten, das heißt, er ist verpflichtet, die Informationen von sich aus an den Mitarbeiter weiterzuleiten. Merke: Der Mitarbeiter ist nicht verpflichtet, ständig bei seinem Vorgesetzten nach neuen Informationen zu fragen. Er muss sich darauf verlassen können, dass er vom Vorgesetzten ausreichend informiert wurde.

Vorgesetzten-Verhaltensnorm Nummer 3

Der Vorgesetzte ist verpflichtet, seinem Mitarbeiter klare und erreichbare Ziele zu setzen.

Vorgesetzten-Verhaltensnorm Nummer 4

Der Vorgesetzte ist verpflichtet, den Mitarbeiter nun selbstständig handeln und entscheiden zu lassen. Er darf nicht eingreifen!!! Auch nicht, wenn es ihm noch so „in den Händen juckt". Falls hiergegen verstoßen wird, kann niemals erfolgreich mit der Delegation von Verantwortung geführt werden.

Bei dieser Verhaltensnorm handelt es sich um die größte Herausforderung für den Vorgesetzten. Falls eine Person nicht in der Lage ist, seine Mitarbeiter selbstständig handeln und entscheiden zu lassen, darf sie niemals mit Führungsaufgaben betraut werden.

Vorgesetzten Verhaltensnorm Nummer 5

Der Vorgesetzte ist verpflichtet, seine Mitarbeiter planmäßig zu kontrollieren. Hierbei handelt es sich nicht um eine Totalkontrolle. Hierbei handelt es sich auch nicht um eine Schikanierung des Mitarbeiters. Hierbei handelt es sich auch nicht darum, „mal gelegentlich" zu kontrollieren, weil gerade nichts anderes zu tun ist.

Es handelt sich darum, dass der Vorgesetzte ein möglichst objektives Bild über das Handeln seines Mitarbeiters erhält. Eine Totalkontrolle entfällt schon aus zeitlichen Gründen, auch ist es fraglich, ob der Vorgesetzte das nötige Fachwissen besitzt.

Bei der Kontrolle werden zwei Arten unterschieden: Ergebniskontrolle und Ablaufkontrolle. Die Ergebniskontrolle erfolgt nach einem abgeschlossenen Vorgang. Sie bezieht sich im Wesentlichen auf die Erreichung der Ziele. Die Ablaufkontrolle ist die Kontrolle während des laufenden Vorgangs mit der Möglichkeit der Kurskorrektur.

Die Kontrollen dürfen nicht willkürlich durchgeführt werden, sondern müssen planmäßig gemäß dem Zufallsprinzip angewandt werden. Dadurch erhält der Vorgesetzte ein objektives Bild über die Tätigkeiten seines Mitarbeiters. Anmerkung: Da man davon ausgehen kann, dass in einem funktionierenden Betrieb im Schnitt mehr richtig als falsch gemacht wird, muss nach den Regeln der Wahrscheinlichkeitsrechnung bei der Kontrolle mehr Positives als Negatives zutage treten.

Damit ist die Kontrolle nicht die dauernde Fehlersuche, wie sie es bei der autoritär-patriarchalischen Führung häufig ist, sondern die Voraussetzung für ein möglichst objektives Bild für den Vorgesetzten über den Mitarbeiter.

Kontrolle hat nichts mit Misstrauen zu tun.

Vorgesetzten-Verhaltensnorm Nummer 6

Der Vorgesetzte ist verpflichtet, seinem Mitarbeiter für positive Leistungen Anerkennung auszusprechen. Die Voraussetzung und Grundlage dafür ist die Kontrolle. Wenn hierbei eine positive Leistung festgestellt wurde, ist die entsprechende Anerkennung auszusprechen.

Vorgesetzten-Verhaltensnorm Nummer 7

Der Vorgesetzte ist verpflichtet, seinem Mitarbeiter bei negativen Leistungen oder Abweichungen vom Kurs Kritik auszusprechen. Ebenso wie die Anerkennung muss die Kritik sich als Konsequenz aus der Kontrolle ergeben.

Vorgesetzten-Verhaltensnorm Nummer 8

Der Vorgesetzte ist verpflichtet, innerhalb eines bestimmten Zeitraums eine Beurteilung seines Mitarbeiters vorzunehmen. Die Grundlagen für die Beurteilung liefern die Kontrollergebnisse und die durchgeführten Anerkennungs- und Kritikgespräche.

Vorgesetzten-Verhaltensnorm Nummer 9

Der Vorgesetzte ist verpflichtet, sich mit ganzer Kraft für die Förderung seines Mitarbeiters einzusetzen.

Fazit

Wenn der Vorgesetzte diese Führungsaufgaben wahrgenommen hat, ist er seiner Führungsverantwortung gerecht geworden.

4. Die Verhaltensnormen des Mitarbeiters

Ebenso wie für den Vorgesetzten klare Verhaltensnormen gelten, gibt es auch klare Verhaltensnormen für den Mitarbeiter.

Mitarbeiter-Verhaltensnorm Nummer 1

Der Mitarbeiter ist verpflichtet, im Normalfall im Rahmen seines Delegationsbereiches (siehe Stellenbeschreibung) aus eigener Initiative selbstständig zu handeln und zu entscheiden. Der Normalfall ist dadurch (und nur dadurch) gekennzeichnet, dass Aufgabe, Kompetenz und Verantwortung deckungsgleich sind. Der Mitarbeiter darf keine Rückdelegation beim Vorgesetzten betreiben. Er darf keine Aufgaben weiterdelegieren.

Mitarbeiter-Verhaltensnorm Nummer 2

Außergewöhnliche Fälle hat der Mitarbeiter seinem Vorgesetzten vorzulegen und ihn dabei zu beraten. Außergewöhnliche Fälle sind dadurch gekennzeichnet, dass der Mitarbeiter zwar die Aufgabe zum Handeln hat, aber seine Kompetenz zu entscheiden, überschritten wird (Aufgabe größer als Kompetenz).

Mitarbeiter-Verhaltensnorm Nummer 3

Der Mitarbeiter ist verpflichtet, den Vorgesetzten so weit zu informieren, dass dieser den Gesamtüberblick behält. Der Vorgesetzte ist nicht über jeden Einzelfall zu informieren.

Mitarbeiter-Verhaltensnorm Nummer 4

Der Mitarbeiter ist verpflichtet, andere Stellen des Unternehmens über die Dinge zu informieren, die für die Wahrnehmung durch diese Stellen wichtig sind.

Querinformation von Stelle zu Stelle unter Außerachtlassung des Dienstweges herstellen, also ein Kurzschluss zwischen Problem und problemlösender Stelle.

Mitarbeiter-Verhaltensnorm Nummer 5

Der Mitarbeiter ist verpflichtet, seinen Delegationsbereich zu intensivieren, das heißt, ständig darüber nachzudenken, wie das, was heute besteht, morgen verbessert werden kann. Er darf sich mit dem Erreichten nie zufriedengeben. Hier ist die unternehmerische Funktion des Mitarbeiters verankert.

Es ist die permanente Provokation zur Innovation.

Mitarbeiter-Verhaltensnorm Nummer 6
All diesen anspruchsvollen Aufgaben kann der Mitarbeiter nur gerecht werden, wenn er bereit ist, ständig an seiner eigenen Weiterbildung zu arbeiten.

5. Organisatorische Voraussetzungen für die Delegation von Verantwortung

Wie schon eingangs dargelegt, handelt es sich bei der Führung mit Delegation von Verantwortung um eine Kombination von Führung und Organisation. Die Führungsprinzipien sind beschrieben worden. Nun folgen die organisatorischen Voraussetzungen.

A. Stellenbeschreibung

Mithilfe der Stellenbeschreibung wird der für die Führung im Mitarbeiterverhältnis geltende Grundsatz, dass der Mitarbeiter im Rahmen seines Delegationsbereiches selbstständig zu handeln und zu entscheiden hat, für den einzelnen Stelleninhaber konkretisiert. Im Einzelnen enthält die Stellenbeschreibung folgende Punkte:

Stellenbezeichnung
Hierbei handelt es sich um die eindeutige Kennzeichnung der Position. Sie stellt das eindeutige Sortiermerkmal dar.
Rang
Sofern mit Rängen im Betrieb gearbeitet wird, ist hier der Rang des Stelleninhabers anzugeben.
Unterstellung
Hier ist die vorgesetzte Instanz angegeben.
Überstellung
Hier werden die unterstellten Stellen angegeben. Diesen gegenüber hat der Stelleninhaber die Führungsaufgaben wahrzunehmen.
Stellvertretung
Die Stellvertretung ist unbedingt zu regeln, da sonst der Betriebsablauf bei Abwesenheit des Stelleninhabers unterbrochen wird.
- Der Stelleninhaber wird vertreten: Hier wird die Stelle angegeben, die bei Abwesenheit des Stelleninhabers tätig wird.
- Der Stelleninhaber vertritt: Hier werden die Stellen gegeben, die der Stelleninhaber bei deren Abwesenheit vertritt.

Ziel der Stelle

Hier werden die Ziele der Stelle angegeben. Sie sind die Basis für die Ergebniskontrolle. Sie müssen kontrollfähig formuliert sein, da sie die Basis für die Ergebniskontrolle darstellen.

Der Aufgabenbereich im Einzelnen

- Entscheidungsbereich
  Hier werden die Aufgaben angegeben, für die der Stelleninhaber Entscheidungsbefugnis besitzt. Nach Möglichkeit sollen hier Wertgrenzen angegeben werden, damit eine klare Abgrenzung zum außergewöhnlichen Fall gegeben ist.
- Beratungsbereich
  Hier werden die Aufgaben angegeben, in denen der Stelleninhaber beratend tätig wird.
- Ausführungsbereich
  Hier werden die Aufgaben angegeben, in denen der Stelleninhaber weder Entscheidungs- noch Beratungsbefugnis besitzt, sondern die Entscheidungen eines anderen ohne eigenen Ermessensspielraum auszufüllen hat.
- Nach außen
  Hier werden die Aufgaben aufgeführt, die der Stelleninhaber nach außen wahrzunehmen hat – z.B. Repräsentationen auf Messen.
- Sonstige Aufgaben
  Hier werden die Aufgaben aufgeführt, die der Stelleninhaber zusätzlich zu seinen eigentlichen Aufgaben wahrzunehmen hat – z.B. als Datenschutzbeauftragter.

Einzelaufträge

Neben den im Abschnitt „Aufgabenbereich im Einzelnen" aufgeführte Aufgaben ist der Stelleninhaber verpflichtet, auf Weisung des Vorgesetzten Einzelaufträge auszuführen, die dem Wesen nach zu seiner Tätigkeit gehören bzw. sich aus der betrieblichen Notwendigkeit ergeben.

Besondere Befugnisse

Hier werden u.a. Privilegien aufgeführt, die sich nicht aus den Aufgaben des Stelleninhabers ergeben – z.B. Dienstwagen.

B. Die Information

Die Information der nachgeordeneten Stellen spielte bei einer patriarchalisch-autoritären Führungsform keine große Rolle. Sie bekamen nur so viel Information, wie es dem Chef gutdünkte. Alle von außen kommenden Informationen liefen über den Tisch des Chefs, da ja über alles infor-

miert sein wollte. Er gab Informationen, wenn überhaupt, nur bruchstück-
weise an seine Untergebenen weiter. Diesen blieb häufig nichts anderes
übrig, als beim Chef mal nachzufragen, ob eine für sie wichtige Information bei ihm liege. Taten sie dies nicht und handelten sie deshalb falsch,
wurden sie dennoch zur Verantwortung gezogen, schließlich hätten sie ja
„gefälligst" nachfragen können. Der Untergebene war gezwungen, sich
Informationen beim Chef zu holen.

Ganz anders sieht es bei der Führung mit Delegation von Verantwortung
aus. Hier besteht für den, der eine Information hat, die ein anderer benötigt und benötigen könnte: „Bringpflicht".

Wir unterscheiden drei Arten der Information:

- Die Information von „unten nach oben" – also die Information des
  Vorgesetzten durch den Mitarbeiter. Im Gegensatz zur autoritär-
  patriacharlischen Führung, bei der der Vorgesetzte über „alles" informiert sein will, ist der Vorgesetzte bei einer Führung im Mitarbeiterverhältnis nur insoweit zu informieren, dass er den Überblick
  über den unterstellten Bereich behält. Zweckmäßigerweise setzen
  sich Vorgesetzter und Mitarbeiter zusammen, um zu besprechen,
  über welche Dinge der Vorgesetzte zu informieren ist. Diese Punkte werden schriftlich festgelegt – Informationsplan von unten nach
  oben.
- Die Information von „oben nach unten" – also die Information des
  Mitarbeiters durch den Vorgesetzten. Grundsätzlich ist der Mitarbeiter über all das zu informieren, was er zur ordnungsgemäßen
  Ausübung seines Delegationsbereichs wissen muss. Auch diese
  Dinge sollten schriftlich festgelegt sein – Informationsplan von
  oben nach unten.
  Anmerkung: Da es sich bei der Information um eine Bringschuld
  handelt, ist der Mitarbeiter nicht für Fehler verantwortlich zu machen, die sich aus mangelnder Information durch seinen Vorgesetzten ergeben haben. Hier ist eindeutig der Vorgesetzte in der
  Verantwortung, weil er führungsmäßig schuldhaft gehandelt hat.
- Die „Querinformation" stellt den Informationsfluss unter den Mit-
  arbeitern dar. Diese Form der Information kennt die autoritäre Führung nicht, hier müssen alle Informationen über den Tisch des Vorgesetzten laufen. Die Querinformation ist der Kurzschluss zwi-

schen Problem und problemlösender Stelle. Es ist festzulegen, wer wen über was zu informieren hat. Darüber hinaus muss sich der Mitarbeiter bei Kenntnis eines Tatbestandes, Gedanken darüber machen, für wen diese Information wichtig sein könnte. Diese Stelle ist direkt zu informieren.

C. Zielsetzung

Die Ziele waren bei einer autoritären Führung den Untergebenen nicht bekannt. Sie waren Chefsachen. Mit dem Geist einer autoritären Führung ist es auch nicht vereinbar, dass die Ziele den Untergebenen bekannt sind, da sich der Chef für den Klügsten und darüber hinaus auch für unfehlbar hält. Sind die Ziele den Untergebenen aber bekannt, wäre es mit dem Nimbus der Unfehlbarkeit des Chefs schnell dahin, falls die Ziele nicht erreicht würden. Allenfalls werden die Ziele sehr abstrakt und nebulös dargestellt.

Ganz anders bei einer Führung im Mitarbeiterverhältnis: Hier erhält jeder Mitarbeiter das Ziel seiner Stelle. Das Ziel der Stelle muss folgenden Aufgaben gerecht werden:

- Das Ziel muss klar definiert sein.
- Das Ziel muss kontrollfähig formuliert sein – es ist die Basis für die Ergebniskontrolle.
- Das Ziel muss erreichbar sein – jedes erreichte Ziel stellt eine Motivation dar. Nicht erreichbare Ziele frustrieren auf Dauer.
- Das Ziel muss herausfordernd sein – es stellt einen Ansporn dar, besser zu werden.

Das Ziel wird mit dem Mitarbeiter und dem Vorgesetzten erarbeitet. Folgendes Vorgehen hat sich in der Praxis bewährt:

- Schritt eins – der Mitarbeiter gibt seine Ziel „Vorstellung" bekannt und begründet sie.
- Schritt zwei – der Vorgesetzte gibt eine Ziel „Erwartung" bekannt und begründet sie.
- Schritt drei – Vorgesetzter und Mitarbeiter diskutieren bei unterschiedlichen Standpunkten.
- Schritt vier – der Vorgesetzte gibt die Ziel „Setzung" bekannt und begründet sie.

Diese Zielsetzung ist für den Mitarbeiter verbindlich. Es wird nicht demokratisch gekungelt oder bis in alle Ewigkeit diskutiert, schon gar nicht „basisdemokratisch". Das kann sich ein Unternehmen nicht leisten, da es im Markt weiterhin bestehen muss. Der Mitarbeiter ist aber in die Zielfindung weitestgehend mit eingebunden und bekommt nichts von oben „vor die Nase" gesetzt.

D. Die Kontrolle

Das Wort Kontrolle löst fast immer negative Reaktionen hervor. Das hängt damit zusammen, dass wir alle von frühester Kindheit an – „Du hast dich schon wieder bekleckert" – von unserem Umfeld kritisiert werden. Im privaten wie auch im beruflichen Leben wird von uns allerdings im Schnitt mehr richtig als falsch gemacht. Wäre das nicht so, würde das ganze System zusammenbrechen.

Somit müsste eine Totalkontrolle zwangsläufig zu mehr positiven als negativen Ergebnissen führen, was wiederum mehr Anerkennung als Kritik bedeuten würde.

In keiner Führungsform ist eine Totalkontrolle möglich. Bei der Führung im Mitarbeiterverhältnis wird die Kontrolle vom Vorgesetzten planmäßig, „stichprobenartig" durchgeführt. Dadurch ist gewährleistet, dass der Vorgesetzte ein objektives Bild vom Leistungsstand seines Mitarbeiters erhält. Dies wiederum setzt den Vorgesetzten in die Lage, seinem Mitarbeiter gezielt „Anerkennung" und „Kritik" auszusprechen. Die über einen Zeitraum gesammelten Kontrollergebnisse bilden die Grundlage für die Beurteilung des Mitarbeiters, auf die ein jeder Mitarbeiter in der heutigen Zeit einen Anspruch hat. Eine vernünftige und sachgerechte Mitarbeiterbeurteilung ohne Kontrolldaten ist nicht möglich. Die „Förderung" des Mitarbeiters bedarf wieder der Daten der Kontrolle.

E. Die Stellvertretung

Das Problem der Stellvertretung gibt es bei der autoritär-patriachalischen Führung nicht, da sich der Chef als den sieht, der sowieso alles besser kann und weiß als seine Untergebenen. Stellvertretung wäre hier Anmaßung – ein schmerzlicher Beweis für die Ersetzbarkeit des Vorgesetzten.

Bei einer Führung im Mitarbeiterverhältnis muss gewährleistet sein, dass bei Abwesenheit des Stelleninhabers der Handlungs- und Entscheidungsablauf reibungslos vonstatten geht.

Der Stellvertreter handelt im fremden Namen, aber in eigener Verantwortung.

Wenn man auf eine Stellvertretung verzichten kann, kann ein Platzhalter eingesetzt werden. Dieser handelt und entscheidet nicht in der Sache, sondern entscheidet nur, ob die Angelegenheit bis zur Rückkehr des Stelleninhabers warten kann oder ob der Stelleninhaber zu benachrichtigen ist.

F. Der Einzelauftrag

Der Einzelauftrag ist ein wichtiges Führungsmittel bei autoritärer Führung. Er ist sogar typisch für die autoritäre Führung. Mit seiner Hilfe schaltet der Vorgesetzte seinen Untergebenen in die Erledigung der Aufgaben ein, die er selbst nicht durchführen kann oder will.

Im Prinzip ist der Einzelauftrag bei einer Führung im Mitarbeiterverhältnis überflüssig, da im Idealfall alle Aufgaben in der Stellenbeschreibung festgehalten sind. Ist aber mal ein Fall bei der Festlegung der Stellenbeschreibung nicht erfasst worden, kann er als Einzelauftrag vom Vorgesetzten an den Mitarbeiter erteilt werden. Falls er nochmals auftreten kann, ist er in die Stellenbeschreibung einzufügen.

Darüber hinaus kann der Einzelauftrag erteilt werden, wenn es sich um eine neue, bisher noch nicht dagewesene Aufgabe handelt. Der Einzelauftrag stellt damit sicher, dass sich das Unternehmen „dynamisch" den Marktgegebenheiten anpassen kann.

G. Die Mitarbeiterbesprechung

Die Mitarbeiterbesprechung dient bei einer Führung im Mitarbeiterverhältnis der „Vorbereitung einer Entscheidung" des Vorgesetzten. Daraus geht schon hervor, dass es sich um eine Gesprächsform handelt, die es bei autoritärer Führung gar nicht gibt: Ein Vorgesetzter, der alles besser kann und weiß als seine Mitarbeiter, braucht keine Beratung durch seine Untergebenen (Majestätsbeleidigung).

Bei einer Führung im Mitarbeiterverhältnis wird vom Vorgesetzten nicht verlangt, dass er alles besser weiß und kann als seine Mitarbeiter. Um selbst fundierte Entscheidungen treffen zu können, kann bzw. muss der Vorgesetzte sich von seinen Mitarbeitern beraten lassen (vergleiche auch Mitarbeiter-Verhaltensnorm Nummer 2).

In der Mitarbeiterbesprechung liegt der Hauptanteil des Redens bei den Mitarbeitern, nicht beim Vorgesetzten. Er fungiert im Wesentlichen nur als Diskussionsleiter. Die Mitarbeiter sagen ihre Meinung offen, ohne auf die Meinung des Vorgesetzten Rücksicht zu nehmen. Es wird offen und heftig diskutiert.

H. Die Dienstbesprechung

Die Dienstbesprechung dient der „Bekanntgabe der Entscheidung" des Vorgesetzten. Hier teilt er den Mitarbeitern seine Entscheidung mit, die er aufgrund der Beratung in der Mitarbeiterbesprechung getroffen hat. Die Entscheidung hat der Vorgesetzte zu begründen. Die Entscheidung ist für die Mitarbeiter verbindlich. Es erfolgt keine erneute Diskussion.

Die Unterteilung in Mitarbeiterbesprechung und Dienstbesprechung erscheint etwas formalistisch, ist aber notwendig, weil in der Praxis häufig herumdiskutiert wird, weil man sich nicht im Klaren ist, ob man sich in der Vorbereitungsphase oder in der Entscheidungsphase befindet.

I. Das Kritikgespräch

Das Kritikgespräch ist eines der wichtigsten Führungsmittel des Vorgesetzten im Umgang mit seinen Mitarbeitern.

Das Ziel des Kritikgesprächs ist es, beim Mitarbeiter eine dauerhafte Verhaltensverbesserung zu erzielen. Es dient also nicht dazu, Aggressionen des Vorgesetzten, die er möglicherweise von zu Hause mit in den Betrieb gebracht hat, abzubauen. Kritik stößt gewöhnlich beim Kritisierten auf Ablehnung. Sie wird als Angriff auf seine Persönlichkeit gesehen, auch wenn sie sachlich noch so berechtigt ist. Daher muss der Vorgesetzte bei seiner Kritik Wege einschlagen, die es ermöglichen, diesen Widerstand zu überwinden.

Ein richtig geführtes Kritikgespräch des Vorgesetzten vollzieht sich in folgenden Abschnitten:

Herstellung eines persönlichen Kontaktes
Hierbei kann es nicht um Schmeicheleien gehen, um den Mitarbeiter „einzulullen". Einen persönlichen Kontakt (Herstellung einer Beziehungsebene) kann immer am leichtesten hergestellt werden, wenn in einem Gespräch berücksichtigt wird, dass der Gesprächspartner den Wunsch nach Achtung, Beachtung, Sicherheit und Anerkennung seiner Person hat. In der Praxis des Kritikgesprächs ist zu beachten:
* Halten Sie Blickkontakt.
* Achten Sie auf Distanz.
* Begeben Sie sich fachlich und räumlich auf die gleiche Ebene.
* Nennen Sie den Gesprächspartner des Öfteren bei seinem Namen.
* Achten Sie auf Ihre Mimik – !!!Lächeln!!!
* Achten Sie auf Ihre Gestik.
* Achten Sie auf Ihre Stimme.
* Vor allem: Hören Sie aufmerksam und aktiv zu.

Klärung des Sachverhalts
Ohne geklärten Sachverhalt wird der Mitarbeiter nie zu einer Verhaltensverbesserung bereit sein. Niemand darf zur Rechenschaft für Dinge herangezogen werden, die möglicherweise ein anderer begangen hat. Deshalb gilt: Ist der Sachverhalt nicht zu klären, kann kein Kritikgespräch geführt werden.

Anhören der Entschuldigungsgründe
Der Vorgesetzte kann sich erst dann ein endgültiges Bild für die zu ziehende Konsequenz machen, wenn er die Begründung des Mitarbeiters kennt. Deshalb muss er sich die Begründung in Ruhe anhören.

Konsequenzen des Vorgesetzten
Die zu ziehenden Konsequenzen sind dem Mitarbeiter klar aufzuzeigen. Sie können u.a. aus neuer Zielsetzung, Nachschulung, Versetzung, Abmahnung und im äußersten Fall der Kündigung bestehen.

J. Teamarbeit

Mit dem Team tritt neben die Linienorganisation eine Organisationsform eigener Art. Das Team bietet die Möglichkeit, Mitarbeiter aller Bereiche und Stufen zur Lösung einer bestimmten Aufgabe in Gruppenarbeit zusammenzufassen. Es ist insbesondere die geeignete Form für die Zusammenarbeit von Spezialisten.

Das Team ist ein Sonderfall der Delegation von Verantwortung. Während normalerweise in der Betriebsorganisation eine Aufgabe mit der dazugehörigen Kompetenz einem einzelnen Stelleninhaber übertragen ist, wird im Falle des Teams die betreffende Aufgabe einer Gruppe gestellt.

Ein Team wird eingerichtet, wenn eine Aufgabe nicht von einer Stelle aus durchgeführt werden kann oder soll. Ein Team wird von demjenigen eingerichtet, der die Organisationshoheit hat. Das wird im Allgemeinen die Unternehmensleitung sein.

Im Team sind alle Mitglieder gleichgeordnet, das heißt, sie verlieren während der Arbeit im Team ihren Rang, sofern das Unternehmen mit Rängen arbeitet. Ein Direktor hat nicht mehr zu sagen als ein Sachbearbeiter. Das Team erhält einen Teamleiter. Er fungiert als „Primus inter Pares" – als Erster unter Gleichen. Er ist nicht Vorgesetzter der einzelnen Teammitglieder, hat ihnen gegenüber also keine Weisungsbefugnis. Er leitet die Diskussion im Team und fungiert als Sprecher des Teams.

Durch Teamarbeit wird die Entscheidung auf breiterer Basis getroffen und damit sicherer. Auch werden dadurch mehr Mitarbeiter in die Entscheidung mit einbezogen und sind daher motivierter. Die Grenzen der Teamarbeit liegen in der Verantwortung, die in letzter Konsequenz Beförderung oder Entlassung zur Folge hat. Natürlich kann man nicht alle Teammitglieder befördern oder entlassen. Bei der Einrichtung von Teams muss sich die Unternehmensleitung im Klaren sein, dass für diesen Fall letztendlich niemand zur Verantwortung gezogen werden kann.

Teams sind auch dort fehl am Platze, wo Entscheidungen sofort getroffen werden müssen, um den betrieblichen Ablauf aufrechtzuerhalten.

Reflexionsaufgaben zum gelesenen Thema
„Die Führung im Mitarbeiterverhältnis mit der Delegation
von Verantwortung (Harzburger Modell)"

1. Welchen Teil des Artikels fanden Sie besonders interessant und warum?
2. Welchen Teil des Artikels glauben Sie nicht verstanden zu haben – wen sprechen Sie an, um Ihnen beim Verstehen des Textteils zu helfen?
3. Mit welcher der fünf Führungsbedingungen hat der Textinhalt nach Ihrer Überzeugung besondere Berührungspunkte – und warum?
4. Mit welchen zwei der acht Grundeinsichten der Führung können Sie den Text im Besonderen verbinden – und warum?
5. Welche der 14 Führungsaufgaben haben Sie im Text direkt erkannt? An welchen Textstellen?
6. Welche der 14 Führungsaufgaben haben Sie vermisst?
7. Welche der acht Grundeinsichten der Führung haben Sie in der Führung im Mitarbeiterverhältnis entdeckt?
8. Welche der acht Grundeinsichten der Führung fehlen?
9. Welche Ideen des Textes können Sie in das Verständnis der einzelnen 14 Führungsaufgaben packen und sie für Ihren Führungsalltag nutzen?
10. Welche der fünf Bedingungen der Führung haben Sie im Text entdeckt?

10 Gestern – heute – morgen

Es gibt im deutschsprachigen Gebiet gar nicht so viele grundsätzliche Konzepte oder Konzeptionen, die sich mit der Führung und Organisation von Menschen und thematischen Strukturen unter dem Gesichtspunkt der praktischen Erkenntnis und des praktischen Tuns beschäftigen. Es gibt viele Teilkonzepte, die in der Regel aus einem speziellen Thema entstanden und oft auch unter tagesaktueller Bedeutung forciert und in den Mittelpunkt gestellt sind.

Einer Führungskraft hilft es aber nicht, wenn „Zeitgeist-Themen" oder Themen unter dem Gesichtspunkt „alter Wein in neuen Schläuchen" als „Sau mal wieder durchs Dorf gejagt" werden.

Als Führungskraft erhalten Sie für sich stabile Identität (Resilienzmerkmal), wenn Sie Ihr Tagesgeschäft als Führungskraft aus einem stabilen Fundus des Wissens über Führung ableiten können.

Die „Führung im Mitarbeiterverhältnis" – auf der Basis der Delegation von Verantwortung (Harzburger Modell) war in ihrer „Hoch-Zeit" von 1965 bis 1975 fast schon als „revolutionär" zu sehen – in seinem Angebot Führung zu denken und zu realisieren, scheiterte es in der Folgezeit aber daran, dass es nicht weiterentwickelt worden ist. Dieses Führungskonzept war und ist lebendig bis in unsere Zeit – sowohl in der Anwendung einzelner Facetten, aber auch als Gegenstand der berechtigten Kritik.

Das St. Galler Management Modell hat den großen Vorteil, dass es Unternehmen in allen strukturell-thematischen Grundthemen erklärt – aber nicht in der personalen und strukturellen Umsetzung durch Führungskräfte und Mit-Arbeiter.

Die systemisch-wertschöpfende Mit-Arbeiter-Führung will grundlegend die personalen und strukturell-organisationsbedingten Faktoren der Führung auflisten, bewusst und praktisch anwendbar machen. Als Führungskraft erhalten Sie kein fertiges Gericht nach dem Motto: Friss Vogel oder stirb – sondern ein thematisch-inhaltliches „Cafeteria-System", das Sie individuell ...

- an Ihr Können,
- an die situativen Anforderungen,
- an die strukturellen Anforderung,
- an den wissenschaftlichen Erkenntnissen,
- an den thematischen Weiterentwicklungen,
- an den thematischen Neuentwicklungen,
- in jeder Branche,
- in jeder Unternehmensgröße,
- auf jeder Hierarchieebene,
- in jeder kulturellen Umgebung

deuten, inhaltlich belegen, anpassen oder inhaltlich neu kreieren können.

Es bietet ein Höchstmaß an Flexibilität und Innovationsoffenheit. Es eignet sich für unternehmerische Träumer genau so wie für „konservative Aufpasser".

Alle Jahre wieder kommt nicht nur das Christkind sondern auch die Meldungen über ...
- den Prozentsatz der Mit-Arbeiter, die innerlich gekündigt haben;
- den Prozentsatz der Mit-Arbeiter, die sich voll mit dem Unternehmen identifizieren;
- den Prozentsatz der Mit-Arbeiter, die wechselwillig sind;
- Einstellungen und Befindlichkeiten von jungen auf den Beschäftigungsmarkt drängenden Menschen – die nächste Generation von Hochschulabsolventen und Ausbildungssuchendenfür den Arbeitsmarkt;
- usw.

Viele Statistiken, die Unternehmensleitungen und Führungskräfte hellhörig werden lassen sollten.

Der teuerste Mit-Arbeiter ist der, der dem Unternehmen mit seinem Können und Wollen gar nicht zur Verfügung steht.

Der zweitteuerste Mit-Arbeiter ist der, der mehr Werteverzehr als Wertschöpfung betreibt.

Der allerteuerste Mit-Arbeiter ist der, der Führungskraft ist, aber sein Geld nicht wert ist.

Diese Führungskraft produziert ...
- Fluktuation,
- innere Kündigung,
- Werteverzehr,
- Krankenstände,
- unnötige Konflikte und manches mehr nach dem bekannten Motto: Wo arbeiten wirklich keinen Spaß macht.

Wenn Sie die Inhalte des Buches in einer Gemeinschaft erleben, reflektieren und üben wollen, empfehle ich Ihnen das Seminar Menschenführung: www.menschenfuehrung.net

Welche Reflexionsaufgaben stellen Sie sich nun selbst?
1.
2.
3.

Wie formulieren Sie Ihre Reflexionsergebnisse?
1.
2.
3.

Welche Folgen haben Ihre Reflexionsergebnisse?
1.
2.
3.

Die Führung im Mitarbeiterverhältnis mit
der Delegation von Verantwortung (Harzburger Modell 1993)

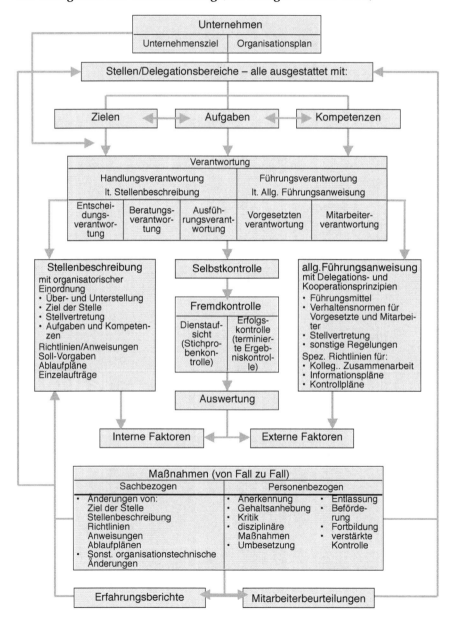

Das neue St. Galler Management Modell (2003)

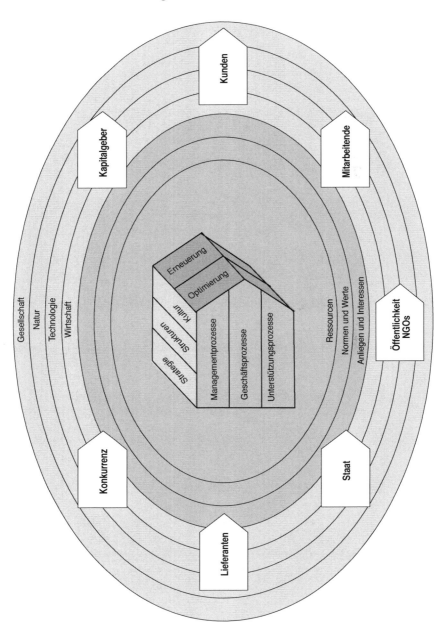

Die Konzeption der systemisch-wertschöpfenden Mit-Arbeiterführung in Unternehmen

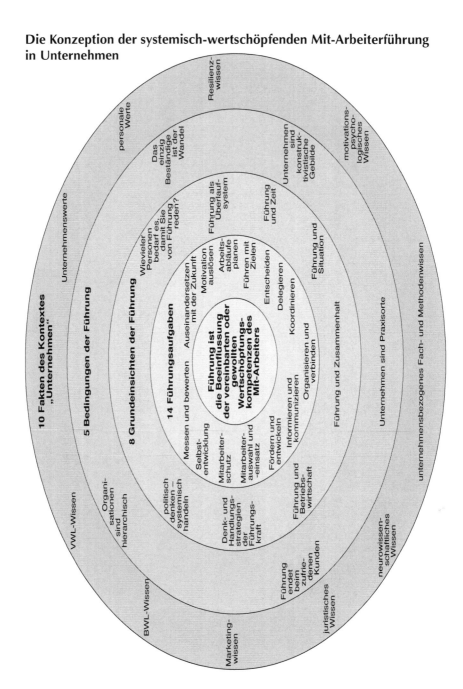

11 Ihr Lerntransfer

Nun haben Sie das ganze Buch gelesen und durchgearbeitet. Prima und herzlichen Glückwunsch. Bisher haben Sie einzelne Aspekte der Führung kennengelernt und sie durch Reflexionsfragen in Ihren Führungsalltag transferiert. Was fehlt, ist eine ganzheitliche, systemische und differenzierte Reflexion Ihres Arbeitsgebietes. Ausgehend von Ihrem Arbeitsbereich, der per Arbeitsvertrag und Arbeitsplatzbeschreibung definiert ist, sollten Sie nun folgende Überlegungen anstellen:

1. Wie lautet der Grundauftrag, den Sie mit der Übernahme Ihrer Postionen erhalten haben?
   - Gibt es langfristige Ziele, die Sie mit Ihrem Führungsbereich ansteuern sollen?
   - Gibt es vereinbarte Periodenziele?
   - Gibt es laufende Projekte, die Sie mit Ihren Mit-Arbeitern bearbeiten?
   - Sind die „Schnittstellen" zu anderen Arbeitsbereichen innerhalb und außerhalb des Unternehmens, mit denen Sie zusammenarbeiten sollen, definiert?
   - Wer sind die typischen internen und externen Kunden Ihres Arbeitsbereiches?
   - Was ist inhaltlich konkret effektives und effizientes Arbeiten in Ihrem Bereich?
   - Wie definieren Sie die Wertschöpfung und den Werteverzehr Ihres Bereiches?
2. Wie viele Mit-Arbeiter sind Ihnen zur Aufgabenbewältigung zugeordnet worden?
3. Haben Ihre Mit-Arbeiter Einzelarbeitsplätze oder arbeiten die Mit-Arbeiter mit anderen Mit-Arbeitern des Unternehmens und Kunden in Prozessen, Gruppen oder Teams zusammen? Haben Sie die unterschiedlichen Arbeitskontexte Ihrer Mit-Arbeiter veröffentlicht?
4. Wie werden Sie durch den Einsatz der 14 Führungsaufgaben, unter Beachtung der zehn Fakten des Kontext „Unternehmen" und den fünf Bedingungen der Führung einzelne Mit-Arbeiter, Mit-Arbeitergruppen und Teams zur Wertschöpfung führen? Warum sind Ihnen die acht Grundeinsichten der Führung dabei behilflich?

12 Danksagung

Dank gilt Gilda Meier, die den Text nach den Vorgaben des Verlages gestaltet hat und manche Ungereimtheit in Formulierungen und Satzfolgen entdeckt hat.

Dank gilt Kristina Folz vom Verlag Wissenschaft & Praxis, die mit der Begeisterung der jungen Literaturwissenschaftlerin die „Endkontrolle" über richtige Interpunktion, richtige Schreibweisen nach dem Duden und Vollständigkeit von Sinnhaftigkeit von Sätzen und Textformulierungen hatte.

Dank gilt den vielen erfolgreichen und mißerfolgreichen Führungskräften, die ich in meinem bisherigen Berufsleben begegnen, analysieren und bewerten durfte.

Dank gilt auch den Romantikern, Ideologen und weltfremden Wissenschaftlern, die mir in ihrer Überzogenheit und einseitigen Betrachtung von unternehmerischem Tun Halt und Bodenhaftung gaben für eigenes Denken und Handeln als Führungskraft in der Praxis.

Besonders danke ich ...
- Johannes Budke
- Rene Bürger
- Stephan Ehrlich
- Dirk Loehmer
- Frank Alexander Ohrem
- Hermann-Josef Zingel,

die als erfahrene Führungskräfte auf oberster und oberer Leitungsebene in verschiedenen Branchen und Unternehmensgrößen erfolgreich tätig sind. Sie haben das Manuskript vor Drucklegung auf logische und unkomplizierte Lesbarkeit sowie auf praktische Wirksamkeit im Führungsalltag bewertet und zahlreiche Anregungen und Hinweise für Ergänzungen und Veränderungen von Inhalt und Text gegeben.

Das Buch widme ich Dirk Meier und Nina Meier als nachgewachsene Generation und nachfolgende Führungsgeneration.

13 Autorenliste – in der Reihenfolge der Abstracts

Wissen und Können begründen Führung

Annette Hoxtel, M.A., Dipl.-Betr.
Hochschule für Technik und Wirtschaft (HTW) Berlin
Treskowalle 8
D-10318 Berlin
hoxtell@htw-berlin.de
030 - 50 19 24 26

Rechtsformen und Arbeitsrecht

Rechtsanwalt Prof. Dr. iur. Michael Fuhlrott
Hochschule Fresenius, Fachbereich Wirtschaft und Medien
Alte Rabenstraße 1
D-20148 Hamburg
michael.fuhlrott@hs-fresenius.de

Prof. Dr. Michael Fuhlrott ist für den Bereich Wirtschaftsrecht verantwortlicher Studiendekan und Professor für Arbeitsrecht an der Hochschule Fresenius in Hamburg. Daneben ist er als Rechtsanwalt in Hamburg tätig, wo er insbesondere Unternehmen und Führungskräfte auf dem gesamten Gebiet des Arbeitsrechts berät. Prof. Dr. Fuhlrott ist zudem Referent im Rahmen arbeitsrechtlicher Fachanwaltslehrgänge und Autor von ca. 200 wissenschaftlichen Publikationen in arbeitsrechtlichen Fachzeitschriften.

Betriebswirtschaftlich-wertschöpfende Grundthemen

Prof. Dr. Kristian Foit
Hochschule Fresenius, Fachbereich Wirtschaft und Medien
Im Mediapark 4c
D-50670 Köln
foit@hs-fresenius.de

Prof. Dr. Kristian Foit ist für den Studiengang Betriebswirtschaftslehre verantwortlicher Studiendekan an der Hochschule Fresenius in Köln. Als Inhaber einer Professur für Betriebswirtschaftslehre, Controlling und Finanzen umfasst der Tätigkeitsschwerpunkt die kapitalmarktorientierte Unternehmensführung, insbesondere die Integration von Finanzmanagement, Rechnungswesen und Controlling im Hinblick auf eine wert- und risikoorientierte Unternehmenssteuerung.

Volkswirtschaftliches Grundlagenwissen für Führungskräfte

Prof. Dr. Carsten Wesselmann
Chefvolkswirt der Sparkasse Köln
Auf dem Berlich 34
50667 Köln
carsten.wesselmann@koeln.de

Marketing und Markenmanagement

Prof. em. Dr. Horst Seider
Blumenau 39
22089 Hamburg
horst.seider@haw-hamburg.de

Werte – Handlungsorientierung für Mensch und Unternehmung

Bernd A. Wilken
Executive Coach, SMC
Parkstraße 46
65191 Wiesbaden
www.coaching-for-executives.de

Bernd A. Wilken ist Management Coach für Mittlere und Höhere Führungskräfte und spezialisiert auf die Bearbeitung von Führungsproblemen, persönliche Strategieentwicklung und Gender Issues. Er publiziert über Leadership (z.B. Virtuelle Führung, Corporate Values Management, Leadership Branding).

Dem Menschen Respekt zollen – Vom positiven Umgang mit Mit-Arbeitern, Kunden und Kollegen

Dr. phil. Doris Märtin
Kommunikation für Unternehmen
Mühlenstraße 5b
86420 Diedorf
www.dorismaertin.de

Dr. phil. Doris Märtin ist Autorin, Speakerin und Mitglied des Deutschen Knigge-Rats. Als Kommunikations- und Persönlichkeitsberaterin berät sie Unternehmen und Organisationen, Stakeholder emotional intelligent anzusprechen. In ihren Büchern geht es um Sprache und Auftreten, das gute Leben und den reflektierten Umgang mit sich und anderen. Für ihr jüngstes Buch "Leise gewinnt" (Campus 2014) hat sie die IntroDNA© entwickelt, das erste Persönlichkeitsmodell für alle, die es leiser mögen.

Resilienz

Martin Luitjens, M.A.
Ressourcen- und Gesundheitsmanagement
Coaching und Supervision
Blumenstraße 29
70839 Gerlingen
mail@martin-luitjens.de

Martin Luitjens coacht Führungskräfte beim Aufbau von Bewältigungskompetenzen, führt Resilienz- und Stressmanagementtrainings durch und berät Unternehmen bei der Entwicklung von Programmen und Maßnahmen zur betrieblichen Gesundheitsförderung.

Motivationspsychologie – Motive und Motivation

Dr. Susanne Steiner
Kienbaum Management Consultants GmbH
Arnulfstraße 58
80335 München
susanne.steiner@kienbaum.de

Entscheidungsfindung aus neurowissenschaftlicher Sicht

Prof. Dr.rer.nat. habil. Holger Schulze
Experimentelle HNO-Heilkunde
Friedrich-Alexander-Universität
Erlangen-Nürnberg
Waldstraße 1
91054 Erlangen
Holger.Schulze@uk-erlangen.de

Jun. Prof. Dr. rer. nat. habil. Simone Kurt
Klinik für Hals-Nasen-Ohrenheilkunde
Exzellenzcluster „Hearing4all"

Medizinische Hochschule Hannover
Feodor-Lynen-Straße 27
30625 Hannover
kurt.simone@mh-hannover.de

Führung im Mitarbeiterverhältnis

Dipl. Kfm Lutz Armbrust
Kinauweg 3
27313 Dönverden-Westen
lutz.armbrust@t-online.de